Die Erfahrung des kosmischen Bewußtseins hat für R. M. Bucke mit Mystizismus und Okkultismus ebenso wenig zu tun wie mit den etablierten Religionen. Bucke behandelt das Phänomen der Erweckung vom psychologischen Standpunkt aus als einen sehr seltenen, aber klar definierbaren psychisch-geistigen Zustand, der zu allen Zeiten und allerorts aufgetreten ist und untersucht werden kann. In der Geschichte der letzten dreitausend Jahre lassen sich laut Bucke mindestens vierzehn unzweifelhafte Fälle einer vollständigen und dauerhaften Erleuchtung nachweisen. Auf nüchtern-sachliche Weise beschreibt Bucke Möglichkeit und Wirklichkeit solcher Veränderung und untersucht die Viten u.a. von Moses, Jesaja, Laotse, Buddha, Sokrates, Paulus, Mohammed, Dante, Böhme, Pascal, Spinoza, Swedenborg, Balzac, Thoreau, Ramakrishna. Aus der zunehmenden Häufigkeit der Erfahrung kosmischen Bewußtseins folgert Bucke, daß die Menschheit sich langsam auf ein neues, dem gewöhnlichen Ichbewußtsein weit überlegenes Bewußtsein zubewege, das sie aus ihren gegenwärtigen Ängsten, Verunsicherungen und Aggressionen zu befreien vermag.

Das vorliegende Buch, erstmals 1901 und seitdem in zahlreichen Auflagen und mehreren Sprachen erschienen, ist längst zu einem Klassiker der Bewußtseinsforschung und Tiefenpsychologie geworden.

Richard Maurice Bucke (1837-1895) absolvierte nach Abenteuerjahren u.a. als Schiffsjunge, Zugführer und Goldgräber ein Medizinstudium, dem eine glänzende Laufbahn als Wissenschaftler folgte. Er wurde zu einem der führenden Psychiater des amerikanischen Kontinents. 1882 erhielt er einen Lehrstuhl an der Western University in London/Ontario; 1888 wurde er zum Präsidenten der Psychologischen Abteilung der British Medical Association gewählt und 1890 zum Präsidenten der American Medico-Psychological Association.

insel taschenbuch 1498

Richard Maurice Bucke

Kosmisches Bewußtsein

Richard Maurice Bucke
Kosmisches Bewußtsein

Zur Evolution des menschlichen Geistes

Aus dem Amerikanischen
von Karin Reese

Insel Verlag

insel taschenbuch 1498
Erste Auflage 1993
Insel Verlag Frankfurt am Main und Leipzig

Lizenzausgabe mit freundlicher Genehmigung des Aurum Verlags, Braunschweig
Hinweise zu dieser Ausgabe am Schluß des Bandes
Vertrieb durch den Suhrkamp Taschenbuch Verlag
Umschlag nach Entwürfen von Hermann Michels
Druck: Nomos Verlagsgesellschaft, Baden-Baden
Printed in Germany

1 2 3 4 5 6 – 98 97 96 95 94 93

Inhalt

Widmung

aus der Erstausgabe

Maurice Andrews Bucke
22. November 1868 – 8. Dezember 1899

8. Dezember 1900

Lieber Maurice,
ein Augenblick hat genügt, Dich heute vor einem Jahr in der Blüte Deiner Jugend, Deiner Gesundheit und Kraft durch einen schrecklichen Unfall für immer aus dieser Welt zu reißen, in der Deine Mutter und ich heute noch leben. Von allen jungen Männern, denen ich im Laufe meines Lebens begegnet bin, hatte keiner so viel Reinheit, so viel Edelmut, so viel Ehrgefühl und so viel Liebe wie Du. In Deinen täglichen Geschäften warst Du fleißig, ehrlich, zuverlässig, klug und vollkommen vertrauenswürdig. Wie Dein Verlust uns damals getroffen hat – wie er uns heute noch trifft –, würde ich selbst, wenn ich's könnte, nicht in Worte fassen. Von meiner zuversichtlichen Hoffnung möchte ich hier sprechen, nicht von meinem Schmerz. Die diesem Band zugrunde liegenden Erfahrungen haben mich gelehrt, daß Du trotz Tod und Grab und ungeachtet der Tatsache, daß Du für uns außer Sicht- und Hörweite bist und daß die Welt der Sinne Deine Abwesenheit ständig bezeugt – daß Du trotz alledem nicht tot und nicht wirklich abwesend bist, sondern lebendig und wohlauf und in diesem Augenblick nicht weit entfernt von mir. Wenn es mir vergönnt war, jene andere, göttliche Welt durch den schmalen Spalt einer kaum geöffneten Tür – nein, nicht zu betreten, aber doch kurz zu erspähen, so geschah dies gewiß, um mich für den blitzartigen Einschlag jener Nachricht aus Montana zu stärken, die sich mit der Zeit nur immer tiefer in mein Hirn einbrennt.

Es wird nun nicht mehr lange dauern, bis wir erneut beisammen sein werden in Gesellschaft all jener anderen großen und geliebten Seelen, die schon früher von uns gegangen sind. Ich bin sicher, Dir und ihnen wiederzubegegnen; sicher, daß Du und ich über tausend

Dinge sprechen werden und über jenen unvergeßlichen Tag und alles, das auf ihn folgte; und daß wir klar erkennen werden, daß all dies einzelne Teil eines unendlichen Plans war, der vollkommen gut und weise war. Siehst Du diese Worte, während ich sie niederschreibe, und billigst Du sie? Das ist gut möglich. Kannst Du in mir lesen, was ich jetzt denke und fühle? Wenn ja, dann weißt Du, wie teuer Du mir warst, solange Du in dem standst, was wir hier Leben nennen, und um wieviel teurer noch Du mir seither geworden bist.

Wegen der unlöslichen Bande von Geburt und Tod, die Natur und Schicksal um uns gewunden haben; wegen meiner Liebe und wegen meines Grams; allem voran wegen der unendlichen und unauslöschlichen Zuversicht in meinem Herzen, eigne ich Dir dieses Buch zu, das – mag es in vielem auch noch so unvollkommen und Deiner Annahme noch so unwürdig sein –, nichtsdestoweniger jener göttlichen Zuversicht entsprang, die in der tiefsten Erkenntnis der vornehmsten Repräsentanten unserer Menschheit wurzelt.

Bis dann, mein lieber Junge,

Dein Vater.

Einführung

Zum Buch:

Auch das kommt vor, daß ein zeitgemäßes Buch sich über den Aktualitätenmarkt hinweg in eine weitere Generation von Büchern und Lesern rettet, ganz einfach, weil es etwas ist oder enthält, das den Menschen in seinen tieferen und beständigeren Schichten anspricht.

Erfahrung des kosmischen Bewußtseins ist ein solches Buch. Als es 1901 erstmals erschien – der Autor ein kanadischer Arzt, von dem außerhalb des engen Freundeskreises um Walt Whitman und der begrenzten Welt der Psychiatrie kaum jemand gehört hatte –, war die Startauflage von 500 Exemplaren ein Abenteuer. Heute ist das vor allem vom »jungen Amerika« geschätzte Buch ein Klassiker des neuen Bewußtseins. Seine Thematik ist lebendiger denn je.

Erfahrung des kosmischen Bewußtseins ist schwer einzuordnen. Es läßt sich nicht ohne weiteres in einer vorgefertigten Kategorie unterbringen, unter anderem, weil der behandelte Stoff – die Erleuchtung oder die Ekstase – im allgemeinen dem Religiösen oder Mystischen, dem Magischen oder dem Okkulten zugeordnet wird, wenn nicht sogar dem Bereich der Geisteskrankheiten, wie es in einigen erzmaterialistischen Kreisen geschieht. In der christlichen Mystik gilt die Erleuchtung als das dritte, von Erwachen und Läuterung vorbereitete Stadium in der Entwicklung des Mystikers. In Brahmanismus und Buddhismus ist sie der Lohn einer fortgesetzten und strengen Übung in Selbstdisziplin und innerer Sammlung.

Indes hat die Erleuchtung für Bucke mit Mystizismus oder etablierter Religion nicht das geringste zu tun, noch mit bewußter Vorbereitung oder Absicht. Er war Geisteswissenschaftler, Psychologe, und er behandelte das Phänomen der Erleuchtung vom psychologischen Standpunkt als einen sehr seltenen, aber klar definierbaren psychisch-geistigen Zustand, der in zahlreichen, wohlbelegten Fällen aufgetreten ist und untersucht werden kann.

In der Geschichte der letzten dreitausend Jahre lassen sich laut Bucke mindestens vierzehn unzweifelhafte Fälle einer vollständigen und dauerhaften Erleuchtung nachweisen und darüber hinaus – namentlich im letzten Jahrhundert – zahlreiche weitere Beispiele einer partiellen, temporären oder noch umstrittenen Erleuchtung.

Bucke folgert aus der zunehmenden Häufigkeit der Erfahrung, daß die gesamte Menschheit sich langsam und zugleich sozusagen sporadisch auf ein neues, dem gewöhnlichen Ichbewußtsein weit überlegenes Bewußtsein zu bewegt, daß sie aus dem Würgegriff ihrer heutigen Ängste, Unsicherheiten und Aggressionen befreien wird.

Buckes Argumentation fußt zugegebenermaßen weitgehend auf Analogie. Er beginnt mit einem kurzen Überblick über die drei Bewußtseinsstufen, die wir soweit in der kreatürlichen Welt beobachten können: dem nur aus Sinneseindrücken gespeisten, perzeptiven Verstand der niederen Tierwelt; dem rezeptiven Denken der Tiere höherer Ordnungen, aus dem das einfache Bewußtsein hervorgegangen ist; und dem auf der menschlichen Vorstellungsgabe beruhenden Ichbewußtsein. Er zeigt, daß die menschliche Rasse dieser »Grundausstattung« selbst noch in den letzten Jahrtausenden etliche neue Bewußtseinsformen hinzugefügt hat – so etwa den Farbsinn –, und legt dar, daß solche neuen Funktionen zunächst sporadisch in vereinzelten Individuen aufgetaucht sind, um sich dann – obwohl zweifellos in unterschiedlicher Qualität und Intensität – über die gesamte zivilisierte Menschheit auszubreiten.

Die neue, vierte Bewußtseinsstufe, die den Menschen befähigen wird, den Kosmos als Ganzheit zu begreifen, in dieser Ganzheit und durch sie die Gegenwart des Schöpfers zu spüren, alle Ängste vor Sünde und Tod abzustreifen und zu wissen, daß das Grundprinzip des Kosmos Liebe ist – diese Stufe ist das kosmische Bewußtsein, das nach Buckes Überzeugung immer häufiger in Erscheinung treten wird, um am Ende zur geistigen Standardausrüstung der erwachsenen Menschheit zu gehören.

Bucke wußte, wovon er sprach, wenn er die Erfahrung der Erleuchtung oder das plötzliche Erwachen zum kosmischen Bewußtsein beschrieb. Er selbst hatte eine zumindest temporäre Erleuchtung erfahren, die sein ganzes späteres Leben in allen seinen Aspekten bereichern und erweitern sollte. So sind seine Schilderungen der Bewußtseinszustände und Gemütsbewegungen vor und nach der Erleuchtung keine trocken-wissenschaftlichen Darlegungen. Sie sind vielmehr durchströmt vom Leben der persönlichen

Erfahrung und von der Wärme des persönlichen Gefühls. In allen Erleuchtungsfällen, die er nennt und beschreibt, wird das, was sonst nur ein interessantes psychologisches Faktum gewesen wäre, kraft eigener Bekanntschaft mit dem Phänomen zur inspirierten und inspirierenden Erfahrung.

Vermutlich wird kein Leser des Buchs in allen Punkten mit dem Verfasser übereinstimmen, denn seine Begeisterungsfähigkeit und seine geistige Spannweite waren von einer Art, daß er selbst in seinen Ketzereien noch ketzerisch war. Indes, obwohl Ouspensky, der berühmte russische Mathematiker und Philosoph, Bucke in mindestens einem wichtigen Punkt seiner Überzeugungen vehement widersprach, fand er das Buch doch so verdienstvoll, daß er ihm in seinem großen Werk *Tertium Organum* fast ein ganzes Kapitel widmete.

Der große amerikanische Psychologe William James las *Erfahrung des kosmischen Bewußtseins* kurz nach seinem ersten Erscheinen und schrieb dem Autor:

> »All jenen, die sich für die Geisteswissenschaft interessieren, haben Sie diese Art von Bewußtsein so endgültig und so unausweichlich ›unter die Nase gerieben‹, daß es sich künftig nicht mehr wegdenken oder beiseite wischen läßt ... Im ganzen sehe ich in Ihrem Buch einen ungemein wichtigen Beitrag zur Psychologie und ein Geschenk für uns alle ...«

»Ein Geschenk für uns alle ...« – dieser Nachsatz des Menschen William James scheint mir sogar noch wichtiger als das Urteil des Psychologen. Er erklärt die fortdauernde Lebendigkeit und Nützlichkeit des Buchs, denn ich bin fest überzeugt, daß sich hier kein wacher Geist einlesen kann, ohne eine ungeheure Stärkung und Anregung zu erfahren. Es ist ein ermutigendes und hoffnungsvolles Buch: plötzlich öffnet sich in den uns umgebenden, dunklen Mauern des Materialismus eine Tür, und der Blick fällt auf wundervolle Möglichkeiten und das Ohr vernimmt neue, ungehörte Klänge – nicht fern und flüchtig, sondern ganz nah, Teil unserer selbst in unserm eigenen Innern. Plötzlich stellen sich auch die Hoffnung und das Staunen wieder ein, Fähigkeiten, die die meisten von uns verlernt oder beiseite geschoben haben und die wir in den zweifelhaften Zeiten, die vor uns liegen, doch so notwendig brauchen.

Zum Verfasser:

Richard Maurice Bucke entstammt einer gutbürgerlichen englischen Familie. Sein Vater war Geistlicher und seine Mutter eine Enkelin des berühmten Autors und Staatsmanns Sir Robert Walpole. Ein Jahr, bevor der kleine Richard Maurice 1837 als das siebte Kind der Familie auf die Welt kam, waren die Buckes nach Kanada ausgewandert, um sich dort auf der entlegenen »Creek Farm« bei London, Ontario, niederzulassen. Obwohl Vater Bucke auf diese Weise Farmer wurde, war er ein kenntnisreicher Mann, der sieben Sprachen beherrschte und eine mehrere tausend Bände umfassende Bibliothek mit nach Kanada gebracht hatte.

Richard Maurice wuchs praktisch ohne Schulbildung auf. Er lernte vom Vater Latein und wurde im übrigen zwecks Selbstunterricht auf die Bibliothek des Hauses losgelassen. Er las mit großem Interesse Marryat und Scott. Die Lehren der Kirche schienen ihm schon in jungen Jahren fragwürdig, da es ihm nicht in den Kopf wollte, daß irgend jemand zu ewiger Pein verdammt sein sollte. Gab es einen Gott, so sagte er sich, dann mußte dieser der Herr der Welt sein, der für alle letztlich nur das Beste im Sinn haben konnte.

Abgesehen von diesen ersten Exkursionen in die Welt des Geistes, wuchs Richard Maurice als echter Bauernjunge auf, der den größten Teil seiner Zeit auf Hof, Feld oder Weide in alle möglichen Arbeiten eingespannt war.

Richard Maurice war erst wenige Jahre alt, als seine Mutter und wenig später auch der Vater starb. Die äußeren Umstände seines Lebens gestalteten sich damit in mancherlei Hinsicht zu einem, wie Bucke selbst schreibt, »kaum säglichen Unglück«. Er ging mit sechzehn Jahren von zu Hause fort, um es dem Zufall zu überlassen, wo er leben oder sterben sollte.

Er begab sich in die Vereinigten Staaten. Drei Jahre lang zog er als Gelegenheitsarbeiter von einem Ort zum anderen. Er war unter anderem Gärtner in Columbus, Bahnarbeiter in Cincinnati, Schiffsjunge auf einem Mississippi-Dampfer und verdingte sich schließlich als Zugführer, um mit einem 26-Waggon-Transport über die Plains zum westlichen Rand des Mormonen-Territoriums (heute Teil des Staates Nevada) zu steuern.

Das war ein ernstes und gefährliches Unterfangen, denn über eine Wegstrecke von gut 1200 Meilen gab es damals noch keine festen weißen Siedlungen, und auf die Friedfertigkeit der Indianer war gewiß kein Verlaß.

Die Fahrt nach Salt Lake dauerte fünf Monate. Am Reiseziel tat Bucke sich mit einigen anderen Abenteurern zusammen, um mit ihnen über die südliche Route die Rocky Mountains zu passieren. Wenig gastfreundliche Indianer sorgten dafür, daß der kleine Trupp die letzten 150 Meilen seines Marschs ohne Munition und mit einer kärglichen Wegzehrung aus nichts als Mehl und Wasser zurücklegen mußte, ehe die erschöpften Gipfelstürmer in ein Gebirgslager torkelten und zusammenbrachen.

Nachdem Bucke und seine Weggefährten sich in dem Lager ein wenig ausgeruht hatten, brachen sie erneut auf, um die Große Amerikanische Wüste zu durchqueren und über den Carson River nach Gold Canyon zu gelangen.

Für die Dauer eines Jahres ließ Richard Maurice Bucke sich als Goldgräber in einer gesetz-, gerichts-, kirchen- und schullosen Gemeinde von rund einhundert über einige 1600 Quadratmeilen verstreuten weißen Seelen nieder. Er freundete sich mit einem Brüderpaar und dessem Partner an, die gemeinsam beträchtliche Silberlager aufgetan hatten. Dann schlug das Schicksal zu. Der Partner und einer der Brüder starben, und der andere Bruder und Bucke brachen trotz der Winterzeit auf, um über die Berge zur Küste zu gelangen. Es war ein grausamer Marsch, der Gefährte kam unterwegs um, und Bucke wurde in letzter Minute mit zwei erfrorenen Füßen von einem Goldgräbertrupp gerettet. Der Erfolg war, daß er einen Fuß ganz und den anderen partiell amputieren lassen mußte, und daß er nach einem ganzen Winter im Bett als Einundzwanzigjähriger wieder aufstand, aber so verkrüppelt, daß er während seiner übrigen vierzig Lebensjahre kaum mehr als stundenweise schmerzfrei blieb.

Volljährig geworden, nutzte er die kleine, von der Mutter hinterlassene Erbschaft, um Medizin zu studieren. Die fünf harten Abenteuerjahre hatten seiner raschen Auffassungsgabe keinen Abbruch getan. Er machte nicht nur eines der besten Examen, sondern bekam für seine Doktorarbeit auch noch den Ersten Preis. Nachdem er die Jahre 1862/63 in London gearbeitet hatte und in Frankreich und Deutschland gereist war, kehrte er 1864 nach Kanada zurück, um in Sarnia, Ontario, seßhaft zu werden, zu heiraten und eine Familie zu gründen, wie es sich für einen ordentlichen jungen Akademiker gehörte.

Indes war Richard Maurice Bucke alles andere als ein ordentlicher junger Akademiker. Er konnte ein nüchterner

Wissenschaftler sein, aber er war auch ein außerordentlich phantasiebegabter Mensch, der überdies ein sagenhaftes Gedächtnis besaß, insbesondere für Dichtung, die er bändeweise auswendig beherrschte. Seine professionelle Laufbahn war glänzend. 1876 wurde er zum Leiter der neu errichteten Irrenanstalt von Hamilton, Ontario, ernannt und 1877 zum Direktor des London (Ont.) Hospitals. Er wurde einer der führenden Psychiater des amerikanischen Kontinents und führte in den Behandlungsmethoden zahlreiche Neuerungen ein, die, so gefährlich radikal sie damals schienen, heute zur selbstverständlichen Praxis geworden sind. 1882 bekam er einen Lehrstuhl an der Western University in London, Ontario, 1888 wurde er zum Präsidenten der Psychologieabteilung der *British Medical Association* gewählt und 1890 zum Präsidenten der *American Medico-Psychological Association.*

Soviel zum Doktor!

Er hatte, wie schon gesagt, noch eine andere Seite, die sich auf die Dauer und für eine größere Anzahl von Menschen als wichtiger erwies als die gute und nützliche, in seinem eigenen Beruf geleistete Arbeit. 1867 rezitierte ein Gast in seinem Hause einige Verse von Walt Whitman. Der Eindruck auf Bucke war außerordentlich, augenblicklich und dauerhaft. Die Verse ließen in seinem Geist eine Tür aufspringen. Er war in Whitmans Zauberkreis geraten und blieb bis ans Ende seiner Tage in dessen Bann.

Im Frühling 1872 kam es zu einem der ganz großen Augenblicke seines Lebens. In jenem Jahr erlebte Bucke bei einem Englandaufenthalt jenen Durchbruch zum kosmischen Bewußtsein, den er in diesem Buch selbst beschreibt. Man kann sich unschwer vorstellen, wie mächtig und wie nachhaltig eine solche Erfahrung bei einem so starken und lebensvollen Menschen, wie Bucke es mit 35 Jahren war, einschlagen mußte. Die im Zusammenhang mit der Beschreibung der Umstände und Nachwirkungen einer Erleuchtung dargelegten Kenntnisse und Einsichten sind ein Niederschlag dieser einmaligen Erfahrung.

1877 begegnete Bucke zum ersten Mal Walt Whitman, und das war für ihn ein weiteres, lebensentscheidendes Ereignis. In der Einführung, die er Whitmans *Calamus* als Herausgeber vorausschickte, beschrieb er es selbst als eine Art »geistiger Intoxikation« und als den »Wendepunkt meines Lebens«. Buckes erstes Buch, *Man's Moral Nature,* ist Whitman gewidmet.

Von Horace Traubel wissen wir, wie Whitman über seinen Arzt (Bucke hatte Whitman behandelt und ihm nach Überzeugung seines Patienten das Leben gerettet), aber auch über den Menschen

Bucke dachte. »Gestern war jemand hier und hat sich beklagt, der Doktor sei extrem«, soll Whitman gesagt haben. »Die Sonne ist auch extrem und ich selbst – bin ich es etwa nicht?« Und: »Bucke ist jemand, der gern geschäftig ist..., ist flink, luzid, sicher, entschlossen.« Und dann in einem Vergleich zwischen Bucke und Sir William Osler: »Auch Osler hat seine Vorzüge, große Vorzüge, aber der ganze Kerl ist Doktor Bucke. Er ist ein *primus inter pares.*«

1894 hielt Bucke vor der American Medico-Psychological Association einen Vortrag über »Das kosmische Bewußtsein«. Vier Jahre später erschien in einer begrenzten Auflage von 500 Exemplaren das Buch selbst: *Cosmic Consciousness* – so der Originaltitel. Obwohl Bucke seinen Freund und sein Idol Whitman überlebte, war es ihm nicht vergönnt, den Erfolg seines eigenen Werks zu erleben; denn in einer Winternacht des darauffolgenden Jahres trat Bucke nach einem abendlichen Besuch bei Freunden noch einmal auf die Veranda hinaus, um einen letzten Blick auf den besonders prächtig ausgestirnten Winternachthimmel zu werfen. Er glitt auf einer Eisplatte aus, schlug mit dem Kopf gegen eine Verandasäule und stürzte. Als man ihm wieder aufhelfen wollte, war er tot.

»Der Doktor«, wie Bucke von so vielen zärtlich genannt wurde, war eine Gestalt, die die Blicke, aber auch die Herzen anzog. Aufrecht, breitschultrig und mit einem langen Pionierbart, der sich über die halbe Brust verteilte, hatte er die markante Nase und die tiefen Augenhöhlen des Tatmenschen, während die Augen selbst ganz vom Licht seiner flinken und wißbegierigen Intelligenz erfüllt schienen. Während der formativen Jahre, in denen die Originalität gewöhnlich unterdrückt und die persönliche Meinung von Schul- und Collegeroutine in der Regel »auf Vordermann gebracht« und gleichgemacht wird, hat Bucke sich dem blanken Leben ausgesetzt; so kam es, daß er eine Art Häretiker wurde und blieb. Engländer seiner Abstammung nach, Kanadier per Paß, Wohnsitz und Beruf und durch die harten Erfahrungen seiner Wanderjahre doch ein besserer Amerikakenner als die meisten Amerikaner, könnte man sagen, daß sich in seiner Person das grundlegend Gesunde und Lebensvolle dieser drei Stämme der weißen Zivilisation auf das glücklichste vereint haben.

New York City,
25. Februar 1946

George Moreby Acklom

Teil I

Bewusstseinsstufen

Was ist kosmisches Bewußtsein?

Das kosmische Bewußtsein ist das Ergebnis einer Erfahrung, die man als das plötzliche Erwachen eines neuen, nämlich des kosmischen Sinnes bezeichnen kann. In diesem Erwachen erfährt der Mensch eine Intensivierung aller seiner Verstandeskräfte, die in sich schon genügt, ihn auf eine seinem gewöhnlichen Ichbewußtsein überlegene Bewußtseinsstufe zu heben. Darüber hinaus erlebt er in einer oft als unbeschreiblich beschriebenen Freude und Seligkeit eine allgemeine geistige Erleuchtung, die dem inneren Auge völlig neue Dimensionen öffnet. Das wichtigste Merkmal des kosmischen Bewußtseins aber ist, wie der Name schon sagt, das Erkennen der ewigen kosmischen Gesetze wie auch das Wissen, daß der Mensch unsterblich, nicht war oder sein wird, sondern *ist*.

Das kosmische Bewußtsein ist die letzte und höchste von drei Bewußtseinsstufen, die die bisherige geistige Entwicklung des Menschen kennzeichnen: Stufe 1 läßt sich als das »einfache Bewußtsein« bezeichnen, das schon bei höher entwickelten Tieren anzutreffen ist. Kraft dieses Bewußtseins kann die jeweilige Umwelt für Hund und Pferd ebenso wie für den Menschen zum Gegenstand des Bewußtseins werden. Auch die Fähigkeit, sich den eigenen Rumpf und die eigenen Glieder als einen Teil seiner selbst bewußt zu machen, muß der Mensch noch mit Tieren höherer Ordnungen teilen. Neben diesem »einfachen Bewußtsein« und diesem Überlegen kennen wir das sogenannte Ichbewußtsein, das nur der Mensch besitzt. Diese Gabe befähigt ihn, sich seiner selbst bewußt zu werden und die diversen Zustände seines eigenen Geistes zum Gegenstand seines Bewußtseins zu machen. Vom Tier könnte man sagen, daß es in sein eigenes Bewußtsein eingetaucht ist wie der Fisch ins Wasser; es hat keine Möglichkeit, dieses sein Bewußtsein auch nur augenblicksweise zu verlassen, um sich seiner conditio bewußt zu werden. Der mit dem Ichbewußtsein begabte Mensch hingegen kann sozusagen neben sich selbst treten und denken: »Ja, diese Überlegungen, die ich da angestellt habe, sind richtig. Ich weiß, daß sie richtig sind, und ich weiß, daß ich weiß, daß sie richtig sind.«

Den Übergang vom einfachen zum Ichbewußtsein finden wir in einer offenbar sehr alten Überlieferung widergespiegelt, die ihn jedoch interessanterweise nicht als Fortschritt sieht, sondern als Fall. Dieser Überlieferung zufolge war der Mensch am Anfang unschuldig und glücklich, bis er von den Früchten des Baumes der Erkenntnis von Gut und Böse aß. Erst durch die Einverleibung der verbotenen Frucht erkannte er, daß er nackt war, und es trat zusammen mit seiner Scham das Gefühl der Sünde in die Welt. Das war das Ende seiner Unschuld und seines Glücks. Erst von diesem Augenblick an begann der Mensch seine Blöße zu bedecken und im Schweiße seines Angesichts zu arbeiten. Während dieser Zustand nun seit undenklichen Zeiten fortdauert, der Fluch der Sünde den Menschen immer noch auf allen seinen Wegen verfolgt und er sich seine Nahrung immer noch im Schweiße seines Angesichts erwerben muß, scheint uns das Wundersamste an der erwähnten Überlieferung, daß ihr zufolge im Menschen gleichzeitig mit dem Sündenfall eine tiefe, innere Gewißheit lebendig wurde, die ihn nie verlassen hat und die von allen wahren Sehern, Propheten und Dichtern immer wieder bekundet wurde: daß nämlich jenes fluchwürdige Etwas, das den Menschen in die Ferse gestochen und ihm unendliche Pein bereitet hat, eines Tages durch einen Erlöser bezwungen und überwunden werden sollte.

Wer oder was ist nun dieser »Erlöser«, der im Menschen in dem Augenblick, da er sein Ichbewußtsein erwarb, als Vorahnung eines späteren, höheren Bewußtseins lebendig wurde? In der Sprache des Paulus ist es Christus. In unserer Sprache ist es (als der Christus in uns) das kosmische Bewußtsein, das, wo immer es durchbricht, den Kopf der Schlange zertritt und Sünde und Scham außer Kraft setzt.

Christus, wie auch Paulus selbst, und Gautama Buddha und Mohammed und die übrigen großen Erleuchteten, von denen in diesem Buch die Rede sein wird, waren sozusagen Vorläufer eines neuen Bewußtseins. Seit Christus hat es aber auch immer wieder Menschen gegeben, deren geistiges Leben auf einer der zahlreichen Ebenen zwischen dem bloßen Ichbewußtsein und dem voll verwirklichten kosmischen Bewußtsein angesiedelt war[1].

---

[1] Die Originalausgabe des vorliegenden Werkes enthält einige Berichte von Zeitgenossen des Verfassers, die Grenzerfahrungen in dem hier erwähnten Zwischenbereich schildern. Wegen ihres Wiederholungscharakters bzw. ihres nur ort- und zeitgebundenen Interesses wurden diese Berichte in die deutsche Ausgabe nicht aufgenommen. (Anm. d. Übs.)

Denken wir uns das Heraufziehen des kosmischen Sinns im Einzelfall als eine Art Sonnenaufgang, so wird deutlich, daß es zwischen der vergleichsweisen Umnachtung des bloßen Ichbewußtseins und der Lichtqualität des kosmischen Bewußtseins eine Zwischenzone geben muß, die wir mit Fug als Zwielicht bezeichnen können – einen Bereich, in welchem die Sonne des kosmischen Sinns, obwohl noch nicht aufgegangen (und selbst dann, wenn sie in diesem besonderen Fall vielleicht nie ganz aufgehen wird), doch schon ein gewisses Licht spendet. Ganz deutlich läßt dieses Zwielicht sich häufig bei Männern nachweisen, die später eine volle Erleuchtung erleben sollten – so etwa bei Dante und Böhme. Auch in Fällen einer augenblicksweisen Erleuchtung bleibt vielfach ein noch Jahre später wahrnehmbarer Schimmer zurück, als verweile die Sonne nach einem kurzen Gastspiel noch lange unmittelbar unterhalb des Horizonts, um ähnlich wie zur Zeit der Sonnenwende in nördlichen Breiten erst viel später ganz langsam vollends unterzugehen. In einer anderen Kategorie von Fällen kann das geistige Leben des Betroffenen mit einem Wintertag in der Arktis verglichen werden. Die Sonne nähert sich langsam dem Horizont, wandert den Erdrand fast streifend, ohne ihn je wirklich zu berühren, allmählich von Südost über Süd nach Südwest und erhellt dabei die Landschaft, obwohl sie ihr blendendes Antlitz nie zeigt. Ohne aufzugehen, bewirkt sie eine echte Auflichtung, die zum nächtlichen Dunkel einen deutlichen Kontrast bildet und doch weit, weit zurücksteht hinter dem Glanz und der lebenspendenden Kraft der direkten Sonneneinstrahlung.

Immer mehr Menschen berichten von erleuchtungsartigen Zuständen und kosmischen Erfahrungen. Tatsächlich mehren sich die Anzeichen, daß heute die gesamte Menschheit in einer Zeit des Übergangs vom Ichbewußtsein zum kosmischen Bewußtsein steht. Viele sind aufgebrochen. Berührung und Auseinandersetzung mit den Gedanken der Männer, die das Neue Leben schon vor uns gelebt haben, können auf dem neuen Weg eine große Hilfe sein. Deshalb werden die »Erwählten« in der vorliegenden Arbeit ausführlich zu Wort kommen. Um dem Leser aber auch eine Vorstellung zu geben, aus welcher »Ecke« der Verfasser selbst kommt, sei an dieser Stelle eine kurze Schilderung jener Nacht wiedergegeben, in der der Verfasser selbst den Durchbruch zum kosmischen Bewußtsein erlebte:

Es war im Frühjahr zu Beginn seines sechsunddreißigsten Lebensjahres, und er befand sich eben in England. Es war Nacht; er hatte zusammen mit zwei Freunden Wordsworth, Shelley, Keats,

Browning und insbesondere Whitman gelesen. Sie hatten sich gegen Mitternacht getrennt, und er war im offenen Wagen allein in die Nachbarstadt zurückgefahren. Noch ganz unter dem Eindruck des Gelesenen und der von der Lektüre angeregten Gespräche stehend, befand er sich gleichwohl in einem Zustand friedvoll heiterer Gelöstheit. Da geschah es: Völlig unvermittelt fühlte er sich von so etwas wie einer flammenden Wolke erfaßt. Im ersten Augenblick dachte er an eine plötzliche Feuersbrunst in der Stadt, doch dann erkannte er, daß dieses gleißende Licht aus seinem eigenen Innern hervorgebrochen war. Von Frohlocken gewiegt, von Seligkeit durchflutet, erfuhren seine Verstandeskräfte jene totale Durchlichtung, die mit Worten unmöglich wiederzugeben ist. Es war Brahmas Glanz, der seinen Geist für die Dauer eines Augenblicks blitzartig erleuchtete und der seitdem nicht aufgehört hat, ihm ein Licht auf seinem Lebensweg zu sein. Unter anderem schaute und erkannte er, daß der Kosmos keine tote Materie, sondern lebendige Gegenwart ist; daß die menschliche Seele unsterblich ist; daß das Grundprinzip der Welt das ist, was wir Liebe nennen, und daß die Seligkeit eines jeden letzten Endes eine Gewißheit ist. Der Autor weiß, daß er in den kurzen Augenblicken der Erleuchtung mehr lernte als in allen vorangegangenen Jahren, und daß sie ihm darüber hinaus so manches erschloß, das ihm kein Studium je hätte beweisen können.

Die Erleuchtung währte nur wenige Augenblicke, doch die Wirkung erwies sich als unauslöschlich. Nie konnte er vergessen, was er geschaut und erkannt hatte, noch hat er an dem, was sich ihm damals als Wahrheit offenbarte, je zweifeln können. Eine ähnliche Erfahrung ist ihm in seinem Leben nie wieder zuteil geworden.

Das Erlebnis jener Nacht war seine wahre und einzige Einweihung in ein neues und höheres Leben. Doch war es bloß eine Einweihung. Er hatte das Licht geschaut, wußte aber damals ebensowenig, woher es kam und was es bedeutete, wie vor ihm die ersten menschlichen Wesen, die das Licht der Sonne erblickten. Jahre später gewann er einen Mann zum Freund, von dessen geistiger Transparenz er schon mehrfach gehört hatte. In den späteren Gesprächen mit diesem Freund, dem sich das höhere geistige Leben in so mancher Erfahrung erschlossen hatte, ging ihm endlich der tiefe Sinn seines eigenen Erlebnisses auf.

Als er sich daraufhin in der Welt des Geistes umzuschauen begann, erkannte er die Bedeutung des inneren Lichts in den Erfahrungen des Paulus und Mohammed. Das Geheimnis der transzendenten Größe Whitmans offenbarte sich ihm. Gespräche mit Edward Carpenter und vielen anderen trugen zur Klärung und Vertiefung seiner Erkenntnisse bei. Gleichwohl war noch viel Zeit und Mühe notwendig, ehe der Grundgedanke völlig ausgereift war: nämlich, daß es eine besondere, aus der ganzen Menschheit hervorgegangene Familie von großen Geistern gibt, die in aller Welt verstreut zu allen Zeiten gelebt haben und noch leben.

Die einzelnen Mitglieder dieser Familie des Geistes zeichnen sich insbesondere dadurch aus, daß ihnen das innere Auge aufgetan wurde. Die bekannteren Mitglieder dieser Gruppe, die, brächte man sie zusammen, bequem in einem modernen Empfangssaal Platz fänden, haben die großen Religionen gestiftet und sind durch Religion und Schrifttum insgesamt die Schöpfer aller Kultur, und dies nicht etwa, weil die von ihnen hinterlassenen Werke so zahlreich wären, sondern weil sie alle übrigen geistigen Erzeugnisse so tiefgreifend beeinflußt haben. Diese großen Männer des Geistes beherrschen die letzten fünfundzwanzig, besonders die letzten fünf Jahrhunderte wie Sterne den Mitternachtshimmel.

Ein Mensch gehört dieser Familie dann an, wenn er die Einweihung erfahren und seine geistige Wiedergeburt erlebt hat. Zur Einweihung gehört unter anderem die Erfahrung des inneren Lichts. Der Zweck dieses Buches ist es, dem Leser das Wenige mitzuteilen, das der Verfasser über die Hintergründe dieses großen, verwandelnden Erlebnisses in Erfahrung bringen konnte.

Ein Blick zurück

Das kosmische Bewußtsein ist weder Anomalie noch Übernatur, sondern Produkt eines natürlichen Wachstums. Um eine Vorstellung von den Entwicklungsprozessen zu gewinnen, durch die der menschliche Geist neue Fähigkeiten erwirbt, wollen wir einen kurzen Blick auf die Entstehung einiger jener älteren Fähigkeiten werfen, über die wir heute mit der größten Selbstverständlichkeit verfügen, obwohl auch sie, ehe sie zum Allgemeingut wurden, anfänglich nur bei einigen wenigen Individuen ansatzweise in Erscheinung getreten sein dürften.

Jede dieser Fähigkeiten hatte ihre eigene Entstehungszeit. So dürfte die Geburt des einfachen Bewußtseins viele Millionen Jahre zurückliegen; das Ichbewußtsein ist vielleicht dreihunderttausend Jahre alt. Während die Ausprägung der allgemeinen Sehkraft sehr lange zurückliegen dürfte, ist der Farbsinn wahrscheinlich nur rund eintausend Generationen alt. Das Gehör, das wir schon viele Millionen Jahre besitzen, verfeinerte sich im musikalischen Sinn, der noch heute im Entstehen begriffen ist. Der Sexualtrieb reicht in geologische Vorzeiten zurück, aber das sittliche Empfinden mit jenem jungen, kräftigen Sproß, den wir die menschliche Liebesfähigkeit nennen, ist nicht einmal einhunderttausend Jahre alt.

Werfen wir als erstes einen Blick auf Entstehung und Entwicklungsprozesse des Intellekts. Der menschliche Intellekt besteht im wesentlichen aus Vorstellungen (Konzepten), die ihrerseits das Endprodukt einer Entwicklung sind, die mit der schlichten Erregbarkeit begann, um dann über Empfindung und Wahrnehmung eben zur Vorstellung zu führen. Das Wachstum des menschlichen Intellekts entspricht dem Wachstum der Vorstellungsgabe, d. h. der Vermehrung der einfacheren Konzepte, die zugleich zu immer komplexeren Vorstellungseinheiten zusammengefügt werden.

Obwohl dieses Wachstum an Anzahl und Masse in jedem lebendigen Kopf mindestens während der Hälfte des Lebens, von der Kindheit bis in die mittleren Jahre, ohne Unterlaß stattfindet, und obwohl jeder von uns weiß, daß er heute Vorstellungen hat, die er vor einiger Zeit noch nicht hatte, würde vermutlich nicht einmal der klügste Kopf allein aufgrund der Beobachtung seiner geistigen Prozesse zu sagen vermögen, durch welche Vorgänge diese neuen Vorstellungen entstanden sind, woher oder wie sie kamen. Die direkte Beobachtung führt hier also nicht weiter. Indes gibt es einen anderen Weg, diesen dunklen Prozeß zurückzuverfolgen, und der führt über die Sprache.

Die Sprache ist das exakte Pendant des Intellekts: Für jede Vorstellung gibt es ein Wort oder einen Begriff, und für jedes Wort gibt es eine Vorstellung; keines von beiden kann ohne das andere existieren. Kein Wort kann entstehen, es sei denn als Ausdruck einer Vorstellung, noch kann sich eine Vorstellung bilden, ohne daß gleichzeitig das neue Wort entstünde, das ihr Ausdruck ist, obwohl dieses ›neue‹ Wort unter Umständen wie ein altes Wort geschrieben und gesprochen wird. Aber ein altes Wort, das eine neue Bedeutung annimmt, wird in Wirklichkeit zu zwei Wörtern: einem alten und einem neuen.

Die Sprache ist also in der Weise in perfekter Paßform auf den Intellekt zugeschnitten, daß sie ihm in allen Teilen und auf allen noch so verschlungenen Wegen folgt und entspricht, aber sie entspricht ihm auch in dem Sinne, daß sie niemals über ihn hinausgeht. Wörter entsprechen Vorstellungen und *nur* Vorstellungen, so daß wir mit ihnen weder sinnliche Wahrnehmungen noch Emotionen direkt auszudrücken vermögen, sondern gezwungen sind, statt ihrer selbst die Eindrücke mitzuteilen, die sie unserm Intellekt einprägen, d. h. die Vorstellungen, die bei ihrer Betrachtung durch den Intellekt erzeugt werden. Ehe also ein Sinneseindruck oder ein Gefühl in Sprache gefaßt und mitgeteilt werden kann, muß eine Vorstellung gebildet werden (von der man glaubt, daß sie dem Eindruck möglichst weitgehend entspricht), die dann verbalisiert werden kann. Tatsache aber ist, daß neunundneunzig Prozent unserer Sinneseindrücke und Emotionen vom Intellekt noch nie erfaßt wurden und deshalb unausgesprochen und unaussprechlich bleiben außer auf Umwegen durch vage Beschreibung und Andeutung.

In *Antiquity of Man* macht Sir Charles Lyell[2] aufmerksam auf die parallele Entwicklung von Ursprung, Wachstum, Niedergang

---

[2] *The Geological Evidences of the Antiquity of Man,* John Murray, London 1863.

und Tod der Sprachen einerseits und der Spezies der organischen Welt andererseits. Max Mueller geht über diesen Weg zu den Ursprüngen zurück, wenn er meint, daß »alle Gedanken, die Indien je durch den Kopf gegangen sind«, sich auf einhunderteinundzwanzig Grundkonzepte reduzieren lassen – d. h. auf einhunderteinundzwanzig Stammwörter, wobei wir durchaus seinen Verdacht teilen, daß dieser Grundstock sich noch weiter reduzieren ließe. Bedenken wir einen Augenblick, was das bedeutet, daß nämlich die Millionen indogermanischer Wörter des heutigen Sprachgebrauchs und darüber hinaus noch das Vielfache dieser Anzahl an längst vergessenen und toten Wörtern nahezu ausnahmslos auf rund einhundert Stammwörter zurückzuführen sind und diese selbst womöglich auf ein halbes Dutzend, und rufen wir uns dann in Erinnerung, daß Intellekt und Sprache eins sind, so beginnen wir leise zu ahnen, was der Intellekt einmal war im Vergleich zu dem, was er heute ist.

Einerlei, welchem Gegenstand der Intellekt sich zuwendet – seine sprachschöpferische Aktivität grenzt oft ans Wunderbare. Als das Sanskrit vor einigen Tausend Jahren noch eine lebende Sprache war und Sonne und Feuer noch als Götter oder zumindest doch als etwas eminent Heiliges galten, gab es für Feuer fünfunddreißig Bezeichnungen (wovon heute nur noch einige wenige gebräuchlich sind) und für Sonne siebenunddreißig. Noch bemerkenswerter sind die Beispiele aus dem Arabischen, wo es zum Beispiel achtzig Bezeichnungen allein für Honig gab, zweihundert für Schlange, fünfhundert für Löwe, eintausend für Schwert und fünftausendsiebenhundertvierundvierzig Bezeichnungen, die allesamt das Kamel meinten, das im Leben des Arabers eine besonders wichtige Rolle spielte. Nur nebenbei sei in diesem Zusammenhang auch auf den prächtigen Einfallsreichtum der Dialekte hingewiesen.

Die ihm dargebotene Oberfläche seiner Umwelt abtastend, sucht der menschliche Intellekt in jedem Riß und Spalt Fuß zu fassen und Wurzeln zu schlagen, so dürftig und windig der gebotene Halt auch sein mag. Denn ohne Unterlaß sucht der Mensch aller Zeitalter die Gegebenheiten seiner Umwelt zu meistern; sein intellektuelles Wachstum besteht darin, daß er diese Gegebenheiten tastend erforscht und besetzt, wie Efeu die Steine einer Mauer ertastet und in Besitz nimmt. Der Zweig, der Halt findet, erstarkt und bringt neue Triebe hervor. Der Teil, der einen solchen Halt nicht finden kann, hört nach einiger Zeit auf zu wachsen und stirbt schließlich ab.

Vieles deutet darauf hin, daß die Entstehung der Sprache und damit auch des menschlichen Intellekts rund dreihunderttausend Jahre zurückliegt. Erheblich später liegt die Entwicklung des Farbsinns. Anhand von Sprachuntersuchungen läßt sich nachweisen, daß der Mensch in einer schon so vorgerückten Ära wie der Zeit der primitiven Arier nur eine einzige Farbe wahrzunehmen und zu erkennen vermochte. Das heißt, er sah keinen Unterschied zwischen der Tönung des blauen Himmels, dem Grün von Bäumen und Wiesen, dem Braun oder Grau der Erde und dem Gold oder Glutrot des Sonnenauf- oder -untergangs. Adolphe Pictet[3] findet in der frühen indogermanischen Sprache keine Bezeichnungen für Farben, und Max Mueller[4] ist im Sanskrit auf keinen Wortstamm gestoßen, der in irgendeiner Weise auf Farbe hindeuten würde. In Rig Veda, Zend Avesta, Iliad, Odyssee und Bibel wird nicht ein einziges Mal die Farbe des Himmels erwähnt, obwohl der Himmel nirgends so blau ist wie in Griechenland und Kleinasien, wo Homer seine Epen schrieb, und obwohl der Himmel in der Bibel über vierhundertdreißigmal erwähnt wird. Zufall? Schlichtes Versäumnis? Nein. Die Farbe Blau war vor vier- oder vielleicht auch noch dreitausend Jahren unbekannt, und alle späteren Bezeichnungen für diese Farbe waren zu jener Zeit noch mit der Bezeichnung für Schwarz verschmolzen.

Das englische Wort *blue* und das deutsche *blau* stammen von einem Wort ab, das ursprünglich schwarz bedeutete. Das chinesische *hi-u-an,* das heute himmelblau bedeutet, meinte zunächst schwarz. Das Wort *nil,* das im Persischen und Arabischen heute blau bedeutet, ist von dem Namen Nil abgeleitet, d. h. dem schwarzen Fluß, von dem auch das lateinische *niger* abstammt.

Es ist nicht anzunehmen, daß der Mensch in einer Zeit, da er nur zwei Farben kannte, die er Schwarz und Rot nannte, diese Farben in ähnlicher Weise sah wie wir sie heute sehen, wiewohl sich heute natürlich nicht mehr feststellen läßt, mit welchen Empfindungen er diese Bezeichnungen assoziierte. »Rot« scheint Weiß, Gelb und die dazwischenliegenden Farbtöne eingeschlossen zu haben, während die Bezeichnung »Schwarz« offenbar auch alle Blau- und Grüntöne gemeint hat. So wie die Empfindungen »Rot« und »Schwarz« durch Teilung aus einer ursprünglich einheitlichen Farbempfindung hervorgegangen sind, so hat »Rot« sich mit der Zeit in Rot-Gelb, dann Rot-Weiß unterteilt, während aus dem

[3] In: *Les Origines Indo-Européennes*, Sandoy et Fritchbacher, Paris 1877.
[4] In: *The Sciences of Thought*, Charles Scribner's Sons, New York 1887.

ursprünglichen »Schwarz« Schwarz-Grün und Schwarz-Blau wurden. Im Verlauf der letzten zweitausendfünfhundert Jahre haben sich diese sechs (oder richtiger vier: rot, gelb, grün, blau) Farben in die stattliche Anzahl von Farbnuancen unterteilt, die wir heute wahrnehmen und nennen können.

Eine weitere, erst in vergleichsweise jüngerer Zeit erworbene Gabe ist die Duftempfindung. Sie wird in den Veden nicht erwähnt und nur ein einziges Mal in der Zendavesta. Von Lazarus Geiger erfahren wir in seinen »Contributions to the History of the Development of the Human Race«, daß die Darbringung von Inzens zusammen mit der Opfergabe in der Rig Veda noch nicht anzutreffen ist, wogegen sie in der jüngeren Yadshruveda erwähnt wird. In der Bibel tritt der Sinn für den Duft der Blumen zum erstenmal im Hohen Lied auf. Der Beschreibung in der Genesis zufolge gab es im Paradies alle möglichen Bäume, die hübsch anzusehen waren und nahrhafte Früchte trugen, doch von irgendwelchen Wohlgerüchen ist keine Rede. Das apokryphe Buch Enoch (aus dem ersten vorchristlichen Jahrhundert, wenn nicht noch später) beschreibt ebenfalls das Paradies, wobei es jedoch nicht versäumt, den köstlichen Duft des Baumes der Erkenntnis wie auch anderer Bäume im Garten Eden zu preisen.

Vergleichsweise späten Ursprungs ist auch das sittliche Empfinden des Menschen. Es umfaßt zahlreiche Funktionen wie etwa das Gewissen, das abstrakte Gefühl für Recht und Unrecht, die sexuelle Liebe, soweit sie sich vom primitiven Sexualtrieb unterscheidet, Nächstenliebe, ästhetisches Empfinden, Ehrfurcht, Pflichtgefühl, Verantwortungsbewußtsein, Sympathie, Mitgefühl, Vertrauen. Während das ältere Ichbewußtsein, das von einem heutigen Kind etwa im dritten Lebensjahr entwickelt wird, nur in schweren und seltenen Krisen wie im Fieberwahn oder bei einigen Formen der Geisteskrankheit verlorengeht, entwickelt sich das jüngere sittliche Empfinden im heutigen Menschen erst etwa auf halbem Weg zwischen Kindheit und Reife, um in der Regel auch dann immer wieder vorübergehend zu erlöschen.

Vom musikalischen Sinn kann man sagen, daß er noch im Entstehen begriffen ist. Mit diesem Sinn ist heute nicht mehr als etwa die Hälfte der Menschheit begabt, und ihn gibt es seit weniger (vielleicht erheblich weniger) als fünftausend Jahren. Während das Ichbewußtsein, wie schon erwähnt, im Falle von Geisteskrankheit nur gelegentlich verlorengeht, fällt der Sinn für Musik einer schweren psychischen Störung fast immer zum Opfer, was ein sicheres Indiz für die vergleichsweise späte Entstehung dieses besonderen Sinns ist. Denn: Je jünger eine bestimmte Fähigkeit ist, desto leichter geht sie verloren und umgekehrt: Je länger eine Rasse schon im Besitz einer bestimmten Fähigkeit ist, desto weiter wird deren Verbreitung und desto tiefer wird ihre Verwurzelung im einzelnen Mitglied dieser Rasse sein.

Wollen wir diesen kleinen Seitenblick auf die Entfaltung des menschlichen Geistes hiermit abschließen und hoffen, daß die wenigen angeführten Beispiele früher oder später erworbener Fähigkeiten genügen, uns in Erinnerung zu rufen, daß unser heutiges Ichbewußtsein, so zentral seine Rolle in unserem Leben auch sein mag, keine natürliche Gegebenheit ist, sondern eine erworbene Funktion. Das Wachstum des geistigen Menschen ist einem Baum vergleichbar, dessen Stamm im Laufe von Äonen immer höher und kräftiger geworden ist, um sich immer weiter zu verzweigen und immer feiner zu verästeln. Sollte dieser Lebensbaum heute aufhören zu wachsen? Das ist nicht anzunehmen. Wahrscheinlicher ist, daß dieser Baum weitere Äste und Zweige von uns heute unvorstellbarer Qualität und Beschaffenheit treiben wird und daß der Hauptstamm, aus dem das bare Leben sich zu sensitivem Leben, einfachem Bewußtsein und Ichbewußtsein entwickelt hat, seinen Wachstumsprozeß zu noch höheren Lebensformen und Bewußtseinsstufen fortsetzen wird.

Vom Ichbewußtsein zum kosmischen Bewußtsein

Wir haben gesehen, daß die verschiedenen Fähigkeiten des heutigen Menschen einschließlich seines Ichbewußtseins das Ergebnis eines sich über Äonen hinziehenden Entwicklungsprozesses sind. Da wir in dieser Arbeit davon ausgehen, daß es sich auch beim kosmischen Bewußtsein um eine derartige, allerdings erst im Werden begriffene Fähigkeit handelt, wollen wir im weiteren untersuchen, was wir von dieser neuen Gabe heute schon wissen. Bemerkenswert ist wohl zunächst, daß der neue Sinn, um den es hier geht, nicht zufällig bei diesem oder jenem Menschen hervorbricht. Die ihn bisher erfahren haben, sind ausnahmslos Männer des Geistes und in jeder Hinsicht eminent hoch entwickelte Persönlichkeiten. Denken wir nur an Walt Whitman, dessen Werdegang für uns klar überschaubar ist: Welch ein Kopf! Was für ein Herz und was für eine Sensibilität der Sinne! Es sieht ganz so aus, als sei ein ähnlich hohes geistiges und menschliches Niveau in allen Fällen eine Voraussetzung für das Erwachen des kosmischen Sinns gewesen.

Für den neuen Sinn hat man die unterschiedlichsten Bezeichnungen gefunden, die allerdings auch allerhand Verwirrung gestiftet haben. Bringen wir hier ein paar Beispiele, deren Bedeutung sich im Textteil noch weiter erhellen wird. Entweder Gautama selbst oder seine Schüler nannten den kosmischen Sinn »Nirvana« wegen jener »Auslöschung« gewisser niederer Triebe und Leidenschaften wie Todesfurcht, Habsucht, Neid etc., die sich im Augenblick des Erwachens zum kosmischen Bewußtsein ereignet. Es ist tatsächlich so, daß die Überwindung des alten Menschen mit der Wiedergeburt oder Schöpfung des neuen zusammenfällt. Das Wort Nirwana bezeichnet den Zustand, den der Buddhist als höchstes Ziel und Gut anstrebt. Jesus nannte das neue Leben »Reich Gottes« oder »Himmelreich« wegen des Friedens und der Glückseligkeit, die ein wesentlicher Zug dieses Zustands sind. Paulus nannte ihn »Christus«. Von sich selbst sagt er: »Christus lebet in mir«, wie er auch von »denen, die in Christo sind« spricht. Bei ihm ist ferner vom »Geiste« und vom »Geist Gottes« die Rede. Nachdem Paulus zum neuen Leben erwacht war, begriff er, daß Jesus das kosmische Bewußtsein besessen hatte und daß er selbst sozusagen das Leben Jesu lebte, daß eine andere Wesenheit, ein anderes Selbst in ihm lebendig geworden war. Dieses zweite Selbst nannte er Christus (den von Gott gesandten Erlöser) – nicht Jesus, da er in Jesus noch den ichbewußten Menschen vom Messias, dem Vorboten einer neuen und höheren Gattung, unterschied.

Dieser zwiefachen Natur der Menschen, denen sich der Kosmos erschlossen hat, werden wir in unseren weiteren Ausführungen immer wieder begegnen. Mohammed nannte den kosmischen Sinn »Gabriel«, den er als eine gesonderte Persönlichkeit betrachtete, die in ihm lebte und zu ihm sprach. Dante nannte ihn »Beatrice« (Segenbringerin), eine dem »Himmelreich« nahestehende Bezeichnung. Für Balzac war der neue Mensch ein »Seher«. Whitman verstand das kosmische Bewußtsein als »meine Seele«, doch sprach er von dieser Seele, als handele es sich um eine gesonderte Person, so etwa in:

»O Seele, frei von Fesseln, ich mit dir und du mit mir
Gehen auch wir auf Fahrt, o Seele
Lachend und mit Küssen
O Seele, o Entzücken, du meins und ich deins . . .«

Bacon hat den kosmischen Sinn in seinen Sonetten so ausdrücklich als eine eigenständige Person angesprochen, daß die Welt ihn dreihundert Jahre lang beim Wort genommen und die fragliche Person für einen jungen Freund des Dichters gehalten hat.

Wenn der kosmische Sinn, wie schon erwähnt, in der Regel nur in Menschen von hohem, geistigen Niveau erwacht, so läßt sich weiter präzisieren, daß er im allgemeinen im Zenith des Lebens erstmalig »durchschlägt«, d. h. im Alter zwischen dreißig und vierzig Jahren. Auch das Ichbewußtsein, das unmittelbar vorangegangene Entwicklungsstadium also, dürfte zu Beginn nur hier und da bei vereinzelten, besonders hochentwickelten Menschen aufgetreten sein, bis es mit der Zeit eine stärkere Ausprägung und größere Verbreitung fand, die schließlich dazu führte, daß es sich beim heutigen Menschen in den meisten Fällen schon im dritten Lebensjahr meldet. Demgemäß ist zu erwarten, daß die gesamte

Menschheit sich auf dieses nächste, in diesem Buch behandelte Stadium zubewegt und daß ein Mensch ohne kosmisches Bewußtsein eines Tages als ebenso minderwertig und zurückgeblieben gelten wird wie heute ein Mensch mit nicht vorhandenem oder nur schwach entwickeltem Ich.

Fast alle, die das Erwachen des kosmischen Sinns erfahren haben, berichten von einer anfänglichen Sorge oder sogar Angst, es könne sich um Symptome des Wahnsinns handeln. Mohammed war tief beunruhigt. Das gleiche scheint für Paulus zuzutreffen, und auch andere, die wir noch erörtern werden, berichten von Angst und Beklemmung.

Die erste Frage, die sich jeder stellt, lautet: Beruht das, was ich da sehe und fühle, auf Wahrheit, oder bin ich einer Sinnestäuschung, einem Wahn zum Opfer gefallen? Daß der Durchbruch zum kosmischen Bewußtsein als etwas weit Wirklicheres erlebt wird als jede frühere Erfahrung, bietet anfangs nur schwachen Trost, da man schließlich weiß, daß Halluzinationen die Macht haben, den ganzen Menschen zu beherrschen.

Woran läßt sich also erkennen, daß es ein neuer Sinn ist, der hier durchbricht und nicht eine besondere Form des Wahnsinns? Als erstes Kriterium wäre da zu nennen, daß die Strebungen des kosmischen Bewußtseins in höchstem Maße sittlich und damit den amoralischen und oft sogar unmoralischen Impulsen der Geisteskrankheit praktisch entgegengesetzt sind. Ein zweites Kriterium ist die in allen Formen des Wahnsinns stark reduzierte, im kosmischen Bewußtsein hingegen beträchtlich gesteigerte Fähigkeit zu Selbstbeherrschung und Disziplin. Den Beweis hierfür werden die Lebensläufe der hier als Beispiel angeführten Männer liefern. Drittens ist es eine Tatsache, daß unsere moderne Zivilisation (im weiteren Sinne) den Lehrern des neuen Sinns tief verpflichtet ist. Von ihm lernen die Meister, und von diesen, ihren Schriften, ihren Jüngern und Schülern lernt die übrige Welt, so daß wir, wäre das kosmische Bewußtsein eine Form der Geisteskrankheit, vor der erschütternden Tatsache stünden, daß unsere gesamte Zivilisation einschließlich ihren mächtigsten Religionen auf Wahn beruht.

Ein weiteres Indiz für die reale Spiritualität des kosmischen Bewußtseins ist die Tatsache, daß die Berichte der Erleuchteten in Einzelheiten zwar Abweichungen aufweisen mögen, daß sie in allen wesentlichen Zügen aber vollkommen übereinstimmen. So gibt es tatsächlich nicht einen einzigen Fall, in welchem ein Erwählter die Lehren eines anderen, der die gleiche Erfahrung gemacht hat, verurteilt oder in Zweifel gezogen hätte. Paulus etwa schien zunächst wenig disponiert, Jesu Lehren zu akzeptieren, doch erkannte er ihre Wahrheit, kaum daß sein eigener kosmischer Sinn erwacht war. Mohammed sah in Jesus den größten Propheten, der Adam, Noah, Moses und den übrigen weit überlegen war. Walt Whitman bejaht die Lehren Buddhas, Jesu, Paulus', Mohammeds, insbesondere aber die von Jesus, die ihm am vertrautesten waren. Freilich hegte Whitman auch keinen Zweifel daran, daß die großen Meister, kehrten sie zurück, um sich mit ihm auseinanderzusetzen, ihn selbst als »einen Bruder des leuchtenden Gipfels« in ihren erlauchten Kreis aufnehmen würden. Wie die großen Erleuchteten also in allen wesentlichen Punkten übereinstimmen, so können wir mit Edwin Arnold sagen, daß alle großen Religionen „Schwestern" sind oder, wie Arthur Lillie es ausdrückt, daß »Buddha und Christus im wesentlichen das gleiche lehrten«.

Wie sieht die kosmische Erfahrung nun im einzelnen aus? Details können nur *cum grano salis* gegeben werden, da sie dem Verfasser nur in wenigen Fällen bekannt sind und da die Erscheinungen zweifellos unterschiedlicher Natur sind. Nichtsdestoweniger sind gewisse Phänomene in verschiedenen Intensitäten immer wieder anzutreffen:

1. Völlig unvermittelt und ohne jede Vorbereitung hat der Betroffene plötzlich das Gefühl, in eine Flamme oder rötlich gefärbte Wolke eingetaucht zu sein, oder aber ihm ist, als sei sein ganzer Geist plötzlich von etwas ähnlich Rosig-Wolkigem erfüllt.

2. Gleichzeitig fühlt er sich sozusagen durchflutet von einem Gefühl der Freude, der Gewißheit, des Triumphs, der »Erlösung«. »Erlösung« ist, wenn im üblichen Sinne verstanden, nicht ganz richtig, denn das Gefühl, wenn voll entfaltet, sagt nicht, daß ein besonderer Akt der Erlösung vollzogen wurde, sondern daß es eines solchen Akts gar nicht bedarf, da die Weltordnung in sich schon Erlösung ist. Diese über alle dem bloßen Ichbewußtsein zugeordneten Emotionen weit hinausgehende Ekstase ist es, der die *Dichter* sich vornehmlich zuwenden: wie Gautama in seinen »Suttas«, Jesus in seinen Gleichnissen, Paulus in den Episteln, Dante am Schluß seines »Purgatorio« und zu Beginn seines »Paradiso«, Shakespeare in den Sonetten, Balzac in »Seraphita«, Whitman in den *Grashalmen*, während sie die Freuden und Schmerzen, die Lieben und Fehden, die Geburten und Tode des ichbewußten Menschen den Barden überlassen. Und wenn die *Dichter* sich dieser Emotionen doch einmal annehmen, so kann dies – wie in den *Grashalmen* gesagt – nur vom neuen Standort aus

geschehen: »Nie wieder werde ich von Liebe oder Tod innerhalb eines Hauses sprechen« – d. h. mit der alten Optik und den alten Assoziationen.

3. Gleichzeitig mit dem Überschwang der Gefühle oder unmittelbar danach erfährt der Erwählte eine Erleuchtung aller Erkenntniskräfte, die mit Worten kaum zu beschreiben ist. Wie in einem Blitz offenbaren sich seinem inneren Auge Sinn und Ziel der Weltschöpfung. Er glaubt nicht plötzlich, nein: Er sieht und weiß, daß der dem ichbewußten Sinn als tote Materie erscheinende Kosmos in Wirklichkeit lebendige Gegenwart ist. Er sieht und erkennt, daß die Menschen nicht etwa winzige Inseln in einem Meer toter Materie sind, sondern vergleichsweise leblose Flecken in einem unendlichen Ozean des Lebens. Er sieht, daß das im Menschen wirkende Leben ewig ist wie alles Leben und daß seine Seele so unsterblich ist wie Gott. Er erkennt, daß das Universum auf eine Weise geschaffen und geordnet ist, daß alles zum Besten aller zusammenwirkt, daß das Grundprinzip der Welt das ist, was wir Liebe nennen, und daß auf lange Sicht jedem einzelnen das absolut gewisse Glück winkt. Wer diese Erfahrung macht, lernt in den wenigen Minuten oder Augenblicken, die sie andauert, mehr als in einem monate- und jahrelangen Studium und darüber hinaus so manches, das durch kein Studium zu lehren oder zu lernen ist. Insbesondere gewinnt er eine Vorstellung vom *Ganzen* oder zumindest von einem riesenhaften GANZEN, gegen die jede dem gewöhnlichen Ichbewußtsein entsprungene und ihm zugehörige Vorstellung oder Spekulation zwergenhaft scheint und die alle früheren Versuche, die Weltordnung und ihren Sinn zu erfassen, kleinkrämerisch und sogar lächerlich erscheinen läßt.

4. Ein weiteres Moment im Durchbruch zum kosmischen Bewußtsein ist die Erfahrung der eigenen Unsterblichkeit. Was hier gemeint ist, ist nicht etwa eine verstandesmäßige Einsicht, wie sie sich aus einer logischen Problemlösung ergeben könnte, noch handelt es sich um etwas wie die neue Erfahrung einer bis dahin unbekannten Tatsache. Die Sache ist weit einfacher und elementarer und läßt sich eher mit jener Gewißheit der eigenen Individualität vergleichen, die dem Ichbewußtsein entspringt und zugehörig ist.

5. Die Todesfurcht, die so vielen Menschen das Leben schwermacht und vor allem einengt, fällt beim Erwachen des kosmischen Sinns ab wie ein alter Mantel, nicht etwa als Ergebnis kluger Überlegungen: Sie verschwindet einfach.

6. Das gleiche gilt für das Gefühl der Sündhaftigkeit. Dabei ist

es keineswegs so, daß der Betreffende der Sünde entrinnt: Die Sünde hat für ihn vielmehr aufgehört zu existieren.

7. Die Plötzlichkeit der Erleuchtung ist eines ihrer hervorstechendsten Merkmale. Sie läßt sich am ehesten mit einem Blitz vergleichen, der jäh durch die finstere Nacht fährt und die zuvor verborgene Landschaft in gleißendes Licht taucht.

8. In nahezu allen Fällen scheint das kosmische Bewußtsein die Persönlichkeit seines Trägers mit zusätzlicher Anmut und Harmonie zu begaben.

9. Vieles deutet darauf hin, daß die äußere Erscheinung des Erleuchteten für die Dauer der kosmischen Erfahrung und noch kurze Zeit danach eine Verwandlung erfährt, die – obwohl oft und vor allem bei starken Erfahrungen ausgeprägter – der physionomischen Veränderung durch intensive Freude oder Glücksgefühle ähnlich scheint. Das Wort »Verklärung« trifft den Sachverhalt recht gut. Dante gibt an, sich »in einen Gott verwandelt« zu haben.

Die Erfahrung selbst kann nur beschreiben, wer sie erlebt hat. Was haben die großen Erleuchteten selbst darüber berichtet? Gautama und die Erwählten des Buddhismus sprechen von Nirvana als von der höchsten Glückseligkeit. Der Verfasser des Mahabharata bezeugt: »Der Jünger, der sein Glück in sich selbst weiß und der auch sein Licht (der Erkenntnis) in sich selbst findet, wird eins mit Brahman.« Jesus sprach vom Segen des Himmelreichs, um dessentwillen ein Mensch sein gesamtes Hab und Gut verkauft. Paulus findet sich in den dritten Himmel entrückt. Dante bekundet seine Freude: »Was ich schaute, schien mir ein Lächeln des Weltalls, denn meine Trunkenheit kam mir aus allem, was ich hörte und sah. O Freude, o unaussprechliche Lust! Umfassendes Leben der Liebe und des Friedens!« Böhme äußert sich ähnlich: »Die irdische Sprache ist völlig ungenügend, um die Freude und Seligkeit der inneren Wunder Gottes zu beschreiben. Selbst wenn die ewige Jungfrau sie uns verkünden würde, so ist der menschliche Verstand viel zu kalt und dunkel, um fähig zu sein, auch nur einen Funken davon in seiner eigenen Sprache wiederzugeben.« Carpenter spricht vom »Ende allen Leides« und vom »tiefen, tiefen Meere der Freude im Innern«. Vor allem denken wir an das Zeugnis Walt Whitmans, der unbeirrt, wenn auch in den mannigfachsten Ausdrucksformen, auf fast jeder Seite seiner *Grashalme* den gleichen Gedanken besingt: »Ich wandere und staune über meine eigene Leichtigkeit und Heiterkeit.« »O über die Freude meines Geistes, sie ist entfesselt und fliegt daher wie ein Blitz.« »Ich stimme diesen Lobgesang mit Freuden an, bis ich in dir, o Tod, verschwebe.« – »Der Ozean ist von Freude erfüllt, die Luft ist voll Freude! Freude ist Freiheit, Gottesdienst, Liebe! Freude in der Ekstase des Lebens – genug, einfach da zu sein, um sie einzuatmen! Freude, Freude, überall Freude!«

Manch einer mag hier einwenden: »Wenn diese Leute soviel geschaut und erkannt haben, warum teilen sie das Geschaute dann nicht in einfacher und klarverständlicher Sprache mit, so daß auch wir etwas davon haben?« Whitman gibt in einem seiner Gesänge die Antwort: »Wenn ich vom Höchsten reden will, fühle ich, daß ich es nicht vermag. Die Zunge versagt ihren Dienst, mein Atem gehorcht mir nicht, ich verstumme.« Auch Paulus, als er ins Paradies entrückt wurde, hörte »unaussprechliche Worte«. Selbst Dante fühlte sich nicht fähig, die Dinge wiederzugeben, die er im Himmel geschaut hatte. »Meine Vision war größer als unsere Sprache.« So oder ähnlich äußern sich die meisten Erwählten. Und das nicht von ungefähr, denn die Sprache ist das Ausdrucksmittel des ichbewußten Verstands und kann, wie wir im vorangegangenen Kapitel gesehen haben, über diesen nicht hinausgehen. So vermag sie auch den kosmischen Sinn nur soweit zu erfassen, als dieser auf die begriffliche Ebene heruntergezogen und damit gleichzeitig und zwangsläufig verfälscht wird.

Wiederholen wir hier in aller Kürze noch einmal die charakteristischen Merkmale des kosmischen Bewußtsein:

1. das innere Licht
2. der Überschwang der Gefühle
3. Erleuchtung und Erkenntnis
4. Innewerden der eigenen Unsterblichkeit
5. Schwinden der Todesfurcht
6. Aufhebung der Sündenlast
7. Plötzlichkeit der Erfahrung
8. Bereicherung der Persönlichkeit durch Anmut und Harmonie
9. Physionomische Verklärung.

Um einem möglichen Mißverständnis vorzubeugen: Menschen, in denen der kosmische Sinn erwacht, sind deshalb nicht mit einem Schlag allwissend oder unfehlbar geworden. Die Größten unter ihnen sind zunächst, obwohl auf höherer Ebene, trotzdem etwa in der gleichen Lage wie Kinder, die sich soeben ihres Ichs bewußt geworden sind. Sie haben eine neue Bewußtseinsstufe erreicht, die zu erforschen oder zu meistern sie jedoch weder Zeit noch

Gelegenheit hatten. Auch auf höherer Ebene kann man klug oder töricht sein. Und ebenso wie ein Mensch, der sich noch in der Sphäre des Ichbewußtseins bewegt, moralisch weit unter sein Niveau gehen kann, so wird sich auch der neue, kosmische Mensch in gewissen Situationen von den noch ichbeherrschten Menschen seiner Umgebung kaum unterscheiden.

Und noch etwas: So göttlicher Natur der kosmische Sinn auch sein mag, diejenigen, die seinen Durchbruch als erste erfahren, müssen das in der neuen Welt Geschaute zwangsläufig so unterschiedlich sehen und interpretieren, wie die Epochen, Länder, Lebensläufe und Interessen unterschiedlich sind, in und mit denen sie aufgewachsen sind und gelebt haben. Das Wunder ist, daß sie diese neue Welt mit einer derartigen Klarheit erschauen.

Schließlich sei noch davor gewarnt, diese Menschen oder das neue Bewußtsein selbst nur deshalb mißzuverstehen oder zu verurteilen, weil das Absolute noch nicht erreicht wurde.

TEIL II

ERFAHRUNGEN VON KOSMISCHEM BEWUSSTSEIN

Da ein umfassender Überblick über Leben und Lehre der Männer, die wir im weiteren als frühe Repräsentanten des kosmischen Bewußtseins anführen werden, den Rahmen der vorliegenden Untersuchung zweifellos sprengen würde, wollen wir uns auf diejenigen Lebensdaten und Werkzitate beschränken, die geeignet sind, Hintergrund und Qualität der kosmischen Erfahrung zu erhellen.

Moses
(um 1200 v. Chr.)

»Die ältesten, Moses betreffenden Dokumente datieren aus einer Zeit vier- bis fünfhundert Jahre nach der Epoche, in welcher der Prophet gelebt haben muß«, schreibt Ernest Renan in seiner *Histoire du Peuple d'Israel*[5]. Sollte es vielleicht noch ältere, aber verlorengegangene Niederschriften geben, auf denen diejenigen, die wir besitzen, basieren? Oder eine andere Frage: Kann die lange Zwischenzeit von über vierhundert Jahren von der Tradition überhaupt in einer Weise überbrückt worden sein, daß auf die vorhandenen Berichte etwas zu geben wäre? Das ist schwer zu sagen. Wenn wir aber zu glauben wagen, daß die im Zweiten Buch Moses geschilderten Ereignisse im Leben dieses Mannes tatsächlich stattgefunden haben, dann kann der große ägyptisch-israelische Gesetzgeber als ein möglicher Repräsentant des kosmischen Bewußtseins gelten. Der brennende Busch, den Moses in Horeb sah und der nicht vom Feuer verzehrt wurde, wäre dann die traditionsbedingte, damalige Form des Inneren Lichts: »Und der Engel erschien ihm in einer feurigen Flamme aus dem Busch. Und er sah, daß der Busch mit Feuer brannte und ward doch nicht verzehrt« (2. Mose 3,2). Und der Glanz in seinem Gesicht: »Da nun Mose vom Berge Sinai ging, hatte er die zwei Tafeln des Zeugnisses in seiner Hand und wußte nicht, daß die Haut seines Angesichts glänzte davon, daß er mit Ihm geredet hatte. Und da Aaron und alle Kinder Israels sahen, daß die Haut seines Angesichts glänzte, fürchteten sie sich, zu ihm zu nahen« (2. Mose 34, 29–30). Diesem Glanz im Antlitz des vom Berge Sinai hinabsteigenden Moses entspräche die für die Erfahrung des kosmischen Bewußtseins charakteristische Verklärung.

Es sieht so aus, als sei Moses um die Zeit, da er das »Feuer« sah, schon verheiratet und Vater von drei Söhnen gewesen (2. Mose 4,20), doch war er immer noch ein junger Mann, denn er sollte noch

[5] Calman Levy, Paris 1889-1894.

vierzig Jahre nach dem Ereignis fortleben und -wirken. Etliches spricht dafür, daß er um die fragliche Zeit in dem für die Erleuchtung üblichen Alter stand. Wie üblich, löste das »Feuer« oder Licht auch bei ihm zunächst Beunruhigung aus: »Und Mose verhüllte sein Angesicht, denn er fürchtete sich, Gott anzuschauen« (2. Mose 3,6). Er hatte Sorge, seinem Auftrag nicht gewachsen zu sein: »Wer bin ich, daß ich zu Pharao gehe und führe die Kinder Israels aus Ägypten?« (2. Mose 3,11), ähnlich wie Mohammed seiner eigenen Kraft nicht traute.

Die mehr oder weniger explizite Befehle erteilende »Stimme« ist ein bekanntes Phänomen. Es ist fraglich, ob diese Stimme je mit dem physischen Ohr vernommen wird – möglicherweise in vereinzelten Fällen, wahrscheinlich nie. Das Licht ist mit an Sicherheit grenzender Wahrscheinlichkeit immer ein subjektives Phänomen, und das gleiche dürfte für die Stimme gelten. Mit dem kosmischen Sinn aber kommt das Erkennen gewisser Fakten, die den Betroffenen oft zu der Überzeugung verleiten, daß sie ihm gesagt worden sind, und zwar von einem übermenschlichen Wesen – daher die Stimme Gottes im Falle Mose, die Stimme des Vaters bei Jesus, die Stimme Jesu bei Paulus, die Stimme Gabriels bei Mohammed, die Stimme der Beatrice bei Dante. Wem die vermeintliche Stimme zugesprochen (oder in wessen Mund die Lehre gelegt) wird, variiert je nach der geistigen Disposition, dem Alter und dem jeweiligen Kulturkreis des Betroffenen.

Was Moses nun geoffenbart wurde, ist (soweit der Verfasser dies beurteilen kann) genau das, was ihm auch der kosmische Sinn entdeckt haben würde: die Einheit, Allmacht und Güte Gottes insbesondere und den Auftrag, für das Volk, dem er zugehörte, zu wirken. Darüber hinaus deutet vieles darauf hin, daß Moses um die Zeit des »Brennenden Buschs« einen beträchtlichen geistigen und moralischen Kraftzuwachs erfuhr. Ein Beweis sind die (zweifellos von ihm selbst verfaßten) Gesetzestafeln, desgleichen die bereitwillige Anerkennung seiner Überlegenheit und Autorität seitens eines Volks, das sonst wohl keine allzu große Neigung zeigte, die eigenen Vorstellungen und Ziele aufzugeben und sich der Leitung eines Führers zu unterstellen, den weder Geburt noch Amt für diese Rolle vorherbestimmt hatten.

Gideon
(13. Jahrh. v. Chr.)

»Und der Engel des Herrn kam und setzte sich unter eine Eiche zu Ophra, die war des Joas, des Abiesriters; und sein Sohn Gideon drosch Weizen in der Kelter, daß er ihn bärge vor den Midianitern.

Da erschien ihm der Engel des Herrn und sprach zu ihm: Der Herr mit dir, du streitbarer Held!

Gideon aber sprach zu ihm: Mein Herr, ist der Herr mit uns, warum ist uns dann solches alles widerfahren? Und wo sind alle seine Wunder, die uns unsre Väter erzählten und sprachen: Der Herr hat uns aus Ägypten geführt? Nun aber hat uns der Herr verlassen und unter der Midianiter Hände gegeben.

Der Herr aber wandte sich zu ihm und sprach: Gehe hin in dieser deiner Kraft; du sollst Israel erlösen aus der Midianiter Händen. Siehe, ich habe dich gesandt.

Er aber sprach zu ihm: Mein Herr, womit soll ich Israel erlösen? Siehe, meine Freundschaft ist die geringste in Manasse, und ich bin der Kleinste in meines Vaters Hause.

Der Herr aber sprach zu ihm: Ich will mit dir sein, daß du die Midianiter schlagen sollst wie einen einzelnen Mann.

Er aber sprach zu ihm: Habe ich Gnade vor dir gefunden, so mache mir doch ein Zeichen, daß du es seist, der mit mir redet;

weiche nicht, bis ich zu dir komme und bringe mein Speisopfer und es vor dir hinlege. Er sprach: Ich will bleiben, bis daß du wiederkommst.

Und Gideon kam und richtete zu ein Ziegenböcklein und ein Epha ungesäuerten Mehls und legte das Fleisch in einen Korb und tat die Brühe in einen Topf und brachte es zu ihm heraus unter die Eiche und trat herzu.

Aber der Engel Gottes sprach zu ihm: Nimm das Fleisch und das Ungesäuerte und lege es hin auf den Fels, der hier ist, und gieß die Brühe aus. Und er tat also.

Da reckte der Engel des Herrn den Stecken aus, den er in der

Hand hatte, und rührte mit der Spitze das Fleisch und das Ungesäuerte an. Und das Feuer fuhr aus dem Fels und verzehrte das Fleisch und das Ungesäuerte. Und der Engel des Herrn verschwand aus seinen Augen.

Da nun Gideon sah, daß es der Engel des Herrn war, sprach er: Ach Herr Herr! habe ich also den Engel des Herrn von Angesicht gesehen?

Aber der Herr sprach zu ihm: Friede sei mit dir! Fürchte dich nicht; du wirst nicht sterben.

Da baute Gideon daselbst dem Herrn einen Altar und hieß ihn: Der Herr ist der Friede. Der steht noch bis auf den heutigen Tag zu Ophra, der Stadt der Abiesriter.« (Richter 6, 11–24)

Nehmen wir Ernest Renan in dem, was er in seiner *Histoire du Peuple d'Israel*[6] über die Biographie des Gideon schreibt, beim Wort, so war auch dieser Prophet ein früher Repräsentant des kosmischen Bewußtseins. Renan schreibt: »Uns unbekannte Umstände drängten ihn, sein Leben ausschließlich in den Dienst Jahves zu stellen. Diese Bekehrung wurde auf eine Vision zurückgeführt, und es ist möglich, daß Gideon ähnlich wie Moses eine Offenbarung erfahren hat. Er scheint eine jene Flammenerscheinungen erlebt zu haben, in denen Jahve sich zeigen soll.«

Endgültiges kann in diesem Fall nicht gesagt werden. Wie alt Gideon zum fraglichen Zeitpunkt war, weiß man nicht. Das Innere Licht (wenn er es erfahren hat), sein plötzlicher Wechsel von einer vergleichsweise niederen zu einer höheren Stufe der Religiosität, sein rascher Aufstieg im Ansehen seiner Landsleute, sein langes und arbeitsreiches Leben, seine klare Gotteserkenntnis, sein Selbstverständnis als Werkzeug Gottes und seine Weigerung, in irgendeinem anderen Sinne zu herrschen – all das deutet auch in seinem Falle auf eine mögliche Erleuchtung.

6 op. cit.

Jesaja
(wirkte zwischen 746 und 701 v. Chr.)

Hat der »größte der hebräischen Propheten« den kosmischen Sinn besessen? Dafür spricht manches. Da Jesaja noch neununddreißig Jahre nach seiner »Vision« lebte und schrieb, ist es gut möglich, daß er zu jenem Zeitpunkt, d. h. im Todesjahr des Usia 740 v. Chr., etwas über dreißig war. Die Vision selbst, wie er sie beschreibt, deutet auf eine Erleuchtung – das Erwachen zum kosmischen Bewußtsein. Jesaja schreibt:

»Des Jahres, da der König Usia starb, sah ich den Herrn sitzen auf einem hohen und erhabenen Stuhl, und sein Saum füllte den Tempel.

Seraphim standen über ihm; ein jeglicher hatte sechs Flügel: mit zweien deckten sie ihr Antlitz, mit zweien deckten sie ihre Füße, und mit zweien flogen sie.

Und einer rief zum andern und sprach: *Heilig, heilig, heilig ist der Herr Zebaoth; alle Lande sind seiner Ehre voll!*

daß die Überschwellen bebten von der Stimme ihres Rufens, und das Haus ward voll Rauch.

Da sprach ich: Weh mir, ich vergehe! denn ich bin unreiner Lippen und wohne unter einem Volk von unreinen Lippen; denn ich habe den König, den Herrn Zebaoth, gesehen mit meinen Augen.

Da flog der Seraphim einer zu mir und hatte eine glühende Kohle in der Hand, die er mit der Zange vom Altar nahm,

und rührte meinen Mund an und sprach: Siehe, hiermit sind deine Lippen gerührt, daß deine Missetat von dir genommen werde und deine Sünde versöhnt sei.

Und ich hörte die Stimme des Herrn, daß er sprach: Wen soll ich senden? Wer will unser Bote sein? Ich aber sprach: Hier bin ich; sende mich!« (Jesaja 6, 1–8)

Die wesentlichen, auf eine Erleuchtung hindeutenden Punkte sind in diesem Fall: 1. Jesaja hat Gott geschaut. 2. Er hat gesehen, daß Gott der Kosmos *ist*. 3. Die Wendung »das Haus ward voll Rauch« würde (falls unsere Hypothese richtig ist) »voll Licht« oder »voll Feuer« lauten, da es sich um das Innere Licht handeln würde (allerdings ist fraglich, ob das hebräische Wort Ashan je »Licht« oder »Feuer« meint; ist es philologisch aber mit dem Sanskritwort Arman verbunden, so ist eine analoge Interpretation zulässig). 4. Die Aussage »daß deine Missetat von dir genommen werde und deine Sünde versöhnt sei« deutet darauf hin, daß Jesaja wie alle Erleuchteten mit seiner Vision eine Verfassung erlangte, in der die Unterscheidung zwischen Gut und Böse aufgehoben ist.

Li-R.-Laotse
(604 v. Chr. geb.)

Li-R., gewöhnlich Laotse (der alte Philosoph) genannt, wurde um 604 v. Chr. im chinesischen Honan geboren. Einen wahrscheinlich nicht unbeträchtlichen Teil seines Lebens war er als Archivar der Königlichen Bibliothek tätig.

517 besuchte Konfuzius den damals wohl achtundachtzigjährigen Laotse. Im Verlauf eines Gesprächs meinte dieser zu seinem Gast: »Die Menschen, von denen du sprichst, sind tot, und ihr Gebein ist zu Staub zerfallen; geblieben sind nur ihre Worte. Bietet sich dem Überlegenen die Gelegenheit, so wird er zur Höhe emporsteigen; ist die Zeit aber gegen ihn, so läßt er sich von der Macht der Umstände treiben. Ein tüchtiger Kaufmann, so habe ich mir sagen lassen, kann arm erscheinen, obwohl er in Wirklichkeit vielleicht große Schätze besitzt, und der überlegene Geist, obwohl von vollendeter Tugend, kann nach außen hin einfältig wirken. Laß ab von deinem stolzen Gebaren und deinen mannigfachen Begierden, von deiner schmeichlerischen Art und deinem wilden Willen. Sie gereichen dir nicht zum Vorteil; das ist alles, was ich dir zu sagen habe.«

Nach diesem Gespräch soll Kung zu seinen Jüngern gesagt haben: »Ich weiß, daß Vögel fliegen, Fische schwimmen und Tiere laufen können. Ich weiß, daß der Läufer mit der Schlinge gefangen, der Schwimmer mit dem Haken durchbohrt und der Flieger mit dem Pfeil erlegt werden kann. Indes gibt es den Drachen, und ich vermag nicht zu sagen, wie er mit dem Wind durch die Wolken zum Himmel emporsteigt. Heute habe ich Laotse gesehen, und ich kann ihn nur mit dem Drachen vergleichen.«

Nach dieser Begegnung soll Laotse in fünftausend chinesischen Zeichen sein Werk über das Tao niedergeschrieben haben, und es heißt, er sei nach Vollendung der Niederschrift nach Nordwesten gezogen. Wann und wo er das Zeitliche gesegnet hat, ist nicht bekannt.

Was ist Tao? Es heißt, daß es diejenigen, die seiner innegeworden sind, jung erhält. Ein berühmter alter Taoist soll einmal gefragt worden sein: »Du bist alt, Meister, aber deine Haut gleicht der eines Kindes. Wie geht das zu?« Seine Antwort lautete: »Ich habe das Tao erfahren.«

Die erste Übersetzung des Tao-te-king in westliche Sprachen versteht Tao im Sinne von Ratio oder höchster Vernunft. Abel Remusat schreibt über das Wesen von Tao: »Ich sehe keine Möglichkeit, diesen Begriff zu übersetzen, es sei denn mit Logos im dreifachen Sinne von höchstem Sein, Vernunft und Wort.« Stanislaus Julien, der Remusat auf dem Lehrstuhl der chinesischen Wissenschaften in Paris ablöste und der den Tao-te-king übersetzte, kam zu dem Schluß, daß dem Tao weder Tätigkeit, noch Denken, noch Urteilen, noch Intelligenz eigen sei und daß es sich deshalb auch nicht mit Begriffen wie ›Urvernunft‹ oder ›höchste Intelligenz‹ übersetzen lasse. Statt dessen scheint er es als Synonym für Nirvana aufgefaßt zu haben, was er allerdings nirgends deutlich ausspricht. Schließlich übersetzte er es mit »ein Weg« oder »der Weg« im Sinne von: »Ich bin der Weg, die Wahrheit und das Leben ...«, so daß es sich hier wieder an Christus, an Nirvana und an das kosmische Bewußtsein annähert.

Laotse spricht von gewissen Kräften, die demjenigen zuwachsen, der sich im Tao übt, und wenn wir seine Sprache richtig verstehen, werden wir sehen, daß es sich um typische Erfahrungen des kosmischen Bewußtseins handelt. Er sagt: »Wer gut das Leben zu führen weiß, der wandelt durchs Land und braucht nicht zu meiden Tiger noch Nashorn. Er schreitet durch ein Heer und braucht nicht zu tragen Panzer und Waffen. Das Nashorn findet in ihm keinen Ort, in den es sein Horn stoßen könnte, noch der Tiger einen Ort, in den er seine Kralle zu schlagen vermöchte, noch die Waffe einen Ort, der ihre Spitze aufnehmen würde. Und warum? Weil in ihm der Tod keinen Ort hat.« Und weiter: »Wer in der Fülle des Tao steht, gleicht einem neugeborenen Kindlein. Giftige Schlangen stechen ihn nicht. Reißende Tiere packen ihn nicht. Raubvögel stoßen nicht nach ihm.«

Vom Tao heißt es ferner, daß es in seiner Vollkommenheit gleich dem Wasser ist. »Tränkend alle Dinge durchdrängt es sie. Nie meidet es Niederstes. Darin gleicht es dem Tao.«

Es folgen einige Zitate aus Laotses Werk *Tao-te-king:*

»Wenn auf Erden alle das Schöne als schön erkennen,
So ist dadurch schon das Häßliche gesetzt.
Wenn auf Erden alle das Gute als gut erkennen,
So ist dadurch schon das Nichtgute gesetzt.
Denn Sein und Nichtsein erzeugen einander.
Schwer und Leicht vollenden einander.
Lang und Kurz gestalten einander.
Hoch und Tief verkehren einander.
Stimme und Ton vermählen sich ineinander.
Vorher und Nachher folgen einander.
Also auch der Berufene:
Er verweilt im Wirken ohne Handeln.
Er übt Belehrung ohne Reden.
Alle Wesen treten hervor,
und er verweigert sich ihnen nicht.
Er erzeugt und besitzt nicht.
Er wirkt und behält nicht.
Ist das Werk vollbracht,
so verharrt er nicht dabei.
Und eben weil er nicht verharrt,
Bleibt er nicht verlassen.« (2)

»Die Menschen strahlen vor Lust,
  wie bei der Feier großer Feste,
  wie bei Ersteigen von Anhöhen im Frühling:
Ich allein liege still, noch ohne Anzeichen
  wie ein Kindlein, das noch nicht lächelt.
Ich lasse mich treiben wie einer ohne Heimstätte.
Die Menschen haben alle Überfluß:
Ich allein bin wie ausgeleert.
Oh, ich habe eines Toren Herz,
  ich bin so verwirrt!
Die gewöhnlichen Menschen sind sehr erleuchtet:
Ich allein bin wie verfinstert.
Die gewöhnlichen Menschen sind sehr geläutert:
Ich allein bin ganz trübe.
Flutend wie das Meer, umhergetrieben ohne Aufenthalt.
Die Menschen sind alle brauchbar.
Ich allein bin schwerfällig und ungeschickt.
Ich allein bin anders als die Menschen,
  aber ich ehre die nährende Mutter.« (20)

»Das Teil wird zum Ganzen.
Schwaches erfährt Stärkung.
Leere erhält Inhalt.
Vergehendes wird neu.
Den Wunschbefreiten erfüllt Leben.
Den Wunschbeschwerten verläßt Leben.« (22)

»Das Tao ist absolut und hat keinen Namen.
Obwohl das ungeschnitzte Holz klein ist,
Kann es von niemand (als Gefäß) benutzt werden.
Wenn Könige und Fürsten (diese unverdorbene Natur) bewahren können
Wird die ganze Welt ihnen freiwillig die Herrschaft einräumen.

Himmel und Erde vereinigen sich
Und der süße Regen fällt,
Jenseits der Menschengewalt
Und doch gleichmäßig auf alle.

Dann entstand menschliche Gesittung und es gab Namen.
Seit es Namen gibt,
Wäre es gut, wenn man wüßte, wo aufhören.
Wer weiß, wo er aufhören soll,
Mag vor Gefahr gefeit sein.
Das Tao auf der Welt
Ist Flüssen vergleichbar, die ins Meer fließen.« (32)

»Wer das große Bild festhält,
Zu dem kommt alle Welt.
Sie kommt – da ist kein Weheklagen,
Nur Friede, Ruhe und Behagen.

Bei Musik und Leckereien
steht der vorbeigehende Fremde still.
Geht Tao hervor vom Munde,
wie ungesalzen!, es hat nicht Geschmack.
Schaut man danach, ist nicht genug zu sehen,
Horcht man danach, ist nicht genug zu hören,
Braucht man es, kann man kein Ende finden.« (35)

»Ohne hinauszugehen, kann man draußen sein.
Ohne hinauszusehen, kann man schauen.
Weit hinausgehen, verhindert eingehen.
Je näher man der Welt ist, desto weniger sieht man von ihr.
Also der Erwachte:
Er erfährt Fernstes, ohne zu wandern.
Er erkennt, ohne zu kennen.
Er vollendet, ohne zu handeln.« (47)

»Wer das Nichthandeln übt,
sich mit Beschäftigungslosigkeit beschäftigt, Geschmack findet an dem, was nicht schmeckt:
Der sieht das Große im Kleinen und das Viele im Wenigen.
Er vergilt Groll durch LEBEN.
Er plant das Schwere im Leichten.
Er tut das Große im Geringen.
Alle Schwierigkeiten auf Erden entstehen stets aus Leichtem.
Alles Große auf Erden entsteht stets aus Geringem.
Also auch der Berufene:
Er denkt niemals an seine Größe,
darum kann er seine Größe vollenden.
Wer leichthin zusagt, findet stets wenig Glauben.
Wer vieles leicht nimmt, findet stets viele Schwierigkeiten.
Also auch der Berufene:
Weil er die Schwierigkeiten bedenkt, darum findet er keine Schwierigkeiten.« (63)

»Wie wurden die großen Ströme und Meere zu Herren der Schluchten?
Indem sie es verstanden, niedrig zu bleiben.
So wurden sie die Herren der Schluchten.
Darum: Um der Höchste unter den Menschen zu werden,
Muß man sprechen wie ihr Untergebener.
Um der Vorderste unter den Menschen zu sein,
Muß man hinter ihnen gehen.
So kommt es, daß der Weise oben bleibt,
Und die Menschen spüren sein Gewicht nicht,
Daß er vorangeht,
Und die Menschen wünschen ihm nichts Böses.
Dann sind die Menschen froh, ihn für immer emporzuhalten.

Weil er nicht strebt,
Kann niemand auf der Welt ihm entgegenstreben.« (66)

»Alle in der Welt nennen mich groß,
weil ich aus der Art geschlagen scheine.
Aber nur, weil man groß ist,
darum scheint man aus der Art geschlagen.
Wenn einer nicht aus der Art geschlagen ist,
lange, wahrlich, währt' seine Unbedeutenheit.
Nun habe ich drei Schätze,
die ich bewahre und schätze:
Der erste heißt: Barmherzigkeit,
der zweite heißt: Genügsamkeit,
der dritte heißt: Nicht wagen, im Reich voran zu sein.
Barmherzigkeit, darum kann ich kühn sein,
Genügsamkeit, darum kann ich ausgeben,
Nicht wagen, im Reich voran zu sein,
darum kann ich der Beamten Herr sein.
Gegenwärtig verschmäht man Barmherzigkeit
 und ist doch kühn,
verschmäht man Genügsamkeit
 und gibt doch aus,
verschmäht Zurückstehen
 und ist doch voran
Das führt zum Tod!
Ist man barmherzig im Kampf,
 dann siegt man,
in der Verteidigung,
 dann widersteht man.
Wem der Himmel helfen will,
den schützt er durch Barmherzigkeit.« (67)

»Wahre Worte sind nicht schön,
schöne Worte sind nicht wahr.
Der Gute redekünstelt nicht,
der Redekünstler ist nicht gut.
Der Erkennende ist nicht vielwissend,
der Vielwisser erkennt nicht.
Der heilige Mensch sammelt nicht an

Je mehr er für die Menschen tut,
desto mehr hat er.
Je mehr er den Menschen gibt,
desto viel mehr hat er.
Des Himmels Weg ist,
  wohltun und nicht schaden.
Des heiligen Menschen Weg ist,
  tun und nicht streiten.«[7] (81)

[7] (2) und (63) entnommen aus: Laotse: *Von Sinn und Leben*, hrsg. und ins Deutsche übertragen von Richard Wilhelm, Eugen Diederichs, Jena 1921.
(20), (32), (35), (67) und (81) entnommen aus: Laotse: *Tao te king*, Deutsch von Victor von Stauss, Asia major, Leipzig 1924.
(22), (47) und (66) entnommen aus: *So spricht Lao Tse* (Tao-te-ching), Deutsch von Walter Jerven, O. W. Barth, München-Planegg 1952.

Gautama der Buddha
(um 560–480 v. Chr.)

Siddharta Gautama wurde zwischen 562 und 552 v. Chr. als Sohn reicher Eltern geboren. Sein von manchen Autoren auch als König bezeichneter Vater besaß ausgedehnte Ländereien. Gautama heiratete sehr jung und zehn Jahre nach der Eheschließung kam sein einziger Sohn, Rahula, zur Welt. Kurz darauf verließ der damals neunundzwanzigjährige Gautama sein Heim, um sich ganz dem Studium der Religion und Philosophie zu widmen. Er scheint ein sehr ernsthafter Mann gewesen zu sein, der nichts sehnlicher wünschte als das klar erkannte Elend der Menschheit beseitigen oder zumindest doch lindern zu können. Der übliche Weg zum Leben eines Heiligen war in Gautamas Zeit und Land das Fasten und die Kasteiung, und so übte er sich sechs Jahre lang in der strengsten Askese. Er brachte es zu ungewöhnlichem Ruhm, der ihm nichts galt, zumal der erstrebte Seelenfrieden und jenes menschliche Glück, dessen Geheimnis er hatte ergründen wollen, ihm versagt blieben. Er erkannte endlich die Vergeblichkeit seines Bemühens, gab die Askese auf und erfuhr unter dem berühmten Feigenbaum kurz darauf als etwa Fünfunddreißigjähriger die Erleuchtung.

Es ist im Sinne unserer Untersuchung wichtig, das Alter, in welcher die Initiation erfolgt, so exakt wie möglich festzulegen. Ernst von Bunsen zufolge hat der Buddha, ähnlich wie Christus, mit dreißig Jahren zu predigen begonnen. Er hat ganz sicher schon in Vaisali gepredigt, denn dort schlossen sich ihm fünf junge Männer als Jünger an, die ihn zur Weiterführung seiner Lehrtätigkeit anhielten. Da er diesen Ort als Neunundzwanzigjähriger verließ, kann er sehr wohl mit dreißig gepredigt haben. Erst nachdem er sechs Jahre unter dem Baum der Erkenntnis meditiert hatte, wurde ihm die Erleuchtung zuteil.

Welchen Wandel hat diese Erleuchtung nun in Gautama bewirkt und was hat er selbst darüber berichtet? In der *Dhamma-Kakka-*

Ppavattana-Sutta[8] – dem Werk, durch das die gesammelten Worte des großen indischen Philosophen eine erste Verbreitung fanden –, betont er immer wieder, daß es sich bei den darin gelehrten »hehren Wahrheiten« nicht etwa um Überlieferungen handele, sondern daß sich in seinem »Innern ein Auge aufgetan« habe, das Wesen der Erkenntnis, die Ursache aller Dinge, die Weisheit, die den Pfad erleuchtet und das Licht, das die Finsternis bannt, zu schauen. Deutlicher hätte er kaum zum Ausdruck bringen können, daß er seine Berufung zum Predigen und Lehren nicht etwa aus seinem gewöhnlichen Bewußtsein schöpfte, sondern aus dem kosmischen Bewußtsein durch Erleuchtung oder Inspiration.

Man vergleiche, was Böhme zur gleichen Frage schreibt: »Meine Erkenntnisse habe ich nicht aus Büchern oder Schriften geschöpft, sondern aus meinem eigenen Innern; denn Himmel und Erde und alles, was darinnen ist, und Gott selbst wohnen im Menschen.«

In der *Mahavagga* heißt es: »Während der ersten Nachtwache nach Gautamas Sieg über das Übel [der Nacht, die der Erlangung des kosmischen Bewußtseins folgte] versenkte sein Geist sich in den ursächlichen Zusammenhang aller Dinge; und während der zweiten Nachtwache tat er das nämliche; und während der dritten Nachtwache tat er das nämliche.« Diese Überlieferung finden wir sowohl bei den Buddhisten des Nordens wie bei denen des Südens. Sie geht demnach in die Zeit vor der Spaltung der beiden Kirchen zurück, und es ist durchaus möglich, daß sie von Gautama selbst stammt. Sie bringt klar und präzis eines der wichtigsten Phänomene beim Hervorbrechen des kosmischen Sinns zum Ausdruck und dürfte Dantes Vision der ewigen »Kreisläufe« entsprechen; ferner Whitmans »Erkenntnis, die die Vernunft der Welt übersteigt« und Carpenters »innerer Erleuchtung, durch die wir die Dinge schauen können, wie sie sind, die ganze Schöpfung erfassen, die Tiere, die Engel, die Pflanzen, das Wesen unserer Freunde und aller Menschengeschlechter in ihrem wahren Sein und Wesen«.

In einer seiner in der *Mittleren Sammlung Majjhimanikayo des Pali-Kanons* wiedergegebenen Reden beschreibt Gautama die Vorbereitungen zu seiner Initiation und deren Auswirkungen:

> »Standhaft aber, Brahmane, hielt ich aus, ohne zu wanken, bei klarer Vernunft, ohne Verstörung, gestillten Körpers, ohne

[8] In: *Sacred Books of the East*, edited by F. Max Mueller, The Clarendon Press, Oxford 1879–1885, Bd. XI.

Regung, gefaßten Gemütes, einig. Gar fern von Begierden, fern von unheilsamen Dingen weilte ich da, Brahmane, in sinnend gedenkender ruhegeborener seliger Heiterkeit, erwirkte die Weihe der ersten Schauung.

Nach Vollendung des Sinnens und Gedenkens gewann ich die innere Meeresstille, die Einheit des Gemütes, die von innen, von Gedenken freie, in der Einigung geborene selige Heiterkeit, die Weihe der zweiten Schauung.

In heiterer Ruhe verweilte ich gleichmütig, einsichtig, klar bewußt, ein Glück empfand ich im Körper, von dem die Heiligen sagen: ›Der gleichmütig Einsichtige lebt beglückt‹; so erwirkte ich die Weihe der dritten Schauung.

Nach Verwerfung der Freuden und Leiden, nach Vernichtung des einstigen Frohsinns und Trübsinns erwirkte ich die Weihe der leidlosen, gleichmütig einsichtigen vollkommenen Reine, die vierte Schauung. ›Solchen Gemütes, innig, geläutert, gesäubert, gediegen, schlackengeklärt, geschmeidig, biegsam, fest, unversehrbar, richtete ich das Gemüt auf die erinnernde Erkenntnis früherer Daseinsformen. Ich erinnerte mich an manche verschiedene frühere Daseinsform, als wie an ein Leben, dann an zwei Leben, dann an drei Leben, dann an vier Leben, dann an fünf Leben, dann an vierzig Leben, dann an fünfzig Leben, dann an hundert Leben, dann an tausend Leben, dann an hunderttausend Leben, dann an die Zeiten während mancher Weltenentstehungen, dann an die Zeiten während mancher Weltenvergehungen, dann an die Zeiten während mancher Weltenentstehungen-Weltenvergehungen. (...) So erinnerte ich mich mancher verschiedenen früheren Daseinsformen, mit je den eigentümlichen Merkmalen, mit den eigenartigen Beziehungen. Dieses Wissen, Brahmane, hatte ich nun in den ersten Stunden der Nacht, als erstes errungen, das Nichtwissen zerteilt, das Wissen gewonnen, das Dunkel zerteilt, das Licht gewonnen, wie ich da ernsten Sinnes, eifrig, unermüdlich weilte.‹

Solchen Gemütes, innig, geläutert, gesäubert, gediegen, schlackengeklärt, geschmeidig, biegsam, fest, unversehrbar, richtete ich das Gemüt auf die Erkenntnis des Verschwindens-Erscheinens der Wesen. (...) So sah ich mit dem himmlischen Auge, dem geläuterten, über menschliche Grenzen hinausreichenden, die Wesen dahinschwinden und wiedererscheinen, gemeine und edle, schöne und unschöne, glückliche und unglückliche, ich erkannte wie die Wesen je nach den Taten wiederkehren. Dieses Wissen, Brahmane, hatte ich nun in den mittleren Stunden der Nacht als zweites errungen, das Nichtwissen zerteilt, das Wissen gewonnen, das Dunkel zerteilt, das Licht gewonnen, wie ich da ernsten Sinnens, eifrig, unermüdlich weilte.

Solchen Gemütes, innig, geläutert, gesäubert, gediegen, schlackengeklärt, geschmeidig, biegsam, fest, unversehrbar, richtete ich das Gemüt auf die Erkenntnis der Wahnversiegung. ›Das ist das Leiden‹ verstand ich der Wahrheit gemäß. ›Das ist die Leidensentwicklung‹ verstand ich der Wahrheit gemäß. ›Das ist die Leidensauflösung‹ verstand ich der Wahrheit gemäß. ›Das ist der zur Leidensauflösung führende Pfad‹ verstand ich der Wahrheit gemäß. ›Das ist der Wahn‹ verstand ich der Wahrheit gemäß. ›Das ist die Wahnentwicklung‹ verstand ich der Wahrheit gemäß. ›Das ist der zur Wahnauflösung führende Pfad‹ verstand ich der Wahrheit gemäß. Also erkennend, also sehend ward da mein Gemüt erlöst vom Wunscheswahn, erlöst vom Daseinswahn, erlöst vom Nichtwissenswahn. ›Im Erlösten ist die Erlösung‹, diese Erkenntnis ging auf. ›Versiegt ist die Geburt, vollendet das Asketentum, gewirkt das Werk, nicht mehr ist diese Welt‹, verstand ich da. Dieses Wissen, Brahmane, hatte ich nun in den letzten Stunden der Nacht als drittes errungen, das Nichtwissen zerteilt, das Wissen gewonnen, das Dunkel zerteilt, das Licht gewonnen, wie ich da ernsten Sinnes, eifrig, unermüdlich weilte . . .«[9]

Nur um eine Vorstellung zu vermitteln, seien hier noch einige weitere Pasasgen wiedergegeben, die auf den kosmischen Sinn anspielen und mit den Aussagen der Erleuchteten jüngerer Zeiten oft erstaunliche Parallelen aufweisen, wobei wir wohl nicht eigens darauf hinzuweisen brauchen, daß sich tiefere Einblicke in diese Zusammenhänge nur durch ein gründliches Studium der Gesamtwerke dieser Meister gewinnen lassen. Hier jene Passage aus der *Längeren Sammlung Dighanikayo des Pali-Kanons.* Gautama lehrt seine Jünger und spricht:

»So lange als da, ihr Mönche, die Mönche nicht froh der Geschäfte, nicht erfreut an Geschäften, nicht der Freude an Geschäften ergeben sein werden, ist eben ein Wachsen, ihr Mönche, der Mönche zu erwarten und kein Schwinden. So lange

[9] *Die Reden Gotamo Buddhas,* ins Deutsche übertragen von Karl Eugen Neumann, Artemis Verlag, Zürich, Bd. I, S. 25/6.

als da, ihr Mönche, die Mönche nicht froh der Gespräche, nicht erfreut an Gesprächen, nicht der Freude an Gesprächen ergeben sein werden, ist eben ein Wachsen, ihr Mönche, der Mönche zu erwarten und kein Schwinden. (...) So lange als da, ihr Mönche, die Mönche nicht froh der Geselligkeit, nicht erfreut an Geselligkeit, nicht der Freude an Geselligkeit ergeben sein werden, ist eben ein Wachsen, ihr Mönche, der Mönche zu erwarten und kein Schwinden. (...) So lange als da, ihr Mönche, die Mönche mit der Erlangung eines geringfügigen Ergebnisses innen sich nicht genügen lassen werden, ist eben ein Wachsen, ihr Mönche, der Mönche zu erwarten und kein Schwinden. So lange aber, ihr Mönche, als diese sieben unvergeßbaren Dinge bei den Mönchen bestehen bleiben, und die Mönche an diesen sieben unvergeßbaren Dingen erkannt werden, ist eben ein Wachsen, ihr Mönche, der Mönche zu erwarten und kein Schwinden.«[10]

Die Parallelen mit den Aussagen Jesu springen ins Auge und brauchen nicht eigens angeführt zu werden. Was die Warnung vor der »Freude an Geschäften« und dem Genügen mit »geringfügigen Ergebnissen« anbelangt, vergleiche man Paulus in 3. Phil. 13/14: »Ich vergesse, was dahinten ist, und strecke mich zu dem, das da vorne ist, und jage – nach dem vorgesteckten Ziel – nach dem Kleinod, welches vorhält die himmlische Berufung Gottes in Christo Jesu«, aber auch die Lebensführung eines Gautama, Jesus, Paulus, Whitman oder Carpenter. Fast alle diese Männer hätten es sich mühelos »gut gehen lassen« können, doch kehrten sie dem Wohlleben entweder den Rücken (wie Gautama oder Carpenter), oder aber sie lehnten jeden materiellen Besitz von vorneherein ab (wie Jesus oder Whitman).

Auch das folgende Beispiel aus den *Upanischaden* spielt ganz eindeutig auf den kosmischen Sinn an:

»Cvetaketu war der Sohn des Aruni. Zu ihm sprach sein Vater: ›Cvetaketu! ziehe aus, das Brahman zu studieren, denn einer aus unserer Familie, o Teurer, pflegt nicht ungelehrt und ein bloßes Anhängsel der Brahmanenschaft zu bleiben.‹

Da ging er, zwölf Jahre alt, in die Lehre, und mit vierundzwanzig Jahren hatte er alle Veden durchstudiert und

[10] *Die Reden Gotamo Buddhas*, op. cit., Bd. II, S. 235.

kehrte zurück hochfahrenen Sinnes, sich weise dünkend und stolz. Da sprach zu ihm sein Vater: ›Cvetaketu! dieweil du, o Teurer, also hochfahrenen Sinnes dich weise dünkend und stolz bist, hast du denn auch der Unterweisung nachgefragt, durch welche das Ungehörte ein Gehörtes, das Unverstandene ein Verstandenes, das Unerkannte ein Erkanntes wird?«[11]

Hierzu vergleiche man Markus 4, 12: »Daß sie es mit sehenden Augen sehen, und doch nicht erkennen, und mit hörenden Ohren hören, und doch nicht verstehen ...« oder auch Whitman: »Ich bezweifele nicht, daß das Innen ein Innen hat, das Außen ein Außen und daß das Augenlicht ein anderes Augenlicht hat und das Gehör ein anderes Gehör und die Stimme eine andere Stimme.«

Schließlich noch ein letzter Passus aus den *Samhita Upanischaden:*

»Das Eine (das Selbst), obwohl es sich nie bewegt, ist doch schneller als der Gedanke. Die Sinne erreichen es nicht, denn es ist stets allen voran. Obwohl im Stillstand, überholt es die anderen, die laufen. Der sich bewegende Geist verleiht ihm Kräfte. Es rührt sich und rührt sich nicht. Es ist fern und zugleich nah. Es ist im Innern der Dinge und es ist im Äußern der Dinge. Und wer alles Seiende im Selbst erschaut und das Selbst in allem Seienden, der wird sich von ihm niemals abwenden. Welches Leid, welche Kümmernis kann es für den noch geben, der versteht und der diese Einheit erschaut hat?«[12]

Hierzu vergleiche man Carpenter, der vom kosmischen Sinn sagt: »Der Sinn ist das Gefühl, daß man all diese wahrgenommenen Gegenstände und Dinge und Menschen, daß man das ganze Weltall selber ist.«

Es steht wohl außer Frage, daß Gautama das kosmische Bewußtsein besessen hat. Alle in einem früheren Zusammenhang angeführten Kriterien sind in seinem Fall erfüllt: Eifer, Ernst und Strebsamkeit, die sozusagen den ›Humus‹ der kosmischen Erfahrung bilden; die Plötzlichkeit des Wandels von unermüdlichem Streben und Trachten zu vollkommener Gelöstheit; das Alter, in dem die Erleuchtung stattgefunden haben soll – fünfunddreißig

---

[11] Deussen, Dr. Paul: *60 Upanishads des Veda,* Brockhaus, Leipzig 1938.
[12] Ibid.

Jahre; die Erkenntniskraft, die »übernatürliche Einsicht«, die Gautama mit Recht zugeschrieben wird und die sich aus allen seinen Lehren mitteilt; das für das kosmische Bewußtsein typische Wissen um die eigene Unsterblichkeit (in der *Mahavagga* heißt es: »Der Mensch, der kein Verlangen hat und bewußt frei von allem Zweifel ist und die Tiefen der Unsterblichkeit erreicht hat, ihn nenne ich einen Brahmanen.«); die allgemeine Ausstrahlung und der starke persönliche Einfluß auf Jünger und die übrige Umgebung; die Verklärung, zu der überliefert wird: »Als er vom Berge Mienmo auf diamantenen Stufen herniederstieg, fanden sich die Umstehenden von seiner Erscheinung geblendet.«

Da Gautama also das kosmische Bewußtsein besaß und mit Sicherheit angenommen werden darf, daß der kosmische Sinn unter seinen Nachfolgern aller Generationen bis auf die heutige Zeit immer wieder hervorgebrochen ist, so steht zu erwarten, daß diese Erfahrung oder der Zustand in der reichhaltigen Literatur dieser Völker mit einem bestimmten Begriff vertreten ist. Tatsächlich ist ein solcher Begriff vorhanden, doch hat er unter den westlichen Gelehrten immer wieder mannigfache Verwirrung gestiftet. Es handelt sich um das Wort »Nirvana«.

Kinza M. Hirai schreibt: »Nirvana wird im Westen immer wieder als die Vernichtung aller menschlichen Triebe und Leidenschaften gedeutet. Das aber ist ein Irrtum. Nirvana ist nichts anderes als der Sinn und Urgrund des Weltalls.«

Rhys Davis schreibt zum gleichen Thema: »Viele Seiten ließen sich füllen mit den Lobpreisungen der buddhistischen Schriftsteller über jenen Geisteszustand, die Frucht des vierten Pfades, den Stand eines Arhat, eines Menschen, der dem buddhistischen Glauben gemäß die Vollendung erreicht hat. Doch läßt sich auch alles, was gesagt werden könnte, in einem einzigen Wort zusammenfassen – Nirvana.«[13] Um eine erste Vorstellung von diesem Zustand zu vermitteln, zitiert Davis aus den *Suttas:*

> »Für den, der den Pfad vollendet hat, gibt es kein Leid. Er ist dem Gram entstiegen und hat sich von allem befreit, hat alle Fesseln gesprengt. Wer seine Sinne beherrscht wie gut zugerittene und lenkbare Pferde, der ist frei von Stolz und allen Begierden, und selbst die Götter beneiden ihn. Wer seine Pflicht

---

[13] Davis, T. W. Rhys: *Buddhism,* Society for Promoting Christian Knowledge, London o. J.

tut, der ist duldsam wie die Erde, er ist wie ein See ohne Schlamm, keine neuen Geburten harren seiner. Sein Denken ist Ruhe, seine Worte und Taten sind Ruhe, wenn er durch wahre Erkenntnis die Freiheit erlangt hat ...

Wer sich durch Standhaftigkeit von den niederen Trieben befreit und nach den Lehren Gautamas bewährt hat, der erlangt die Frucht des vierten Pfades. Er versenkt sich in Ambrosia, die Seligkeit des Nirvana. Sein früheres Karma hat sich erfüllt, und ein neues wird nicht verursacht. Sein Herz ist frei vom Drang nach einem zukünftigen Leben. Der Mönch ist auf dem rechten Weg, der die Sünde durch Heiligkeit überwunden hat, dessen Auge vom Schleier des Irrtums befreit ist, der sich in Heiligkeit übt. Frei von allem Verlangen und in der Erkenntnis erfahren hat er Nirvana erreicht.«[14]

»Was also ist Nirvana, das da heißt – ausgelöscht sein – Vergehen«, fährt Rhys Davis fort. »Aus den zitierten Texten geht klar hervor, daß nicht das Vergehen der Seele gemeint sein kann. Es ist vielmehr das Vergehen des sündigen, triebhaften Zustandes von Herz und Vernunft, welcher durch das Mysterium des Karma andernfalls weitere Geburten verursachen würde.

Dieses Vergehen des niederen Menschen wird herbeigeführt von und läuft parallel zum Wachstum des entgegengesetzten inneren Menschen. Das Wort Nirvana meint demnach einen sündlosen und friedvollen Seelenzustand und kann noch am ehesten mit dem Begriff ›Heiligkeit‹ im buddhistischen Sinne von Friede, Güte und Weisheit gleichgesetzt werden.«[15]

Gautama selbst hat gesagt: »Ich ging nach Benares, wo ich den fünf Einsiedlern das Gesetz predigte. Von diesem Augenblick an setzte sich das Rad meines Gesetzes in Bewegung, und der Name Nirvana erschien in der Welt.« Es besteht kein Zweifel, daß mit »Nirvana« hier das kosmische Bewußtsein gemeint ist. An anderer Stelle wird von Männern berichtet, »die in der Erkenntnis des Gesetzes wandeln, nach dem sie Nirvana erlangt haben«. Und weiter: »Nirvana folgt der Erkenntnis, daß alle Dinge gleich sind.« »Es gibt kein wahres Nirvana ohne Erkenntnis des Alls, trachte danach, es zu erlangen.« Schließlich sagt Gautama von sich selbst, daß er der Welt das vollkommene Gesetz erhellt und daß er

[14] Ibid.
[15] Ibid.

unzählige Menschen zu Nirvana geleitet habe. Demnach muß er selbst in Nirvana gelebt haben, was undenkbar wäre, bedeutete Nirvana tatsächlich Vergehen und Vernichtung.

Professor Max Mueller verweist auf einige *Buddhavansa*-Verse, in denen unter anderem mit dem logischen Argument operiert wird, daß, wenn ein Positivum existiert, auch ein Negativum vorhanden sein muß im Sinne von: wenn es Hitze gibt, dann muß es auch Kälte geben usf. »In einem dieser Paare«, schreibt Prof. Mueller, »finden wir das Sein nicht etwa dem Nirvana entgegengesetzt, sondern dem Nicht-Sein; in einem anderen hingegen sind die drei Feuer (Lust, Haß, Wahn) dem Nirvana entgegengesetzt. Hieraus läßt sich doch wohl der Schluß ziehen, daß der Verfasser der *Buddhavansa* unter Nirvana nicht etwa die Auslöschung, die Aufhebung des Seins verstand, sondern Fortfall und Aufhebung der drei Feuer der Leidenschaft.«

Abschließend und als weiteren Beleg zu unserer These, daß mit dem Begriff »Nirvana« nichts anderes als das kosmische Bewußtsein gemeint ist, seien hier noch einige Verse aus der *Dhamma pada,* einer der ältesten und heiligsten buddhistischen Schriften wiedergegeben:[16]

»Der stetig ist, in sich versenkt,
Mit fester Hand sein Streben lenkt,
Nibbana (= Nirvana) wird des Weisen Teil,
Des Menschen allerhöchstes Heil.

Das eine ist der Vorteilsweg,
Das andre der Nibbanasteg:
Indem der Mönch dies recht erkennt,
Der sich des Buddha Jünger nennt,
Erfreu' er sich an Ehren nicht,
Er fördre seinen Weltverzicht.

Wer nicht Nibbana glaubt, nein, kennt,
Wer aller Bindung Nähte trennt,
Wer Werdens frei ist, Hoffens bar,
Der steht als Höchster da fürwahr.
Wenn nichts dein Selbst erweckt zum Klang

---

[16] *Dhamma-Worte,* verdeutscht von R. Otto Franke. Eugen Diedrichs Verlag, Jena 1923.

wie eine Glocke, die zersprang,
So gehst du zum Nibbana ein
Und bleibest von Erregung rein.

Die ärgste Sucht ist Hungrigsein,
Das schlimmste Leid Sankhara-Schein:
Wer dies erkennt mit rechtem Blick,
Dem heißt Nibbana höchstes Glück.

Gesundheit ist der Höchstgewinn,
Der beste Schatz zufriedner Sinn,
Vertraut ist besser als verwandt,
Das höchste Glück: ›erloschner Brand‹. (Nirvana)

Die Eigenliebe jäte aus der Seele Land
Wie man den Herbsteslotus ausreißt mit der Hand,
Dem Ruheweg mit Kraft sei zugekehrt,
Nibbana suche, das der Pfadvollender lehrt.

Nicht geht mit Tieren dieser Art
Ins unbetretne Land (Nibbana) die Fahrt,
Das dem erreichbar offen liegt,
Der selbst sich bändigt und besiegt.

O Mönch, dein Schifflein schöpfe leer,
Denn leergeschöpft läuft's leicht daher:
Tilg' Lust und Haß in deinem Sinn,
So bist du im Nibbana drin.

Versenkung fehlt bei dem, der keine Weisheit hat,
Und fehlt Versenkung, findet Weisheit keine Statt;
Sind aber beide, Weisheit und Versenkung da,
So sind, die sie besitzen, dem Nibbana nah.«

Sokrates
(469–399 v. Chr.)

Vorbildlicher Charakter und wacher Geist gehören zu den Grundvoraussetzungen des kosmischen Bewußtseins. Von Sokrates kann man wohl sagen, daß er aufgrund seiner moralischen Integrität wie auch seiner Geistesgaben zu den größten Männern der Geschichte gehört. Nichtsdestoweniger wäre es unsinnig, ihm aus denselben Gründen auch gleich das kosmische Bewußtsein zuschreiben zu wollen. Xenophon zufolge sprach Sokrates von »göttlichen Eingebungen«, die ihm zuteil geworden seien. In seiner *Anabasis* berichtet Xenophon ferner, daß Sokrates aufgrund der heiteren Gelassenheit seiner Lebensart von seinen Zeitgenossen über die Maßen bewundert worden sei. Und Sokrates selber soll – wieder laut Xenophon – gesagt haben: »Ich würde keinem Menschen zugestehen, daß er entweder besser oder mit mehr Vergnügen gelebt hätte als ich selbst.« Auch diese Hinweise ergeben noch keine Gewißheit, deuten aber mit Macht darauf hin, daß Sokrates den kosmischen Sinn besaß.

Man weiß, daß Sokrates ganz außergewöhnlich gesund und kräftig war, und er soll sogar noch als über Siebzigjähriger um die Zeit seines Todes im Vollbesitz seiner physischen und geistigen Kräfte gewesen sein: Klar scheint auch, daß er ein überzeugter Anhänger der Unsterblichkeitsidee war, obwohl dieser Überzeugung nicht zwangsläufig jene *Erfahrung* der Unsterblichkeit zugrunde liegen muß, die oft den Durchbruch zum kosmischen Bewußtsein begleitet. Zu erwähnen wäre ferner Sokrates' Optimismus, eine gleichfalls zu den Begleiterscheinungen des Durchbruchs zählende Eigenschaft, wie auch seine überdurchschnittliche, persönliche Anziehungskraft.

Lelut[17] datiert das, was er als Sokrates' Wahnsinn[18] betrachtet,

[17] In: Charles Elam: *A Physician's Problems*, Field, Osgood & Co., Boston 1869.

[18] Lelut ist ein typischer Vertreter des Menschenverstandes, für den alle Mystiker »Phantasten« sind.

auf die 429 v. Chr. erfolgte Belagerung Potidaeas und damit in eine Zeit zurück, als Sokrates um die vierzig Jahre alt gewesen sein dürfte. Was damals geschah, wird im *Symposion* folgendermaßen geschildert ...

»Es war ihm etwas eingefallen, und er stand nachsinnend darüber von morgens an auf einer Stelle, und da es ihm nicht voranging, ließ er nicht nach, sondern blieb immer forschend stehen. Nun wurde es Mittag, und die Leute merkten es und erzählten verwundert einer dem anderen, daß Sokrates vom Morgen an über etwas nachsinnend dastände. Endlich, als es Abend war und man gespeist hatte, trugen einige Ionier, denn damals war es Sommer, ihre Schlafdecken hinaus, teils um im Kühlen zu schlafen, teils um auf ihn achtzugeben, ob er auch die Nacht über da stehen bleiben würde. Und er blieb stehen, bis es Morgen ward und die Sonne aufging, dann verrichtete er noch sein Gebet an die Sonne und ging fort.«[19]

Nehmen wir diese Schilderung nun als Tatsachenbericht, so werden wir Elams Erklärung derjenigen Leluts vermutlich vorziehen. Sie lautet: »Es ist nicht unmöglich, daß er, der einem alten, ausgedienten und sinnentleerten philosophischen System den Rücken gekehrt und aus den Tiefen seines eigenen Denkens die großen Wahrheiten der Unsterblichkeit der Seele wie auch die Gewißheit eines künftigen Stands der Belohnungen und Bestrafungen geschöpft hatte; der aus einem chaotischen Polytheismus zu dem Glauben an einen Alleinigen Gott, dem Schöpfer und Wahrer aller Dinge vorgestoßen war – es ist nicht unmöglich, daß ein solcher Mann von der sich erschließenden Großartigkeit und Tiefe solcher Betrachtungen derart gepackt und ergriffen war, daß er sogar über eine so lange Zeit wie hier angedeutet der ihn umgebenden Dinge nicht mehr gewahr war.«[20]

Erinnern wir in diesem Zusammenhang noch an Balzacs Zeugnis in *Louis Lambert*, wo eine Erleuchtung beschrieben wird, die sich in einem quasi kataleptischen Zustand ereignet.

Nehmen wir alle Fakten zusammen – Sokrates' Alter zum fraglichen Zeitpunkt wie auch seine physischen, psychischen und geistigen Gaben –, so können wir nicht ganz fehlgehen in der Annahme, daß er zu jener Kategorie von Menschen gehörte, um die es in der vorliegenden Untersuchung geht.

---

[19] Platon: Symposium in Platon, Sämtliche Werke, Bd. 2, S. 247, Rowohlts Klassiker, Hamburg 1957.

[20] *A Physician's Problems*, op. cit.

Jesus Christus

Jesus wurde im Jahre 4 vor unserer Zeitrechnung geboren und war demnach 34 oder 35 Jahre, als er zu lehren begann und 33 zum Zeitpunkt seiner Taufe im Jordan wie auch seiner Erleuchtung.

Mehrere Schriftstellen weisen auf die bemerkenswerte Wandlung hin, die sich in dem bezeichneten Alter in ihm vollzog. Die ihn als Knaben und Jüngling gekannt hatten, verwunderten sich: »Ist er nicht eines Zimmermanns Sohn?« (Matth. 13, 55) oder, wie es bei Markus heißt: »Ist er nicht der Zimmermann, Marias Sohn? Und sie ärgerten sich an ihm.« (Mark. 6, 3)

Der erste und wahrscheinlich zuverlässigste Bericht über die Erleuchtung Jesu lautet: »Und alsbald stieg er aus dem Wasser und sah, daß sich der Himmel auftat und den Geist gleich wie eine Taube herabkommen auf ihn. Und da geschah eine Stimme vom Himmel: Du bist mein lieber Sohn, an dem ich Wohlgefallen habe. Und bald trieb ihn der Geist in die Wüste.« (Mark. 1, 10–12)

Dem Impuls, der Jesus nach seiner Erleuchtung in die Einsamkeit trieb, begegnen wir beim Erwachen des kosmischen Sinns immer wieder. Paulus erfuhr ihn und folgte ihm; das gleiche gilt für Whitman.

Das Bild »und sah, daß sich der Himmel auftat« ist typisch für das Erwachen des kosmischen Sinns, das oft als ein Durchbrechen oder Aufreißen oder auch, wie bei St. Johann vom Kreuz, als die Befreiung von einem Schleier geschildert wird: »Es ist die Seele, die bewegt und erweckt wird; es ist, als zöge Gott einen der zahlreichen Schleier zurück, die sie bedecken, auf daß sie erkenne, was er ist.«

So entspricht auch das »Du bist mein lieber Sohn« anderen, in ähnlichen Erfahrungen vernommenen Botschaften. Whitmans »Ich weiß, daß der Geist Gottes der Bruder meines eigenen Geistes ist« und Dantes »O Liebe, die du die Himmel regierst und mich mit deinem Licht erhöht hast« sind vollkommene Entsprechungen. Auch die (scheinbar) objektive Stimme ist ein immer wiederkehrendes Phänomen; Paulus hat sie vernommen, desgleichen Mohammed.

Ein weiterer wichtiger Faktor im besprochenen Fall ist die sogenannte »Versuchung«. Sie tritt in allen Fällen auf, obwohl nicht immer darüber berichtet wird. Bei dieser Versuchung handelt es sich im wesentlichen um die Verlockung, die neugewonnenen Kräfte für die Erfüllung der alten Wünsche des alten, ichbewußten Selbst einzusetzen. Der Teufel (Mara) erschien Gautama ebenso wie Jesus und drängte ihn, sich nicht auf das Abenteuer eines neuen Wegs einzulassen, sondern sich in den alten religiösen Praktiken lieber ein ruhiges und bequemes Leben zu machen. Bacon fühlte sich nach dem Erwachen so mächtig, daß es ihm ein leichtes schien, die Schätze beider Welten – von kosmischem Bewußtsein und Ichbewußtsein, von Himmel und Erde – auszuschöpfen, eine Maßlosigkeit, die er später bitter bereute.

Die Berichte der Evangelisten über die Verklärung Jesu sind nur in dem Sinne aufzufassen, daß sie ihn damals im Zustand der Entrücktheit, des kosmischen Durchblicks, schauten. »Und ward verklärt vor ihnen, und sein Angesicht leuchtete wie die Sonne, und seine Kleider wurden weiß als ein Licht« (Matth. 17, 2). »Und seine Kleider wurden hell und sehr weiß wie der Schnee, daß sie kein Färber auf Erden kann so weiß machen« (Mark. 9, 3). »Und da er betete, ward die Gestalt seines Angesichts anders, und sein Kleid ward weiß und glänzte« (Luk. 9, 29). Allein im Erwachen des kosmischen Sinns wird ein Zustand erreicht, der mit ähnlichen Worten wiedergegeben werden könnte.

Es ist in höchstem Maße beklagenswert, daß wir keine Worte besitzen, von denen man mit Sicherheit sagen könnte, daß sie von Jesus selbst stammen. Welch kostbaren Besitz würde ein Schriftstück von seiner Hand darstellen! Andererseits spricht so vieles für die Authentizität der zahlreichen, ihm zugeschriebenen und in den Evangelien niedergelegten Aussprüche, daß wir im folgenden zumindest von einer getreuen Wiedergabe des Sinns seiner Lehren ausgehen dürfen.

Wenn Jesus nun das kosmische Bewußtsein besaß, dann darf man annehmen, daß er ähnlich wie andere Erleuchtete in seinen Predigten immer wieder darauf Bezug genommen hat. Es ist unsere Überzeugung, daß dies überall da der Fall ist, wo er vom »Himmelreich« oder vom »Reich Gottes« spricht. Hier abschließend einige Beispiele und damit für den Leser die Gelegenheit, sich ein eigenes Urteil zu bilden:

»Selig sind, die da geistlich arm sind, denn das Himmelreich ist ihr.« (Matth. 5, 3)

»Wer nun eins von diesen kleinsten Geboten auflöst und lehret die Leute also, der wird der Kleinste heißen im Himmelreich; wer es aber tut und lehret, der wird groß heißen im Himmelreich. Denn ich sage euch: Es sei denn eure Gerechtigkeit besser denn der Schriftgelehrten und Pharisäer, so werdet ihr nicht in das Himmelreich kommen.« (Matth. 5, 19–20)

»Trachtet am ersten nach dem Reich Gottes und seiner Gerechtigkeit; so wird euch solches alles zufallen.« (Matth. 6, 33)

»Es werden nicht alle, die zu mir sagen: Herr, Herr! in das Himmelreich kommen, sondern die den Willen tun meines Vaters im Himmel.« (Matth. 7, 21)

»Euch ist gegeben, daß ihr das Geheimnis des Himmelreiches vernehmet, diesen aber ist es nicht gegeben.« (Matth. 13, 11)

»Das Himmelreich ist gleich einem Senfkorn, das ein Mensch nahm und säete es auf seinen Acker. Welches das kleinste ist unter allen Samen; wenn es aber erwächst, so ist es das größte unter dem Kohl, und wird ein Baum, daß die Vögel unter dem Himmel kommen und wohnen unter seinen Zweigen.« (Matth. 13, 31–32)

»Das Himmelreich ist einem Sauerteige gleich, den ein Weib nahm und vermengte ihn unter drei Scheffel Mehl, bis daß es gar durchsäuert ward.« (Matth. 13, 33)

»Abermal ist gleich das Himmelreich einem verborgenen Schatz im Acker, welchen ein Mensch fand und verbarg ihn und ging hin vor Freuden über denselben und verkaufte alles was er hatte und kaufte den Acker.« (Matth. 13, 44)

»Abermals ist gleich das Himmelreich einem Kaufmann, der gute Perlen suchte. Und da er eine köstliche Perle fand, ging er hin, verkaufte alles was er hatte und kaufte dieselbe.

Abermals ist gleich das Himmelreich einem Netz, das ins Meer geworfen ist, damit man allerlei Gattung fängt. Wenn es aber voll ist, so ziehen sie es heraus an das Ufer, sitzen und lesen die guten in ein Gefäß, aber die faulen werfen sie weg.« (Matth. 13, 45–47)

»Zu derselben Stunde traten die Jünger zu Jesu und sprachen: Wer ist doch der Größeste im Himmelreich? Jesus rief ein Kind zu sich und stellte es mitten unter sie und sprach: Wahrlich, ich sage euch, es sei denn daß ihr euch umkehret und werdet wie die

Kinder, so werdet ihr nicht in das Himmelreich kommen.« (Matth. 18, 1)

»Wehe euch Schriftgelehrten und Pharisäer, ihr Heuchler, die ihr das Himmelreich zuschließet vor den Menschen; ihr kommt nicht hinein, und die hinein wollen, laßt ihr nicht hineingehen.« (Matth. 23, 13)

»Dann wird das Himmelreich gleich sein zehn Jungfrauen, die ihre Lampen nahmen und gingen aus, dem Bräutigam entgegen. Aber fünf unter ihnen waren töricht, und fünf waren klug. Die törichten nahmen ihre Lampen, aber sie nahmen nicht Öl mit sich. Die klugen aber nahmen Öl in ihren Gefäßen, samt ihren Lampen. Da nun der Bräutigam verzog, wurden sie alle schläfrig und entschliefen. Zur Mitternacht aber ward ein Geschrei: Siehe, der Bräutigam kommt; gehet aus, ihm entgegen. Da standen diese Jungfrauen alle auf und schmückten ihre Lampen. Die törichten aber sprachen zu den klugen: Gebt uns von eurem Öl, denn unsere Lampen verlöschen. Da antworteten die klugen und sprachen: Nicht also, auf daß nicht uns und euch gebreche. Gehet aber hin zu den Krämern und kauft für euch selbst. Und da sie hingingen zu kaufen, kam der Bräutigam; und welche bereit waren, gingen mit ihm hinein zur Hochzeit; und die Tür ward verschlossen. Zuletzt kamen auch die anderen Jungfrauen und sprachen: Herr, Herr, tue uns auf. Er antwortete aber und sprach: Wahrlich, ich sage euch, ich kenne euch nicht. Darum wachet, denn ihr wisset weder Tag noch Stunde, in welcher des Menschen Sohn kommen wird.« (Matth. 25, 1–12)

»Da er aber gefragt ward von den Pharisäern: Wann kommt das Reich Gottes? antwortete er ihnen und sprach: Das Reich Gottes kommt nicht mit äußerlichen Gebärden. Man wird auch nicht sagen, siehe, hier oder da ist es. Denn sehet, das Reich Gottes ist inwendig in euch.« (Luk. 17, 20)

»Wahrlich, ich sage euch, es ist niemand, der ein Haus verläßt oder Eltern oder Brüder oder Weib oder Kinder um des Reiches Gottes willen, der es nicht vielfältig wieder empfange in dieser Zeit und in der zukünftigen Welt das ewige Leben.« (Luk. 18, 29–30)

»Jesus antwortete und sprach zu ihm: Wahrlich, wahrlich, ich sage dir: Es sei denn, daß jemand von neuem geboren werde, kann er das Reich Gottes nicht sehen. Nikodemus spricht zu ihm: Wie kann ein Mensch geboren werden, wenn er alt ist? Kann er auch wiederum in seiner Mutter Leib gehen und geboren werden? Jesus antwortete: Wahrlich, wahrlich, ich sage dir: Es sei denn, daß jemand geboren werde aus dem Wasser und Geist, so kann er nicht in das Reich Gottes kommen.« (Joh. 3, 3)

»Mein Reich ist nicht von dieser Welt. Wäre mein Reich von dieser Welt, meine Diener würden darob kämpfen, daß ich den Juden nicht überantwortet würde; aber nun ist mein Reich nicht von dannen – ... Ich bin dazu geboren und in die Welt gekommen, daß ich die Wahrheit zeugen soll. Wer aus der Wahrheit ist, der höret meine Stimme.« (Joh. 18, 36)

»Himmel und Erde werden vergehen, aber meine Worte werden nicht vergehen.« (Matth. 24, 35)

»Ich bin das Licht der Welt, wer mir nachfolget, der wird nicht wandeln in Finsternis, sondern wird das Licht des Lebens haben.« (Joh. 8, 12)

»Das Himmelreich ist gleich einem Könige, der seinem Sohn Hochzeit machte. Und sandte seine Knechte aus, daß sie die Gäste zur Hochzeit riefen; und sie wollten nicht kommen. Abermals sandte er andere Knechte aus und sprach: Saget den Gästen: Siehe, meine Mahlzeit habe ich bereitet, meine Ochsen und mein Mastvieh sind geschlachtet und alles bereit; kommt zur Hochzeit! Aber sie verachteten das und gingen hin, einer auf seinen Acker, der andere zu seiner Hantierung; etliche aber griffen seine Knechte, höhnten und töteten sie. Da das der König hörte, ward er zornig und schickte seine Heere aus und brachte diese Mörder um und zündete ihre Stadt an. Da sprach er zu seinen Knechten: Die Hochzeit ist zwar bereit, aber die Gäste waren's nicht wert. Darum gehet hin auf die Straßen und ladet zur Hochzeit, wen ihr findet. Und die Knechte gingen aus auf die Straßen und brachten zusammen, wen sie fanden, Böse und Gute; und die Tische wurden alle voll. Da ging der König hinein, die Gäste zu besehen, und sah allda einen Menschen, der hatte kein hochzeitlich Kleid an; und sprach zu ihm: Freund, wie bist du hereingekommen und hast doch kein hochzeitlich Kleid an? Er aber verstummte. Da sprach der König zu seinen Dienern: Bindet ihm Hände und Füße und werfet ihn in die Finsternis hinaus! da wird sein Heulen und Zähneklappen. Denn viele sind berufen, aber wenige sind auserwählt.« (Matth. 22, 2–14)

»Wahrlich, ich sage euch: Es ist niemand, der ein Haus verläßt oder Eltern oder Brüder oder Weib oder Kinder um des Reiches Gottes willen, der es nicht vielfältig wieder empfange in dieser Zeit, und in der zukünftigen Welt das ewige Leben.« (Luk. 18, 29–30)

Paulus

Der große Apostel besaß das kosmische Bewußtsein so sicher wie Caesar ein großer Feldherr war. Er war in der Tat nur deshalb Apostel und nur deshalb so groß, weil er zum kosmischen Bewußtsein erwacht war.

Der religiöse Ernst und Eifer, in dem er aufgewachsen war, liefert, wie wir schon gesehen haben, die ideale Matrix für das Hervorbrechen des kosmischen Sinns. Er war zum Zeitpunkt seiner (hier unterstellten) Erleuchtung etwa in dem Alter, in dem der Durchbruch gewöhnlich erfolgt. Sutherland meint zu diesem Punkt, daß Paulus

> »... nicht viel jünger als Jesus gewesen sein kann. Er war ein Heißsporn und Eiferer und begann kurze Zeit (möglicherweise innerhalb von zwei Jahren) nach der Kreuzigung durch seine Verfolgungen jener kleinen Christengemeinden auf sich aufmerksam zu machen, die sich in Jerusalem und an zahlreichen anderen Orten zusammengeschlossen hatten. Der gleiche Eifer, der ihn später zu einem so tüchtigen Missionar des Christentums werden ließ, trieb ihn jetzt dazu, seine Verfolgungen der so verhaßten ›Nazarener‹ über die Grenzen Jerusalems hinaus in die Städte und Dörfer Judeas und schließlich sogar bis in Gebiete jenseits Palestinas zu tragen. Er befand sich eben auf dem Weg nach Damaskus, um auch dort die neue Häresie auszutreiben, als sich jenes bemerkenswerte Ereignis zutrug, das sein ganzes Leben ändern sollte.«[21]

Wenn Paulus nun vier oder fünf Jahre jünger war als Jesus, dann erfuhr er die Erleuchtung im selben Alter wie sein großer Vorgänger.

[21] Sutherland, J. Th.: *The Bible, it's Origin, Growth and Character*, G. P. Putnam's Sons, New York 1893.

Es ist verwunderlich, daß wir weder von dem Apostel selbst noch von dem an allen Einzelheiten seines Lebens so brennend interessierten Lukas irgendwelche Angaben besitzen, die exakte Rückschlüsse auf Paulus' Geburtsdatum erlauben würden. Indes sagt Paulus zu seinem Leben vor der Erleuchtung: »Unterwiesen in der Strenge des väterlichen Gesetzes war ich, wie ihr alle heute seid, ein Eiferer für Gott, der ich diesen Weg verfolgt habe bis zum Tode, indem ich sowohl Männer band als Weiber und in die Gefängnisse überlieferte«. (Apostelgeschichte 22, 4) Aus diesen Worten teilt sich eine Macht mit, die auf ein höheres Amt und damit ein gewisses Alter schließen läßt, denn es ist kaum anzunehmen, daß die Führer der herrschenden Juden einen ganz jungen Mann mit derlei Aufgaben betraut hätten. Paulus' »Bekehrung« fand wahrscheinlich im Jahre 33 statt. Wenn wir davon ausgehen, daß er kurz vor dem Jahre 1 geboren war, so muß er zur Zeit seiner Epistel an die Philipper zwischen 60 und 65 gewesen sein, wofür manche Aussagen in dieser Epistel sprechen, die kaum von einem sehr viel jüngeren Mann stammen können. So etwa: »Denn es liegt mir beides hart an: ich habe Lust abzuscheiden, und bei Christus zu sein, welches auch viel besser wäre; aber es ist nötiger im Fleisch zu bleiben um euretwillen.« (Phil. 1, 23) Er scheint, als er dies niederschrieb, weder krank gewesen zu sein noch in irgendeiner Weise bedroht etwa infolge des in dieser Zeit laufenden Prozesses gegen ihn. So läßt sich der Hinweis auf den Tod wohl nur durch sein fortgeschrittenes Alter erklären. Wenn Paulus aber im Jahre 61 um die 65 war, dann muß er zur Zeit seiner Erleuchtung 37 Jahre gezählt haben.

Wir besitzen über seinen Durchbruch drei Berichte, von denen zwei offenbar von Paulus selbst stammen. Alle drei aber erwähnen jene charakteristischen Merkmale der Erleuchtung, wie wir sie auch in anderen Fällen beobachtet haben und beobachten werden. Hier die Texte:

> »Und da er auf dem Wege war und nahe bei Damaskus kam, umleuchtete ihn plötzlich ein Licht vom Himmel und er fiel auf die Erde und hörte eine Stimme, die sprach zu ihm: ›Saul, Saul, was verfolgst du mich?‹ Er aber sprach: ›Herr, wer bist du?‹ Der Herr sprach: ›Ich bin Jesus, den du verfolgst. Es wird dir schwer werden wider den Stachel zu löcken. Stehe auf und gehe in die Stadt, da wird man dir sagen, was du tun sollst.‹ Die Männer aber, die seine Gefährten waren, standen und waren erstarrt, denn sie hörten eine Stimme und sahen niemand. Saulus richtete

sich auf von der Erde, und als er seine Augen auftat, sah er niemand. Sie nahmen ihn aber bei der Hand und führten ihn gen Damaskus und war drei Tage nicht sehend und aß nicht und trank nicht.« (Apostelgesch. 9, 3–9)

Ähnlich der zweite Bericht:

»Es geschah aber, da ich hinzog und nahe bei Damaskus kam um den Mittag, umblickte mich schnell ein großes Licht vom Himmel. Und ich fiel zum Erdboden, und hörte eine Stimme, die sprach zu mir: ›Saul, Saul, was verfolgst du mich?‹ Ich antwortete: ›Herr, wer bist du?‹ Und er sprach: ›Ich bin Jesus von Nazareth, den du verfolgst.‹ Die aber mit mir waren, sahen das Licht und erschraken, die Stimme aber des, der mit mir sprach, hörten sie nicht. Ich aber sprach: ›Herr, was soll ich tun?‹ Der Herr aber sprach zu mir: ›Stehe auf und gehe gen Damaskus, da wird man dir sagen von allem, was dir zu tun verordnet ist.‹ Als ich aber vor Klarheit dieses Licht nicht sehen konnte, ward ich bei der Hand geleitet von denen, die mit mir waren und kam gen Damaskus.« (Apostelgesch. 22, 6–11)

Und schließlich die dritte Beschreibung:

»Über welchem, da ich nach Damaskus reiste mit Macht und Befehl von den Hohen Priestern, mitten am Tage, lieber König, sah ich auf dem Wege, daß ein Licht vom Himmel, heller denn der Sonne Glanz, mich und die mit mir reisten, umleuchtete. Da wir aber alle zur Erde niederfielen, hörte ich eine Stimme reden zu mir, die sprach auf Hebräisch: ›Saul, Saul, was verfolgst du mich? Es wird dir schwer sein wider den Stachel zu löcken.‹ Ich aber sprach: ›Herr, wer bist du?‹ Er sprach: ›Ich bin Jesus, den du verfolgst, aber stehe auf und tritt auf deine Füße. Denn dazu bin ich dir erschienen, daß ich dich ordne zum Diener und Zeugen des, das du gesehen hast und das ich dir noch will erscheinen lassen; und ich will dich erretten von dem Volke und von den Heiden, unter welche ich dich jetzt sende aufzutun ihre Augen, daß sie sich bekehren von der Finsternis zum Licht und von der Gewalt des Satans zu Gott.« (Apostelgesch. 26, 12–18)

Diese drei Berichte stimmen im ganzen miteinander überein, die wenigen Abweichungen sind bedeutungslos. In der zweiten Epistel an die Korinther finden wir einen weiteren, vielleicht noch bedeutungsvolleren Bericht, der in sich schon genügen würde, Paulus als einen Träger des kosmischen Bewußtseins auszuweisen. Solche Worte können in der Tat nur von einem Mann stammen, der die Wandlung vom Ichbewußtsein zum kosmischen Bewußtsein selbst erlebt hat. Hier der Text:

»Es ist mir ja das Rühmen nichts nütze; doch ich will kommen auf die Gesichter und Offenbarungen des Herrn. Ich kenne einen Menschen in Christo[23] vor 14 Jahren. (Ist er in dem Leibe gewesen oder ist er aus dem Leibe gewesen, so weiß ich es auch nicht; Gott weiß es;) derselbe ward entzückt bis in den dritten Himmel. Und ich kenne denselben Menschen (ob er in dem Leibe oder außer dem Leibe gewesen ist, weiß ich nicht; Gott weiß es), er ward entzückt in das Paradies und hörte unaussprechliche Worte, welche kein Mensch sagen kann. Davon will ich mich rühmen. Von mir selbst aber will ich mich nichts rühmen, ohne meiner Schwachheit und so ich mich rühmen wollte, täte ich damit nicht törlich; denn ich wollte die Wahrheit sagen. Ich enthalte mich aber des, auf daß nicht jemand mich höher achte, denn er an mir sehet oder von mir höret. Und auf daß ich mich nicht der hohen Offenbarung überhebe, ist mir gegeben ein Pfahl im Fleisch, nämlich des Satans Engel, der mich mit Fäusten schlage, auf daß ich mich nicht überhebe.« (2. Kor. 12, 1–7)

Abschließend seien hier noch einige Paulus-Zitate wiedergegeben, die auf das kosmische Bewußtsein Bezug nehmen und in diesem Sinne von uns kommentiert werden:

»Denn das sagen wir euch, als ein Wort des Herrn, daß wir, die wir leben und überbleiben in der Zukunft des Herrn, werden denen nicht vorkommen, die da schlafen. Denn er selbst, der Herr, wird mit einem Feldgeschrei und der Stimme des Erzengels und mit der Posaune Gottes herniederkommen vom Himmel, und die Toten in Christo werden auferstehen zuerst. Darnach wir, die wir leben und überbleiben werden zugleich mit denselben hingerückt werden in den Wolken, dem Herrn entgegen in der Luft und werden also bei dem Herrn sein alle Zeit. So tröstet euch nun mit diesen Worten untereinander.« (1. Thess. 4, 15–18)

---

[22] »Christus« ist Paulus' Bezeichnung für das kosmische Bewußtsein.

Hier klingt das im kosmischen Bewußtsein typische Wissen um die eigene Unsterblichkeit an.

»Ich tue euch aber kund, liebe Brüder, daß das Evangelium, das von mir gepredigt ist, nicht menschlich ist. Denn ich habe es von keinem Menschen empfangen, noch gelernt, sondern durch die Offenbarung Jesu Christi«. (Gal. 1, 11–12)

Die frohe Botschaft, die Paulus verkündete, empfing er einzig und allein vom kosmischen Sinn, dessen Lehren er als mit der Lehre Christi identisch erkannte.

»Da es aber Gott wohlgefiel, der mich von meiner Mutter Leibe hat ausgesondert und berufen durch seine Gnade, daß er seinen Sohn offenbarte in mir, daß ich ihn durch das Evangelium verkündigen sollte unter den Heiden, alsobald fuhr ich zu und besprach mich nicht darüber mit Fleisch und Blut, kam auch nicht gen Jerusalem zu denen, die vor mir Apostel waren, sondern zog hin gen Arabien, und kam wiederum gen Damaskus.« (Gal. 1, 15–17)

»Christus aber hat uns erlöset von dem Fluche des Gesetzes.« (Gal. 3, 13)

»Ehedem aber der Glaube kam, wurden wir unter dem Gesetz verwahrt und verschlossen auf den Glauben, der da sollte geoffenbart werden, also ist das Gesetz unser Zuchtmeister gewesen auf Christum, daß wir durch den Glauben gerecht würden. Nun aber der Glaube gekommen ist, sind wir nicht mehr unter dem Zuchtmeister. Denn ihr seid alle Gottes Kinder durch den Glauben an Christum Jesum. Denn wie viele euer getauft sind, die haben Christum angezogen.« (Gal. 3, 23–27)

Hier ist Christus, das kosmische Bewußtsein, als eine bestimmte Wesenheit oder Individualität aufgefaßt. Bei dem ›Fluch des Gesetzes‹, von dem Christus erlöst, handelt es sich um Scham, Furcht und Haß, die dem Ichbewußtsein eigen sind. Paulus scheint an eine Taufe *in* das kosmische Bewußtsein (Christus) zu glauben, die es zweifellos gibt. Aber wo findet sich die Priesterschaft, sie zu erteilen?

»So bestehet nun in der Freiheit, damit uns Christus befreit hat.« (Gal. 5, 1)

»Ihr aber, liebe Brüder, seid zur Freiheit berufen.« (Gal. 5, 13)

Die Freiheit, zu der das kosmische Bewußtsein erlöst, ist die Befreiung von der Verknechtung durch das kleine, persönliche Ich.

»Die Frucht aber des Geistes ist: Liebe, Freude, Friede, Geduld, Freundlichkeit, Gütigkeit, Glaube, Sanftmut, Keuschheit. Wider solche ist das Gesetz nicht. Welche aber Christo angehören, die kreuzigen ihr Fleisch, samt den Lüsten und Begierden.« (Gal. 5, 22–24)

Für ›Geist‹ und ›Jesus Christus‹ setze man ›kosmisches Bewußtsein‹. Und in der Bhagavad Gita heißt es: »Selbst der Sinn für die Dinge dieser Welt entschwindet dem, der den Vollendeten geschaut.«

»Wovon wir aber reden, das ist dennoch Weisheit bei den Vollkommenen; nicht eine Weisheit dieser Welt, auch nicht der Obersten dieser Welt, welche vergehen, sondern wir reden von der heimlichen, verborgenen Weisheit Gottes, welche Gott verordnet hat von der Welt zu unserer Herrlichkeit, welche keiner von den Obersten dieser Welt erkannt hat.« (1. Kor. 2, 6–7)

Hier spricht Paulus vom kosmischen Bewußtsein, welches kommt, wenn die Zeit erfüllt ist und das er empfangen hatte.

»Denn der Geist erforschet alle Dinge, auch die Tiefen der Gottheit. Denn welcher Mensch weiß, was im Menschen ist, ohne den Geist des Menschen, der in ihm ist? Wir aber haben nicht empfangen den Geist dieser Welt, sondern den Geist aus Gott, daß wir wissen können, was uns von Gott gegeben ist, welches wir auch reden, nicht mit Worten, welche menschliche Weisheit lehren kann, sondern mit Worten, die der heilige Geist lehret, und richten geistliche Sachen geistlich. Der natürliche Mensch aber vernimmt nichts vom Geist Gottes; es ist ihm eine Torheit und kann es nicht erkennen, denn es muß geistlich gerichtet sein. Der geistliche aber richtet alles und wird von niemand gerichtet. Denn wer hat des Herrn Sinn erkannt? Oder wer will ihn unterweisen? Wir aber haben Christi Sinn. Und ich, liebe

Brüder, konnte nicht mit euch reden als mit geistlichen, sondern als mit fleischlichen wie mit Kindern in Christo. Milch habe ich euch zu trinken gegeben und nicht Speise, denn ihr konntet noch nicht, auch könnt ihr noch jetzt nicht dieweil ihr noch fleischlich seid.« (1. Kor. 2, 10–16 und 3, 1–3)

Da Paulus seine Lehren nicht vom ichbewußten menschlichen Geist erhält, sondern vom Geist Gottes, kann er durch den ichbewußten Menschengeist auch nicht gerichtet werden. Der lediglich ichbewußte Mensch vermag die durch den kosmischen Sinn offenbarte Welt nicht zu schauen, und schaute er sie, so würde er sie für Torheit halten. So konnte Paulus auch nicht in der Weise zu den Korinthern sprechen, wie er es gern getan hätte, da sie noch nicht zum kosmischen Bewußtsein erwacht waren.

»Welcher sich unter euch dünkt, weise zu sein, der werde ein Narr in dieser Welt, daß er möge weise sein. Denn dieser Welt Weisheit ist Torheit bei Gott.« (1. Kor. 3, 18–19)

»So wir euch das Geistliche säen, ist's ein großes Ding, wenn wir euer Leibliches ernten?« (1. Kor. 9, 11)

»Wenn ich mit Menschen- und Engelzungen redete, und hätte der Liebe nicht, so wäre ich ein tönendes Erz oder eine klingende Schelle. Und wenn ich weissagen könnte und wüßte alle Geheimnisse und alle Erkenntnis und hätte allen Glauben, also daß ich Berge versetzte, und hätte der Liebe nicht, so wäre ich nichts. Und wenn ich alle meine Habe den Armen gäbe und ließe meinen Leib brennen, und hätte der Liebe nicht, so wäre es mir nichts nütze. Die Liebe ist langmütig und freundlich, die Liebe eifert nicht, die Liebe treibt nicht Mutwillen, sie blähet sich nicht, sie stellt sich nicht ungebärdig, sie suchet nicht das Ihre, sie läßt sich nicht erbittern, sie rechnet das Böse nicht zu, sie freut sich nicht der Ungerechtigkeit, sie freuet sich aber der Wahrheit; sie verträgt alles, sie glaubet alles, sie hoffet alles, sie duldet alles. Die Liebe höret nimmer auf, so doch die Weissagungen aufhören werden und die Erkenntnis aufhören wird. Denn unser Wissen ist Stückwerk und unser Weissagen ist Stückwerk. Wenn aber kommen wird das Vollkommene, so wird das Stückwerk aufhören. Da ich ein Kind war, da redete ich wie ein Kind, und war klug wie ein Kind, und hatte kindische Anschläge; da ich aber ein Mann ward, tat ich ab, was kindisch war. Wir sehen jetzt durch einen Spiegel in einem dunkeln Wort; dann aber von Angesicht zu Angesicht. Jetzt erkenne ich es stückweise, dann aber werde ich erkennen, gleich, wie ich erkannt bin. Nun aber bleibet: Glaube, Liebe, Hoffnung, diese Drei, aber die Liebe ist die Größte unter ihnen.« (1. Kor. 13)

Hier haben wir ein glänzendes Beispiel für das ethische Empfinden, das im Erwachen des kosmischen Sinns stets eine bemerkenswerte Steigerung erfährt.

»Denn gleich wie sie in Adam alle starben, also werden sie in Christo alle lebendig gemacht werden; ein jeglicher aber in seiner Ordnung; der Erstling Christus; danach die Christus angehören, wenn er kommen wird; danach das Ende, wenn Er das Reich Gottes dem Vater überantworten wird, wenn Er aufheben wird alle Herrschaft und alle Obrigkeit und alle Gewalt.« (1. Kor. 15, 22–24)

Hier wird zwischen dem Leben im Ichbewußtsein und dem im kosmischen Bewußtsein verglichen. Das Ichbewußtsein, sagt Paulus, der adamische Zustand, ist ein Zustand des Todes. Mit »Christus« beginnt das wahre Leben, das Verbreitung finden und schließlich weltweit herrschen wird. Das ist das Ende der alten Ordnung. Danach wird es keine »Herrschaft« mehr geben, keine »Obrigkeit« und keine »Gewalt«; alle werden frei und gleich sein. Vergleiche auch Balzac in *Louis Lambert:* »Der Engel, der vom Wind getragen ist, sagt nicht: »›Tote, stehet auf!‹ Er sagt vielmehr: ›Erhebt euch ihr Lebenden!‹«[23]

»Darum ist jemand in Christo, so ist er eine neue Kreatur, das Alte ist vergangen und siehe, es ist alles neu geworden.« (2. Kor. 5, 17)

Schlichter und präziser läßt es sich kaum ausdrücken: Wer das kosmische Bewußtsein erfährt, ist in Wahrheit zu einem neuen Menschen geworden, der auch seine gesamte Umgebung neu erfährt. Er stößt sozusagen zur anderen Seite der Dinge vor; sie sind die gleichen Dinge und doch vollkommen anders. Vergl.

---

[23] *Louis Lambert,* in: Honoré de Balzac: *Buch der Mystik,* Rowohlt Verlag, Berlin 1933.

Whitman in den *»Grashalmen«:* »Die Dinge wechseln nicht etwa den Ort. Die Erde ist so eindeutig und direkt wie zuvor. Aber auch die Seele ist real; auch sie ist eindeutig und direkt; keine Logik, kein Beweis hat sie eingesetzt; unleugbares Wachstum hat sie eingesetzt.«

»So ist nun nichts Verdammliches an denen, die in Christo Jesu sind, die nicht nach dem Fleisch wandeln, sondern nach dem Geist. Denn das Gesetz des Geistes, der da lebendig macht in Christo Jesu, hat mich frei gemacht von dem Gesetze der Sünde und des Todes. Denn das dem Gesetz unmöglich war (sintemal es durch das Fleisch geschwächt ward), das tat Gott und sandte seinen Sohn in der Gestalt des sündlichen Fleisches, und verdammte die Sünde im Fleisch durch Sünde, auf daß die Gerechtigkeit, vom Gesetz erfordert, in uns erfüllet werde, die wir nun nicht nach dem Fleisch wandeln, sondern nach dem Geist. Denn die fleischlich sind, die sind fleischlich gesinnt; die aber geistlich sind, die sind geistlich gesinnt. Aber fleischlich gesinnt sein ist der Tod, und geistlich gesinnt sein ist Leben und Friede. Denn fleischlich gesinnt sein ist eine Feindschaft wider Gott.« (Röm. 8, 1–7)

Das kosmische Bewußtsein kennt weder Sünde noch Tod. Letzterer wird vielmehr als ein in das Lebenskontinuum eingebettetes Ereignis erkannt. Der bloß ichbewußte Mensch kann sich weder durch Einhaltung des »Gesetzes« noch durch andere Mittel vom Gefühl der Sündhaftigkeit befreien. Diese Erlösung kann nur »Christus«, d. h. das kosmische Bewußtsein herbeiführen.

»Denn ich bin gewiß, daß weder Tod noch Leben, weder Engel noch Fürstentum, noch Gewalt, weder Gegenwärtiges noch Zukünftiges, weder Hohes noch Tiefes, noch eine andere Kreatur mag uns scheiden von der Liebe Gottes, die in Christo Jesu ist.« (Röm. 8, 38–39)

Ein schönes Beispiel für die unerschütterliche Zuversicht, die sich in nahezu allen Fällen mit dem Erwachen des kosmischen Sinns einstellt.

Plotin
(204–274)

Plotin kann mit Sicherheit zu den Erleuchteten gezählt werden. Dafür spricht seine ganze Philosophie, aber auch einzelne seiner Forderungen wie etwa die, daß Subjekt und Objekt zum Zweck der vollkommenen Erkenntnis vereint werden müssen – daß zwischen Erkennendem und Erkanntem keine Trennung bestehen darf. (Ähnlich heißt es in den Upanishaden: »Für den, der erkannt hat, umfaßt das Selbst alle Dinge« oder auch bei Whitman: »Das Grobstoffliche und die unsichtbare Seele sind eins«.)

Über Plotins äußeres Leben hat der Verfasser leider wenig in Erfahrung bringen können, und auch über den hier angenommenen Durchbruch zum Kosmischen sind keine Einzelheiten bekannt. Indes finden sich klare Hinweise in einem Brief, den Plotin 260 im Alter von sechsundfünfzig Jahren an Flaccus geschrieben hat und den wir hier wiedergeben:

> »Ich billige Deine Verehrung für die Philosophie; ich freue mich zu hören, daß Deine Seele die Segel gesetzt hat, um wie Odysseus ins Heimatland zurückzukehren – jenes herrliche, einzig wirkliche Land, die Welt der unsichtbaren Wahrheit. Um sich ganz der Philosophie widmen zu können, hat Senator Rogatianus, einer meiner lautersten Schüler, gestern erst sein ganzes Erbe hergegeben, seine Sklaven freigesetzt und auf alle aus seiner Position erwachsenen Privilegien verzichtet. Kunde wurde uns zuteil, daß Valerian geschlagen wurde und sich nun in den Händen Sapors befindet. Die Franken und die Alemannen, die Goten und Perser stellen für unser verkommenes Rom wechselweise gleichermaßen schreckliche Bedrohungen dar. In Zeiten, die wie die unsere eine unaufhörliche Folge von Bedrängnissen sind, ist die Notwendigkeit eines kontemplativen Lebens um so stärker spürbar. Selbst in meinem stillen Dasein macht die fortschreitende Zeit sich zunehmend bemerkbar. Das Alter ist das einzige, das ich aus meiner Abgeschiedenheit nicht

auszusperren vermag. Ich bin des Körpers, dieses Gefängnisses, schon überdrüssig und warte ruhig auf den Tag, da die göttliche Natur in mir von der Materie befreit sein wird.[24]

Die ägyptischen Priester haben uns immer wieder versichert, daß eine einzige Berührung mit der Schwinge ihres heiligen Vogels genügt, ein Krokodil in lähmende Starre zu versetzen; mehr Zeit wird es brauchen, mein lieber Freund, ehe die Schwingen Deiner Seele die Macht haben werden, den ungebändigten Körper zu befrieden. Das Tier in uns ist nur durch die wachsame, mühevolle Beständigkeit der Gewohnheit zu bezwingen. Reinige Deine Seele von aller unangemessenen Hoffnung und Furcht hinsichtlich der Schätze dieser Welt, zähme den Körper, verweigere Dich den Neigungen und Genüssen der Selbstsucht – und das innere Auge wird anfangen, in seiner klaren und erhabenen Kraft zu wirken.

Du willst von mir wissen, wie wir Wissen erlangen und was unser Kriterium der Gewißheit sei. Etwas schriftlich niederzulegen ist mir immer ein Angang. Ohne Porphyrius' ständiges Drängen hätte ich nicht eine einzige Zeile für die Nachwelt hinterlassen. Dir und Deinem Vater zuliebe will ich meinen Widerwillen überwinden.

Die äußeren Dinge dieser Welt zeigen sich uns nur als Erscheinungen. So kann man, was sie anbelangt, also sagen, daß wir von ihnen eher Meinungen besitzen als Kenntnisse. Die Unterschiede in der Welt der Erscheinungen sind nur dem gewöhnlichen Tatmenschen wichtig. Unsere Frage bezieht sich auf die ideale Wirklichkeit, die hinter der Erscheinung liegt. Wie vermag der Verstand diese Ideen wahrzunehmen? Sind sie außerhalb unserer selbst, und ist der Verstand, wie die Empfindung, mit Dingen befaßt, die außerhalb seiner selbst existieren? Welche Gewißheit würden wir dann haben, wo wäre die Bestätigung zu finden, daß unsere Wahrnehmung ohne Fehl ist? Das wahrgenommene Objekt wäre etwas anderes als der Geist, der es wahrnimmt. Anstelle der Wirklichkeit hätten wir in dem Fall ein Bild. Es wäre ungeheuerlich, auch nur einen Augenblick zu glauben, daß der Verstand unfähig sei, die geistige Wahrheit genau so zu erfassen, wie sie ist, und daß wir von der Welt des Geistes keine wirkliche Kenntnis und keine

---

[24] Vgl. Whitman: »Und du, Tod, Bitternis der Sterblichkeit, es ist ein eitles Bemühen, mich schrecken zu wollen.«

Gewißheit besäßen. Daraus folgt, daß dieser Bereich der Wahrheit nicht als etwas erforscht werden darf, das außerhalb unserer selbst liegt und das sich uns deshalb nur auf eine unvollkommene Weise erschließen kann. Er liegt vielmehr in uns selbst. Hier sind Betrachtendes und Betrachtetes identisch – und beide sind Idee. Das Subjekt ist nicht imstande, ein außerhalb seiner selbst liegendes Objekt in Wahrheit zu erkennen. Die Welt der Ideen liegt innerhalb unserer Vernunft. Folglich ist Wahrheit nicht die Übereinstimmung unserer Wahrnehmung eines äußeren Gegenstandes mit dem Gegenstand selbst. Es ist vielmehr die Übereinstimmung des Geistes mit sich selbst. Damit wird die Bewußtheit zur einzigen Grundlage der Gewißheit. Der Geist ist sein eigener Zeuge. Der Geist erkennt in sich selbst das, was über ihm steht, als seinen Ursprung wie er auch in dem, was existiert, sich selbst sieht.

Die Erkenntnis umfaßt drei Stufen: Meinung, Wissen, Erleuchtung. Das Instrument der ersten sind die Sinne, der zweiten die Dialektik, der dritten die Intuition. Der letzteren ordne ich die Vernunft unter. Es ist das absolute Wissen, das auf der Identität von erkennendem Geist und erkanntem Objekt basiert.[25]

Dem Dasein in allen seinen Formen ist eine nach außen gerichtete Ausstrahlung eigen, eine dem unaussprechlichen Einen entströmende Emanation. Andererseits gibt es aber auch den entgegengesetzten Impuls – einen Zug aufwärts und einwärts zum Zentrum hin, dem alles entspringt. Liebe, wie Plato im Gastmahl so schön sagt, ist das Kind der Armut und des Überflusses. In der Liebe, mit der die Seele nach dem Guten strebt, liegt die schmerzliche Erinnerung an Fall und Entbehrung. Aber diese Liebe ist Segen, ist Erlösung, ist unser Schutzengel; ohne sie würde das zentrifugale Gesetz uns überwältigen, würde es unsere Seelen von ihrem Ursprung fort zum kalten Gegenpol der Materie und der Vielfalt schleudern. Der Weise erkennt die in ihm enthaltene Idee des Guten. Er entwickelt sie, indem er sich an den heiligen Ort seiner eigenen

[25] Vergleiche hierzu Balzac: »Die Welt der Ideen teilt sich in drei Sphären: in die des Instinkts, in die der abstrakten Begriffe und in die des Schauens.« Und Bacon: »Die erste Schöpfung Gottes im Siebentagewerk war das Licht der Sinne, die letzte das Licht der Vernunft, und sein Sabbathwerk seitdem besteht in der Erleuchtung, der Ausgießung seines Geistes.«

Seele zurückzieht. Derjenige, der nicht versteht, wie die Seele das Schöne in sich enthält, sucht Schönheit außen durch mühevolles Schaffen zu erzeugen. Er wäre besser bestrebt, sich zu sammeln und einfältiger zu werden, um sein Sein auf diese Weise zu weiten; statt hinauszugehen ins Vielfältige, dieses dem Einen zuliebe aufzugeben, um auf diese Weise zu jenem göttlichen Seinsquell aufzusteigen, von dessen Strom er durchflutet ist.

Du fragst mich, wie wir das Unendliche erkennen können. Ich antworte, nicht vermittels des Verstandes. Aufgabe des Verstandes ist es, zu unterscheiden und zu bestimmen. Das Unendliche kann mithin nicht zu seinen Gegenständen gehören. Das Unendliche kannst Du nur vermittels einer dem Verstand überlegenen Fähigkeit erfassen, indem Du in einen Zustand übergehst, in dem Du aufhörst, endlich zu sein, um des göttlichen Seins teilhaftig zu werden. Das ist Ekstase[26]. Es ist die Befreiung des Geistes vom endlichen Bewußtsein. Gleiches kann nur gleiches erfassen; hörst Du auf, endlich zu sein, so wirst Du eins mit dem Unendlichen. Diese Vereinigung, diese Identität verwirklicht sich in der auf ihr einfachstes Selbst, auf ihren göttlichen Kern zurückgeführten Seele.

Indes ist dieser erhabene Zustand nicht von dauerhaftem Bestand. Wir kommen nur dann und wann in den Genuß dieser uns barmherzigerweise zuteil werdenden Erlösung aus den Fesseln des Fleisches und der Welt. Mir selbst ist sie bisher erst dreimal widerfahren, und Porphyrios noch gar nicht. Alles, was dich zu reinigen und deinen Geist zu erbauen vermag, kann dir auf dem Wege helfen und zur Herbeiführung und Wiederkehr solch glücklicher Augenblicke beitragen. Es gibt also mehrere Wege, die zu diesem Ziel führen können. Die Liebe zur Schönheit, die den Dichter beseelt; jene Hingebung an das All-Eine und jener Wissensdurst, die den Ehrgeiz des Philosophen ausmachen, aber auch die Liebe und die Gebete, durch die eine demütige und inbrünstige Seele in ihrer Lauterkeit zur Vollkommenheit strebt. Dies sind die großen Wege, die zu jenen Höhen führen, die sich über dem Zeitlichen und Besonderen erheben und auf denen wir uns in unmittelbarer Gegenwart des Unendlichen befinden, das aus den Tiefen der Seele hervorleuchtet.«[27]

---

[26] Kosmisches Bewußtsein.
[27] Vaughan, Robert Alfred: *Hours with the Mystics*, Charles Scribner's Sons, New York [6]1893, S. 78-81.

Das folgende Zitat aus der *Encyclopedia Britannica* vermittelt einen guten Überblick über Plotins Philosophie, wie sie von den Neuplatonikern verstanden wurde:

»Ins Körperliche hinabgestiegen sind diejenigen Seelen, die es zugelassen haben, von Sinnlichkeit verführt und von Wollust überwältigt zu werden. Jetzt versuchen sie sich von ihrem wahren Sein loszutrennen; und indem sie nach Unabhängigkeit streben, gewanden sie sich in einem falschen Sein. Sie müssen den Weg wieder zurückgehen, und da sie ihre Freiheit noch nicht eingebüßt haben, ist eine Umkehr noch möglich.

An diesem Wendepunkt beginnt die praktische Philosophie. Die gleichen Wege, auf denen die Seele herabgestiegen ist, muß sie auch wieder zurückwandern, um das höchste Gut zu erreichen. Sie muß vor allem zu sich selbst zurückfinden. Das geschieht durch Übung jener Tugend, die auf Gottähnlichkeit abzielt und zu Gott führt. Die Ethik Plotins übernimmt alle früheren Sittenlehren, um sie dann zu einem Stufensystem zu ordnen. Die unterste Stufe ist die der Bürgertugenden; es folgen die läuternden und schließlich die göttlichen Tugenden. Die bürgerlichen Tugenden schmücken das Leben, ohne jedoch die Seele zu erheben. Das ist Aufgabe der läuternden Tugenden, durch welche die Seele von der Sinnlichkeit befreit und zu sich selbst und damit zu dem ›Nus‹ zurückgeführt wird. Mittels asketischer Übungen verwandelt der Mensch sich wieder zurück in ein von Sünden freies und über das Zeitliche erhabene Geistwesen. Aber es gibt ein noch höheres Ziel; es genügt nicht, ohne Sünde zu sein. Es gilt vielmehr, Gott zu werden. Das geschieht durch Betrachtung des All-Einen oder, anders ausgedrückt, durch ekstatische Hingabe. Mit dem Denken ist hier nichts auszurichten, da es nur bis zum ›Nus‹ reicht und in sich selbst eine Art Bewegung darstellt. Der Gedanke ist nur eine Vorbereitung zur Einigung mit Gott. Nur in einem Zustand vollkommener Untätigkeit und Ruhe vermag die Seele den Seinsgrund zu berühren und zu erkennen. Folglich muß die Seele, will sie dieses höchste Ziel erreichen, einen geistigen Entwicklungsprozeß durchlaufen. Nachdem sie sich in der Betrachtung der Welt der Erscheinungen – ihrer Mannigfaltigkeit und Harmonie – geübt hat, zieht sie sich in die Tiefen ihres eigenen Wesens zurück, um sich von dort aus zum ›Nus‹ in der Welt der Ideen zu erheben. Aber auch dort wird sie das Höchste, das All-Eine noch nicht finden. Sie vernimmt immer noch eine

Stimme, die sagt: »Wir haben uns nicht selbst erschaffen.« Die letzte Stufe ist erreicht, wenn die Seele in der höchsten Spannung und Sammlung, im tiefsten Schweigen und Vergessen aller Dinge, fähig wird, sich sozusagen selbst zu vergessen. Dann mag sie Gott sehen, den Lebensquell, den Seinsgrund, den Ursprung alles Guten, das Herz der Seele. In diesen Augenblicken steigt sie auf zur höchsten Glückseligkeit; wie von der Gottheit verschlungen, fühlt sie sich durchflutet vom Licht der Ewigkeit.«[28]

Wie schon gesagt, eine genaue Schilderung der Umstände seiner Erleuchtung besitzen wir in Plotins Fall nicht. Daß er eine solche aber erfahren hat, machen seine Schriften wie auch der hier als Beispiel zitierte Brief hinreichend deutlich. In dem Brief spricht er von drei Phasen der Erleuchtung, und er war sechsundfünfzig, als er den Brief schrieb. Porphyrius berichtet, daß Plotin zwischen seinem neunundfünfzigsten und seinem vierundsechzigsten Lebensjahr vier weitere Phasen erlebte, was sich dann zu insgesamt sieben kosmischen Phasen summiert. Die Hilfen, die Plotin für den Weg zum Licht empfiehlt, zeigen eine verblüffende Übereinstimmung mit den Anweisungen anderer Erleuchteter wie Gautama, Jesus, Paulus und anderer mehr.

[28] »Neoplatonism«, in: *Encyclopedia Britannica*, 9. Auflage, Adam & Charles Black, Edinburgh 1875—1889.

Mohammed
(570–632)

Mohammed ist ein treffliches Beispiel für die Erfahrung des kosmischen Bewußtseins.

Mohammed wurde im August des Jahres 570 im Volksstamm der Koreish geboren. Sein Erbteil bestand in fünf Kamelen und einer Sklavin. Sein Vater starb vor seiner Geburt und seine Mutter, als er sechs Jahre alt war. Als Knabe und Jüngling erwarb er sich seinen Lebensunterhalt als Schaf- und Ziegenhirte.

Später wurde er Kameltreiber. Mit fünfundzwanzig Jahren heiratete er Cadijah, die fünfzehn Jahre älter war als er selbst. Nichtsdestoweniger scheint es eine außerordentlich glückliche Ehe gewesen zu sein. Mohammed war ein ehrlicher, charakterfester Mann, untadelig in seinen engeren Beziehungen und von denen, die er kannte, allgemein geachtet und El Amin genannt – »der Vertrauenswürdige«. In seiner Einführung zum Koran schreibt E. H. Palmer: »Mohammed war nicht groß, besaß aber eine mächtige Ausstrahlung; eher dünn, aber mit breiten Schultern und einem kräftigen Brustkorb; ein mächtiger Schädel, ein ovales, offenes Gesicht mit heller Gesichtshaut, unruhigen schwarzen Augen, langen, schweren Wimpern, einer auffallenden Adlernase, weißen Zähnen und einem vollen, dichten Bart ... Er war ein außerordentlich nervöser Typ, gedankenvoll, rastlos, mit einem Zug zur Melancholie und von so hoher Sensibilität, daß ihm fast schon die Ahnung eines unangenehmen Geruchs oder eines physischen Schmerzes absolut unerträglich war ... Er war in seinen Gepflogenheiten schlicht, in seinem Auftreten höflich und freundlich und in der Unterhaltung ein angenehmer Gesprächspartner.«[29]

Vor seiner Erfahrung auf dem Berge Hara scheint Mohammed ein ernsthafter und tiefreligiöser junger Mann gewesen zu sein. Wie wir schon gesehen haben, ist eine allgemeine Disposition dieser

---

[29] *Sacred Books of the East*, op. cit., Bd. VI, S. 19–20.

ernsthaften Art eine wesentliche Voraussetzung zur Erlangung des kosmischen Sinns. Mohammed hat klar erkannt, daß die religiösen Praktiken seiner Landsleute zu wünschen übrig ließen und daß die Zeit für Aufbruch und Erneuerung reif war.

In seiner Mohammed-Biographie beschreibt Washington Irving die Nacht der Erleuchtung: »Den Berichten zufolge hat Mohammed sich zeitweilig in die tiefste Einsamkeit, in eine Höhle des Berges Hara (in der nördlichen Umgebung der Stadt Mekka) zurückgezogen, um dort in hehrem Wettstreit mit den christlichen Anachoreten der Wüste tage- und nächtelang in Gebet und Meditation zu verharren ... Er erlebte Visionen, Ekstasen und Trancezustände ... Endlich, so heißt es, sei das, was sich bis dahin in Träumen nur schattenhaft abgezeichnet habe, klar und deutlich hervorgetreten durch die Erscheinung eines Engels und durch eine göttliche Verkündigung.

Mohammed stand in seinem vierzigsten Lebensjahr, als ihm diese berühmte Erleuchtung widerfuhr. Die Berichte musulmanischer Chronisten lesen sich, als seien sie von seinen eigenen Lippen empfangen, und auch im Koran gibt es Anspielungen auf das große Ereignis. Mohammed verbrachte den Monat Ramadhan (April) in der Höhle des Berges Hara, wo er sich durch Fasten, Beten und einsame Meditation zur Betrachtung der göttlichen Wahrheit sammelte.

Es war die Nacht, die die Araber Al Kader oder die Nacht des unerforschten Ratschlusses Gottes nennen. Im Koran heißt es, daß in dieser Nacht die Engel zur Erde herabsteigen und daß Gabriel in ihr die Botschaften Gottes überbringt. Während dieser Nacht herrscht Frieden auf Erden und über der ganzen Natur waltet bis zum Morgengrauen heilige Stille.

Als Mohammed während der stillen Nachtwache in seinen Mantel gehüllt am Boden lag, hörte er eine Stimme, die ihn anrief. Er entblößte sein Haupt, worauf ein Licht von so unerträglich hellem Glanz auf ihn herabschoß, daß er die Besinnung verlor. Als er wieder zu sich kam, erblickte er einen Engel in menschlicher Gestalt, der auf ihn zutrat und ein mit Schriftzeichen bedecktes seidenes Gewebe vor ihm ausbreitete. ›Lies!‹ sagte der Engel. ›Ich kann nicht lesen‹, entgegnete Mohammed. ›Lies‹, wiederholte der Engel, ›im Namen des Herrn, dem Schöpfer aller Dinge, der aus einem Klumpen Blut den Menschen geschaffen hat. Lies, im Namen des Höchsten, der den Menschen im Gebrauch der Feder unterwiesen hat; der einen Lichtstrahl der Erkenntnis auf seine Seele fallen läßt und ihn lehrt, was er vormals nicht wußte.‹

Unmittelbar darauf fühlte Mohammed seinen Verstand von himmlischer Klarheit durchlichtet, und er las, was auf dem seidenen Gewebe geschrieben stand, die Botschaft Gottes, die später im Koran niedergelegt wurde. Als er den ganzen Text gelesen hatte, verkündete ihm der himmlische Bote: ›Wahrlich, Mohammed, du bist Gottes Prophet! Und ich bin sein Engel Gabriel.‹

Mohammed, so wird uns berichtet, kam am nächsten Morgen zitternd und aufs Höchste erregt nach Cadijah, nicht wissend, ob das Gehörte und Gesehene Wirklichkeit war und ob er tatsächlich der Prophet sein sollte, ausersehen, die Reformen herbeizuführen, die ihn schon so lange beschäftigt hatten, oder ob alles nur eine Halluzination gewesen war, ein Trugbild seiner Sinne oder, schlimmer noch, der Spuk eines bösen Geistes.«[30]

Wenn Mohammed den Durchbruch zum kosmischen Bewußtsein erlebt hat, dann muß diese Erfahrung in seinen Schriften einen klaren Niederschlag gefunden haben. Ist das nun der Fall? Tatsache ist, daß seine Schriften, in eine andere Sprache übersetzt, vom modernen, westlichen Standpunkt schwer verständlich sind. Carlyle, der für die Würdigung eines Werkes von der Art des Koran doch eigentlich die besten Voraussetzungen mitbringt, schreibt nichtsdestoweniger: »Etwas so Mühsames habe ich selten gelesen. Ein wirres, ermüdendes Tohuwabohu, krud, zusammenhanglos, endlose Wiederholungen, Langatmigkeit, Konfusion, kurzum – unerträgliche Dummheit . . .«

Trotz alledem ist die unbestreitbare Größe, Kraft und Spiritualität des Werks schon allein durch die Wirkung bewiesen, die es in der Welt hervorgerufen hat. Keine Wirkung kann größer sein als ihre Ursache, und die Wirkung, die geistige Erhebung ungezählter Millionen und Generationen von Menschen, ist in diesem Fall ganz ohne Frage gewaltig. Überdies ist der Verfasser überzeugt, daß der unvoreingenommene Leser die hohen Qualitäten des Werks bei einem gründlichen Studium trotz aller unbestreitbaren Schwierigkeiten wenn auch nicht voll erfassen, so doch spüren und ahnen wird.

Indes gibt es einen weiteren Grund für die Tatsache, daß wir auf unserer speziellen Suche im Koran kaum fündig werden. Das Buch ist von Anfang bis Ende vom Standpunkt kosmischer Bewußtheit geschrieben – von Gabriel diktiert, wie sein Verfasser es ausdrücken

[30] Irving, Washington: *Life of Mohammed*, Bell & Daldy, London 1869, S. 32–33.

würde. Es gibt in ihm keine Abschnitte, in denen uns der ichbewußte Mohammed über den schon kosmischen Mohammed berichten würde, Absätze von der Art, wie wir sie in so großer Anzahl bei Johann vom Kreuz, Whitman und anderen finden. Nichtsdestoweniger finden sich auch im Koran hier und da Aussagen, die auf die fragliche Erfahrung hinzudeuten scheinen. Hier einige Beispiele:

»Siehe, in der Schöpfung der Himmel und der Erde, und in dem Wechsel der Nacht und des Tages, und in den Schiffen, welche das Meer durcheilen mit dem, was den Menschen nützt, und was Allah vom Himmel niedergesendet an Wasser, womit er die Erde belebt nach ihrem Tode, und was er auf ihr ausbreitete an allerlei Getier, und in dem Wechsel der Winde und der Wolken, die fronen müssen dem Himmel und der Erde, wahrlich, darinnen sind Zeichen für ein Volk von Verstand!« (II/159)

Mohammed weist auf die Gewißheit eines ewigen Lebens und eines unendlich gütigen Gottes hin. Er bedient sich dabei einer ähnlichen Sprache wie Whitman, wenn dieser schreibt: »Ich höre euch dort raunen, o Sterne des Himmels, o Sonnen, o Gras der Gräber, o ewiger Wechsel und Wandel, wenn ihr nichts sagt, wie kann dann ich etwas sagen?«

»Und gedenke, als wir zu dir sprachen: ›Siehe, dein Herr umgibt die Menschen.‹ Und wir bestimmten das Gesicht, das wir dich sehen ließen, nur zu einer Versuchung für die Menschen, und ebenso den verfluchten Baum im Koran; und wir erfüllen sie mit Furcht, und es wird sie nur stärken in großer Ruchlosigkeit.« (XVII/62)

›Das Gesicht‹ meint hier zweifellos die kosmische Sicht.

»Und sie werden dich über den Geist befragen. Sprich: ›Der Geist ist auf den Befehl meines Herrn (erschaffen); euch aber ist nur wenig Wissen hiervon gegeben.‹ Und wahrlich, wollten wir, so nähmen wir fort, was wir dir geoffenbart; alsdann fändest du für dich hierin wider uns keinen Beschützer außer der Barmherzigkeit deines Herrn; siehe, seine Huld gegen dich ist groß.« (XVII/87–89)

Hier spricht Mohammed vom ›Geist‹, der ihn aufsucht, von ›Gabriel‹, dem kosmischen Sinn. Einen ähnlichen Gedanken finden wir bei Jesus: »Der Wind bläst, wo er will, und du hörst sein Sausen wohl; aber du weißt nicht, woher er kommt und wohin er fährt. Also ist ein jeglicher, der aus dem Geist geboren ist.«

»Und wir kommen nur auf den Befehl deines Herrn hernieder. Ihm gehört, was vor uns und hinter uns ist und was zwischen beiden liegt; und dein Herr ist nicht vergeßlich. Der Herr der Himmel und der Erde und was zwischen ihnen liegt. Drum diene ihm und beharre in seiner Anbetung. Weißt du etwa einen gleichen Namen?« (IXX/65–66)

Das ›wir kommen nur auf den Befehl deines Herrn hernieder‹ legen die meisten Kommentatoren dem Engel Gabriel in den Mund als Antwort auf Mohammeds Klage über die langen Zeitspannen zwischen den erleuchteten Phasen.

»Siehe, die ›Stunde‹ kommt – ich bin daran, sie zu offenbaren.« (XX 15)

Hier klingt das bei allen Erleuchteten anzutreffende Gefühl an, daß die Zeit, in welcher die gesamte Menschheit zum kosmischen Bewußtsein erwachen wird, nah ist, ja kurz bevorsteht, und daß ein Mensch, der bereits im kosmischen Bewußtsein lebt, den neuen Sinn fast nach Belieben auf jeden anderen Menschen übertragen kann.

»Und dieses irdische Leben ist nichts als ein Zeitvertreib und ein Spiel, und siehe, die jenseitige Wohnung ist wahrlich das Leben. Wenn Sie es doch wüßten!« (XXIX, 64)

Die Unterscheidung zwischen dem Ichbewußtsein und dem Leben im kosmischen Bewußtsein.

»Wer für das Jenseits säen will, dem wollen wir seine Saat mehren, und wer für die Welt säen will, dem geben wir von ihr, doch soll er am Jenseits keinen Anteil haben.« (XLII, 19)

Allein kraft seines Reichtums hat ein reicher Mann wenig Aussicht, das kosmische Bewußtsein zu erlangen. Tut er es doch, so wird er sich wahrscheinlich von seinen Schätzen trennen, wie es etwa Gautama Buddha getan hat.

»Und kommen wird jede Seele mit einem Treiber und einem Zeugen. ›Wahrlich, du warst dessen achtlos, und wir nahmen deinen Schleier von dir, und dein Blick ist heute scharf‹.« (L, 20,21)

»Zieh deinen Schleier zurück« – Hinweis auf Mohammeds Erleuchtung. Vergleiche auch: » . . . und sah, daß sich der Himmel auftat . . .« bei Christus.

»Das ist's, was euch verheißen ward – einem jeden Bußfertigen, (die Gebote) Beachtenden, der den Erbarmer im geheimen fürchtet und mit reuigem Herzen kommt. Gehet hinein in Frieden! Dies ist der Tag der Ewigkeit!« (L, 31–33)

Erleuchtung – kosmischer Sinn – der Segen Brahmas – das Reich Gottes wird hier mit Recht ›der Tag der Ewigkeit‹ genannt, da zusammen mit dieser neuen Bewußtseinsstufe die Unsterblichkeit, Ewigkeit, erlangt wird.

»Und horche auf den Tag, da der Herold von naher Stätte ruft. Der Tag, an dem sie den Schall in Wahrheit hören, das ist der Tag der Erstehung.« (L, 40–41)

Vergleiche Edward Carpenter: »Jener Tag, der Tag der Erlösung wird dir anbrechen, doch weißt du nicht wo. Er wird dir anbrechen, doch weißt du nicht wann. Auf der Kanzel, während du predigst, siehe! alle Fesseln und Bande werden plötzlich von dir abfallen; Einer wird kommen, wenn du im Gefängnis bist, und du wirst auf immer frei sein. Auf dem Felde hinter dem Pflug; neben dem Pferd im Stall; plötzlich inmitten einer feinen Gesellschaft; während du am Morgen Besuch abstattest oder empfängst; in deinem Wohnzimmer – selbst dort, wer weiß? Er wird, wenn es soweit ist, kommen.«

»Wisset, daß das irdische Leben nur ein Spiel und ein Scherz und ein Schmuck ist und Gegenstand des Rühmens unter euch. Und die Zunahme an Gut und Kindern ist gleich dem Regen, dessen Wachstum die Dörfler erfreut. Alsdann welkt es und du siehst es gelb werden. Alsdann zerbröckelt es.« (LVII,19)

Hinweis auf Eitelkeit und Hinfälligkeit eines ichbewußten Lebens.

> »Siehe, wir haben ihn in der Nacht *El-Kadr* geoffenbart. Und was lehrt dich wissen, was die Nacht El-Kadr ist? Die Nacht El-Kadr ist besser als tausend Monde. Hinab steigen die Engel und der Geist in ihr mit ihres Herrn Erlaubnis zu jeglichem Geheiß.« (XCVI, 1–4)

»Die Nacht El-Kadr ist besser als tausend Monde.« Vergleiche hierzu Jakob Böhme, wenn er zu seiner Erleuchtung meint: »Das Tor war mir geöffnet und in einer viertel Stunde schaute und erkannte ich mehr, als ich in vielen Jahren auf einer Universität gelernt hätte.«

Roger Bacon
(1214–1294?)

Weder Bacon noch sonst jemand sollte nur deshalb jener neuen Spezies Mensch zugerechnet werden, weil er ein ungewöhnlich heller Kopf war, denn einige der bemerkenswertesten Geistesgrößen standen ganz eindeutig außerhalb des kosmischen Bewußtseins. Es ist durchaus nicht so, daß jede außergewöhnliche Entwicklung der intellektuellen Funktion zwangsläufig zum kosmischen Bewußtsein führen müßte. So außerordentlich sein Intellekt also gewesen sein mag – nicht seinetwegen ist hier die Frage zu stellen, ob Roger Bacon den Durchbruch zum kosmischen Bewußtsein erlebt hat. Andererseits sind uns in seinem Fall bedauerlicherweise auch keinerlei Einzelheiten hinsichtlich einer spontanen Erleuchtung oder der Erfahrung des Inneren Lichts überliefert. Das einzige, was wir besitzen, sind Bacons Hinweise auf einen gewissen »Master Peter«, der ihm bei seinem philosophischen Werk ungewöhnlichen Beistand geleistet hat. Die Frage ist nun: Hat dieser Master Peter für Bacon eine ähnliche Rolle gespielt wie Christus für Paulus, Beatrice für Dante, Seraphita für Balzac und Gabriel für Mohammed?

Emile Charles geht in seiner Bacon-Biographie[31] mit den folgenden Überlegungen auf die Beziehung zwischen Bacon und Master Peter ein: »Unter welcher Flagge soll ein Oxford-Student inmitten von alldem kämpfen? Der glänzenden Gelehrten gibt es so viele – wen soll er da zu seinem Lehrer wählen? In ihrem blühendsten Zentrum betrachtet er diese Wissenschaft, auf die seine Zeitgenossen so stolz sind, und was er empfindet, ist nicht Begeisterung, sondern Zorn. Er lauscht den eloquentesten Stimmen, aber es ist nicht ein Alexander of Hales, den er zum Lehrer wählt, noch ein Albert, sondern ein obskurer Mensch, von dem die Geschichte nichts weiß. Dieser scheinbare Aufschwung scheint ihm

[31] Charles, Emile: *Roger Bacon. Sa vie, ses ouvrage, ses doctrines,* Hachette, Paris 1861.

ein wahrhafter Niedergang. Für ihn sind diese Dominikaner und Franziskaner im Vergleich zu Robert de Lincoln und seinen Freunden Ignoranten, und überhaupt scheinen die Modernen ihm ganz allgemein barbarisch, wenn er an die Griechen und die Araber denkt. Die Erfahrung ist nach seiner Überzeugung kostbarer als alles, was Aristoteles je geschrieben hat, und ein bißchen Grammatik und Mathematik ist nützlicher als die gesamte Metaphysik welcher Schule auch immer. Deshalb widmet er sich mit Leidenschaft diesen geschmähten Disziplinen. Er lernt Arabisch, Griechisch, Hebräisch, Chaldäisch – vier Sprachen –, in einem Alter, in dem Albert nur eine einzige beherrscht und in dem St. Thomas glücklich ist, die schlechten Übersetzungen des William de Morbeke zur Hand zu haben. Mit wahrhaftem Feuereifer liest er die Schriften der Alten, studiert er Mathematik, Alchemie, Optik. Ehe er den Studiengang seiner Epoche reformiert, gestaltet er seinen eigenen Studiengang von Grund auf um, und er verbindet sich zu diesem Zweck lieber mit Mathematikern und obskuren Gelehrten als mit den namhaftesten Philosophen seiner Zeit. Für Alexander de Hales hat er nichts als Verachtung. Albert ist für ihn ein anmaßender Ignorant, der auf seine Zeit einen verheerenden Einfluß ausübt. Nur William of Auvergne gebührt Respekt. Seine eigenen Freunde und Vorbilder sind weniger illustre Herrschaften: so etwa William of Shirwood, dem er ein weit umfassenderes Wissen zuschreibt, als es Albert besitzt; Campano de Novarre, Mathematiker und Arithmetiker; John of London, von dem Jeff meint, daß er mit John Peckham identisch sei, und allen voran derjenige, von dem man überhaupt nichts weiß, der nach Bacons Überzeugung der gebildetste Mann seiner Zeit ist und den er als seinen Lehrer verehrt, als ein leibhaftiges Beispiel wahrer Wissenschaft bewundert und den er ›Master Peter‹ nennt.

Der Schilderung nach zu urteilen, die Bacon von ihm gibt, ist dieser ›Master Peter‹ ein ganz einzigartiger Mensch. Er ist ein Einzelgänger und meidet den Ruhm so hartnäckig, wie andere ihn suchen; er läßt es sich einiges kosten, sein Wissen gegen die Menschen zu schützen und zu wahren und weigert sich, ihnen Wahrheiten zu entdecken, deren er sie nicht für würdig erachtet. Master Peter gehört keiner der mächtigen Kirchen oder Glaubensgemeinschaften seiner Zeit an; er lehrt nicht und wünscht weder Schüler noch Jünger; er meidet die Aufdringlichkeit des Gemeinen. Er ist stolz, und seine Verachtung gegenüber dem gemeinen Volk ist von einem mächtigen Selbstvertrauen getragen. Er lebt zurückgezogen, zufrieden mit den geistigen Reichtümern, die er besitzt und die er, hätte er den Wunsch, um das Vielfache mehren könnte. Ließe er sich dazu herab, einen Lehrstuhl anzunehmen, so käme alle Welt nach Paris geströmt, um ihn zu hören; wäre er bereit, sich einem Staatsoberhaupt anzudienen, so würde keine Staatskasse ausreichen, den Wert seiner wunderbaren Wissenschaft zu entgelten. Doch er verachtet das Getümmel der von juristischen Klügeleien betüdelten Verrückten, der Scharlatane, die die Philosophie mit ihren Sophismen schänden, die Medizin lächerlich machen und selbst die Theologie verfälschen. Selbst die klarsichtigsten unter ihnen sind blind, oder finden sich in ihrem eitlen Unterfangen, ihr Augenlicht zu nutzen, von der Wahrheit geblendet. Sie sind gleich Fledermäusen im Zwielicht – je schwächer das Licht, desto besser können sie sehen. Er allein tritt der strahlenden Sonne von Angesicht zu Angesicht gegenüber. Zurückgezogen in eine Abgeschiedenheit, die ihm in Stille Sicherheit gibt, überläßt Master Peter die langen Diskurse und den Krieg der Wörter anderen, um sich selbst dem Studium der Chemie zu widmen, den Naturwissenschaften, der Mathematik, der Medizin und vor allem der Erfahrung, deren Bedeutung er als einziger seiner Epoche erkannt hat. Sein Schüler grüßt ihn als den ›Meister der Erfahrung‹, was in seinem Fall die ehrgeizigen und klangvollen Titel der anderen Doktoren ersetzt.

Die Erfahrung ist es, die ihm die Geheimnisse der Natur entdeckt, die Heilkunst, die Phänomene des Himmels und ihre Beziehung zu denen der Erde; nichts ist ihm hier zu gering, und er scheut nicht davor zurück, die Wissenschaft auf die Realitäten der banalen Erde anzuwenden; er würde erröten, träfe er auf einen Laien, eine alte Frau, einen Krieger oder einen Bauern, die in die Erde betreffenden Fragen besser Bescheid wüßten als er selbst.

Metalle zu gießen und zu schmieden, in rechter Weise mit Silber, Gold und allen Mineralen umzugehen, tödliches Kriegsgerät zu erfinden, neue Waffen, aus Agrikultur und landwirtschaftlicher Arbeit eine Wissenschaft zu machen und dabei auch die Landvermessung und die Baukunst nicht zu vergessen, mit Eifer nach den selbst unter den Zauberkünsten der Hexenmeister, unter den Schwindeleien und Tricks der Gaukler verborgenen Grundlagen der Wahrheit zu forschen – das ist die Arbeit, der er sein Leben gewidmet hat. Er hat alles untersucht, alles gelernt, überall das Echte vom Falschen geschieden und hat einen gangbaren Weg durch die leere und unfruchtbare Wildnis gefunden. Ist es wünschenswert, den Fortschritt der Wissenschaft zu beschleunigen? Hier ist der einzige Mann, der der Aufgabe gewachsen wäre. Entschlösse er sich, seine Geheimnisse zu entdecken, so würden Könige und Prinzen ihn überhäufen mit Ehren und Gaben, und in einer Expedition gegen die Ungläubigen würde er St. Louis größere Dienste erweisen als seine halbe – ja, als seine ganze Armee.

Dieser große Unbekannte, dieses unentdeckte Genie, dessen Namen die Geschichte der Wissenschaft nirgends verzeichnet, ist der Mann, von dem Bacon nach eigenen Angaben Sprachen gelernt hat, Astronomie, Mathematik, experimentelle Wissenschaft, ja überhaupt alles, das er wußte. Verglichen mit diesem Master Peter sind die Studenten, Professoren, Autoren, Tutoren, Gelehrten der Universitäten farblos, formlos, fühllos.[32] Bacons Ergebenheit gegenüber seinem unbekannten Lehrer ist ganz dazu angetan, diesen Letzteren aus dem Dunkel, in das er getaucht ist, ins Licht zu heben, aber es scheint unmöglich, ihn unter der unendlichen Anzahl von Gelehrten gleichen Namens, die in den Registern verzeichnet sind, zu identifizieren.«[33]

[32] Man vergleiche Paulus, Bacon, Böhme, Mohammed: sie alle bezeugen immer wieder, daß die Kenntnisse des Ichbewußtseins beim Aufbrechen des kosmischen Sinns zu Staub und Asche werden.

[33] Diese Schilderung des Master Peter hat Bacons Biograph Emile Charles Bacons *Opus Tertium, Opus Minus*, seinem *De Septem Peccatis* und anderen Werken entnommen.

Dante
(1265–1321)

Balzac äußerte ganz klar seine Überzeugung, daß Dante ein »Seher« war, was in Balzacs Terminologie einen Menschen mit kosmischem Bewußtsein bezeichnet. Balzac hatte ›seinen Dante‹ vermutlich sehr gründlich gelesen und dürfte sich in diesem Punkt um so weniger geirrt haben, als er selbst zu den »Sehern« gehörte. Denn wie der Musiker den Musiker und der Dichter den Dichter erkennt, so vermag auch einer, der das kosmische Bewußtsein besitzt, mit untrüglichem Instinkt zu entscheiden, ob ein bestimmter anderer Mensch, den er persönlich oder von seinen Werken her kennt, tatsächlich zu den »Eingeweihten« gehört oder nicht. Soweit Balzac. Sehen wir nun selbst, ob und wo wir bei Dante Hinweise auf eine kosmische Erfahrung finden.

Über Dantes Person und Lebensumstände wissen wir bedauerlicherweise sehr wenig. Indes bestätigen seine Schriften, was Boccaccio schon in dem jungen Dante gesehen und in folgende Worte zusammengefaßt hat: »Einblick zu haben in die Wahrheit der im Himmel verborgenen Dinge war für ihn die höchste Wonne, so daß er allen weltlichen Geschäften Lebwohl sagte, um sich allein diesen Dingen zu widmen. Damit kein Teil der Philosophie unerforscht bleibe, durchdrang er mit scharfem Verstand die dunkelsten Ecken der Theologie mit solchem Erfolge, daß sich ihm, der weder der Hitze achtete noch der Kälte, noch der Schlaflosigkeiten, Hungerperioden und anderer leiblicher Beschwerden, in seinem emsigen Studium von der göttlichen Essenz und den übrigen Wesenheiten alles erschloß, was der menschliche Intellekt zu erfassen vermag.«[34]

Leonardi Bruni sagte von Dante, daß er »durch das Studium der Philosophie, Theologie, Astrologie, Arithmetik, Geometrie und Geschichte, durch die Erforschung mancher wundersamer Bücher,

[34] »Dante«, in: *Encyclopedia Britannica*, op. cit.

im Wachen und Schwitzen über seiner Arbeit all das Wissen erwarb, das er in seinen Dichtungen verherrlicht und erläutert«.

Aus alldem geht hervor, daß Dante ein ernster, nachdenklicher und wißbegieriger Geist war, aus dem – ja nachdem, wie man es sieht –, innerhalb der Grenzen des Ichbewußtseins das dichterische Genie hervorbrach, oder aber, was hier unsere These ist, jenseits der erwähnten Grenzen das neue, das kosmische Bewußtsein. Tatsache ist, daß die Entwicklung des jungen Dante ganz ähnlich verläuft wie die vieler anderer Männer, die eine Erleuchtung erlebt haben.

Über Dantes Äußeres berichtet Boccaccio: »Unser Dichter war mittelgroß; nachdem er das Mannesalter erreicht hatte, war seine Haltung ein wenig gebeugt, sein Gang gravitätisch. Er war stets auf das geziemendste und schicklichste angetan, seine Kleidung entsprach der Reife seiner Jahre. Sein Gesicht war länglich, seine Nase gebogen, seine Augen eher groß als klein, sein Kinn wuchtig und seine Unterlippe hervorstehend. Seine Gesichtsfarbe war dunkel, Haupt- und Barthaar dicht, schwarz und gelockt. Sein Ausdruck war stets traurig und nachdenklich ... Seine Umgangsformen in der Öffentlichkeit wie zu Hause waren wunderbar ruhig und gehalten, und was sein allgemeines Auftreten anbelangt, so kann ich mir keinen höflicheren und zuvorkommenderen Menschen vorstellen als ihn.«

Charles Norton schildert seinen Eindruck der zweifellos echten Totenmaske Dantes: »Das Gesicht ist eines der ergreifendsten, das menschliche Augen je betrachtet haben, denn es offenbart in seinem Ausdruck den Kampf einer starken Natur mit harten Schicksalsschlägen, den Konflikt seines Ideals, seiner Vorstellung vom Leben mit seinen tatsächlichen Erfahrungen. Kraft ist das Hauptmerkmal seines Gesichtsausdrucks, was sich gleichmäßig in allen Zügen, der hohen Stirn, der männlichen Nase, den fest geschlossenen Lippen, den hervortretenden Kinnbacken und Kinn ausprägt; und diese Kraft, die aus den Formen der Gesichtszüge spricht, wird durch den Ausdruck fester Entschlossenheit noch verstärkt. Der Blick ist ernst und streng, fast düster, die Augenbrauen sind ein wenig verächtlich in die Höhe gezogen, die Stirn ist wie in schmerzlichem Nachsinnen in Falten gelegt. Durch diesen Blick zwar verdunkelt, dennoch aber deutlich erkennbar, finden sich die Zeichen von Sanftmut, Lauterkeit und Selbstbeherrschung, das, im Einklang mit den anderen Merkmalen, dem toten Dichter einen Ausdruck unbeschreiblicher Würde und Schwermut verleihen. Weder Schwäche noch irgendein Versagen lassen sich ausmachen. Es ist das Bild einer starken Festung, einer kraftvollen Seele, deren Stützen das Gewissen und ein unbeugsamer Wille sind; von inneren und äußeren Feinden immer wieder angegriffen, tragen ihre Mauern die Spuren manch einer Belagerung. Sie hat sich aber trotz aller Angriffe unerschüttert fest erhalten, bis der Kampf ein Ende nahm.«[35]

Was Dantes Wesen und Werk anbelangt, wollen wir in J. A. Symonds noch einen letzten Kenner zu Worte kommen lassen:

»Dantes Bericht über Hölle, Fegefeuer und Paradies ist kein willkürlich ersonnener oder fantastischer Traum, sondern die lebendige und wesenhafte Verkörperung einer tiefgründigen Philosophie ... Dem Ursprung Dantescher Ideen nachzuspüren wollen wir den Wissenschaftlern überlassen und hier nur darauf hinweisen, daß Dante von seinen frühesten Knabenjahren an mit Träumen und Visionen vertraut war, und daß er am Ende seiner *Vita Nuova* selbst darauf hinweist, daß die Vision der Göttlichen Komödie ihm in einer Stunde, da seine Gedanken um den Tod und um Erinnerungen an Beatrice kreisten, als eine Offenbarung zuteil wurde ... Sinn und Zweck des gesamten Werks geht dahin, diejenigen, die in diesem Leben stehen, aus ihrem Elend heraus in einen Zustand der Glückseligkeit zu führen.«[36] Dieses letztere Bemühen gilt für alle, die zum kosmischen Bewußtsein erwacht sind.

In der *Göttlichen Komödie* (einem Werk, das insofern der *Comédie humaine* und den *Grashalmen* zur Seite zu stellen ist, als es sich in allen drei Fällen um die Darstellung eines ganzen Weltbildes handelt), berichtet Dante als erstes im »Inferno« vom Leben, wie man es unter den Bösen, den Sündern und Übeltätern antrifft. Dann, im »Purgatorium« – jenem »anderen Reiche / in dem sich reiniget des Menschen Seele / und würdig wird, zum Himmel aufzusteigen« –, besingt Dante das menschliche Leben derer, die dem Lichte zustreben, die danach trachten, das Gute im Leben zu verwirklichen, aber durch erbliche Belastungen, begangene Fehler, schlechte Gewohnheiten, unglückliche Umstände gehemmt und niedergedrückt werden. Das sind die besseren Menschen, die es jedoch noch nicht zur Erleuchtung gebracht haben.

---

[35] In: Longfellow, H. W.: *Translation of Divine Comedy by Dante Alighieri.* George Rutledge & Sons, London 1867, S. 204.

[36] Symonds, J. A.: *The Study of Dante.* Adam & Charles Black, Edinburgh 1890.

Im »Paradiso« endlich schaut Dante die neue Welt des kosmischen Sinnes – das Reich Gottes – Nirwana.

Beatrice, »Segenbringerin«, ist das kosmische Bewußtsein (das man in der Tat als allein seligmachend bezeichnen kann). Zu dem Namen mag Dante ein schönes Mädchen inspiriert haben, das vielleicht so hieß. Wenn das der Fall war, so war es ein wundersamer Zufall.

Daß unsere Auslegung richtig ist, geht aus zahllosen Versen ganz klar hervor. So sagt Vergil etwa zu Dante: »Wenn dich mein Denken nicht ersättgen kann / so wird bald Beatrice bis zum letzten / dir die und jede andere Sehnsucht stillen« (Purgatorio, 15. Gesang 76). Ganz eindeutig weist Vergil als der Vertreter des ichbewußten Lebens und Denkens hier auf die künftigen Gaben des kosmischen Bewußtseins hin.

Dante durchwandert die ichbewußte Welt (»Inferno« und »Purgatorio«) unter der Führung Vergils, der sich Dante für diese Rolle wohl erstens als glänzendes Beispiel eines ichbewußten Geistes empfahl, wie vielleicht auch durch die Tatsache, daß er vor der Erleuchtung des Dichters tatsächlich dessen wichtigster geistiger Führer war. Doch war Vergil nicht zum kosmischen Bewußtsein vorgestoßen, und so findet er zum Paradies auch keinen Zutritt. Hier ist es Beatrice (das kosmische Bewußtsein), die Dante führt und leitet.

Dantes gegen Ende des dreizehnten Jahrhunderts geschriebene *Vita Nuova* wurde 1309, als der Dichter 44 Jahre war, erstmals veröffentlicht. Am Schluß des Werks scheint er auf den Durchbruch des kosmischen Sinns hinzuweisen: »Nach diesem Sonett erschien mir ein wunderbares Gesicht, darin sah ich Dinge, die mir den Vorsatz eingaben, nichts mehr von dieser Benedeiten zu sagen, bis ich imstande wäre, würdiger von ihr zu reden. Und dahin zu kommen befleißige ich mich, soviel ich kann, wie sie es wahrlich weiß. Also, wenn es dem gefällt, von dem alles Leben kommt, daß mein Leben noch etliche Jahre währe, so hoffe ich von ihr zu sagen, was noch von keiner je gesagt worden ist . . .«[37]

Das Geschehen der im Jahre 1321 abgeschlossenen *Göttlichen Komödie* findet im März und April des Jahres 1300 statt, zu welcher Zeit Dante fünfunddreißig Jahre zählte. Alles deutet darauf hin, daß sein Durchbruch zum kosmischen Bewußtsein in

---

[37] *Dantes Neues Leben*, Deutsch von Friedrich Freiherr von Falkenhausen. Insel Verlag, Leipzig 1942.

eben dieser Zeit stattfand. Das wäre dann wieder das typische Alter. Man darf annehmen, daß Dante bis zum Vorfrühling des Jahres 1300 an der *Vita Nuova* gearbeitet hatte, daß er die Arbeit an diesem Werk nach seiner Erleuchtung abschloß, um Kraft und Zeit für ein größeres Werk zu finden, und daß dieses größere Werk, die *Göttliche Komödie*, tatsächlich um diese Zeit begonnen wurde.

Wir wollen sehen, wie Dante die wichtigsten Etappen und Momente seiner kosmischen Erfahrung in der *Göttlichen Komödie* selbst schildert. Als Dante sich dem kosmischen Sinn nähert, sagt Vergil zu ihm:

> »Nicht harr' mehr meines Winks noch meines Wortes, frei, heil und aufrecht ist dein Wille jetzt, falsch wär's, nach seinem Sinne nicht zu handeln. So krön' ich dich zu deinem eignen Papst und Kaiser.«[38]

Zu diesen Zeilen ist zweierlei zu bemerken: 1. Wenn der kosmische Sinn durchbricht, werden die dem alten Ichbewußtsein angehörigen Regeln und Maßstäbe aufgehoben. Wer den kosmischen Sinn besitzt, wird sich (in Fragen der Seele oder des Herzens) niemals von einem anderen Menschen oder sogenannten Gott Vorschriften machen lassen, da er den höchsten Maßstab in seinem eigenen Herzen findet. Der zweite Punkt ist die in der letzten Zeile »So krön ich dich zu deinem eignen Papst und Kaiser« anklingende, für das kosmische Bewußtsein typische Verdopplung des Subjekts. Vergleiche hierzu Whitmans »Ich bin der andere«, Shakespeares »Du bist's, in dem ich mich selber rühme«; Paulus' »Darum ist jemand in Christo, so ist er eine neue Kreatur« etc. Immer wieder geht es darum, daß im alten Menschen ein neuer Mensch geboren werde.

Vergil zieht sich zurück. Der ichbewußte Verstand tritt seinen Führungsanspruch an eine höhere Macht ab. Dante tritt in unmittelbaren Bezug zu Beatrice – dem kosmischen Bewußtsein.

> »Sobald bei ihrem Anblick mich ergriffen
> die hohe Kraft, die schon mich ganz durchdrungen,
> bevor ich noch der Kindheit war entwachsen,

[38] Dante Alighieri: *Die Göttliche Komödie*, Deutsch von Ida und Walther von Wartburg, Manesse Bibliothek der Weltliteratur. Zürich 1963, Purg. 27. Gesang, 139–142.

Wandt' ich zur Linken mich mit dem Vertrauen,
mit dem das Kindlein zu der Mutter läuft,
wenn es sich ängstigt oder traurig ist,
Um zu Vergil zu sagen: »Wen'ger als ein Quentchen
ist mir an Blut geblieben, das nicht zittert,
ich kenne sie, der alten Flamme Zeichen!«

»Vergilius aber hatte uns verlassen ...« (Purg. 30. Gesang 40–49)

Ein Augenblick von Tod und Geburt. Vergil ist verschwunden, der alte Sinn erloschen, der neue, Beatrice, schon da, aber so überwältigend, daß der Dichter sich noch einmal zitternd zurückwendet.

»In ihrem Schleier, jenseits des grünen Flusses,
erschien sie mir um so viel schöner noch
als früher, wie sie einst die andern überstrahlt.«
(Purg. 31. Gesang 82–84)

Obwohl noch fern und verschleiert, übersteigt die Herrlichkeit der neuen Welt alles, was die alte Welt je zu bieten hatte.

»Als ich dem sel'gen Ufer nahe kam,
hört ich ›asperges me‹ so lieblich klingen,
daß ich's nicht sagen kann, doch wen'ger schreiben.
Die schöne Frau tat ihre Arme auf,
umfaßte mir das Haupt und tauchte mich
so weit hinunter, daß ich Wasser schluckte.«
(Purg. 31. Gesang 97–101)

Wer vom Wasser des Lethe trinkt, in dem erlischt alle Erinnerung an vergangene Sünden. Im kosmischen Bewußtsein gibt es keine Sünde.

O Abglanz du des ew'gen Himmelslichtes,
wer ist im Schatten des Parnassus je
erbleicht, wer hat an seinem Quell getrunken,
Dess' Geist jetzt nicht benommen schien' und schwer,
versucht' er's, dich, wie du erschienst, zu schildern
dort, wo des Himmels Harmonien dich trugen,
Als du heraustratst in die freien Lüfte.«
(Purg. 31. Gesang 139–145)

Vor dem überirdischen Glanz der neuen Welt versagt selbst die Sprache der Dichter, und fast alle, die diese Welt geschaut haben, weisen uns auf dieses Unvermögen hin.

Beatrice sagt zu Dante:

»Hier wirst du kurze Zeit Bewohner sein,
Und ohne Ende wirst mit mir du Bürger sein
des Rom, in dem auch Christus Römer ist.«
(Purg. 32. Gesang 100–102)

Dante wird also Jesus gleich. Wenig später sagt Beatrice zu ihm:

» . . . Von Angst und Scham will ich, daß du
fortan dich ganz befreist . . .«
(Purg. 33. Gesang 31–32)

So viel zum Nahen des kosmischen Sinns. Sehen wir, was Dante nach dem Durchbruch sagt:

»Die Herrlichkeit dess', der das All bewegt,
durchdringt die Welt und leuchtet mehr
an einem Ort und wen'ger an dem andern.
Im Himmel, dem das größte Licht er spendet,
war ich, und Dinge sah ich, die zu sagen
keiner vermag, der je von dort zurückkommt.«
(Paradiso 1. Gesang 1–6)

So hörte Paulus »unaussprechliche Worte«, und als Whitman von dem, was er gesehen hatte, »das Beste zu schildern versuchte«, verlor er die Sprache.

»Und plötzlich schien', als wäre Tag zu Tag
gefügt, als hätte er, der alles kann,
geschmückt mit einer zweiten Sonn' den Himmel.«
(Paradiso 1. Gesang 61–63)

Hier ist ganz offensichtlich von jenem inneren Licht die Rede, das auch Mohammed, Paulus und andere im Augenblick des Hervorbrechens des kosmischen Sinns erlebt haben.

»Beatrice hatte auf die ew'gen Kreise
die Augen fest gerichtet, ich die meinen

auf sie, die ich von oben weggezogen;
Ich ging so ganz in ihrem Anblick auf
wie Glaucus, als er aß von jenem Kraut,
das zum Genoß ihn macht' den Meeresgöttern.
Das Menschsein übersteigen, nicht läßt sich's
mit Worten sagen, doch genügt das Beispiel
dem, der es selbst durch Gnade mag erleben.
Ob es von mir nur jener Teil gewesen,
der nur von dir erschaffen, Himmelsliebe,
du weißt es, deren Licht mich aufwärts trug.
Als ich den Kreis, den ewig du bewegst,
o du Ersehnter, so ertönen hörte,
in Harmonie nach deinem Maß bestimmt und Klang,
Da schien der Himmel von der Sonne Flamme
im Umkreis rings zu lodern, daß nicht Regen
nicht Fluß sich je zu solchem See ergoß.«
(Paradiso 1. Gesang 64–81)

Als Dante zum kosmischen Bewußtsein erwachte, fiel sein Blick als erstes auf die ›ew'gen Kreise‹, den ursächlichen Zusammenhang aller Dinge, die Weltordnung, deren Schau jeden sprachlichen Ausdruck übersteigt. Während der Blick seines neuen Selbst – Beatrices Blick – auf dieses ewige kosmische Werden geheftet war, verwandelte er sich in einen Gott.

Nach der Erleuchtung schrieb Dante die *Göttliche Komödie*, die als Ganzes als der Versuch einer Schilderung der kosmischen Vision des Dichters betrachtet werden kann. Als solcher ist das Werk dem Koran, den Upanishaden, den Suttas, den Episteln des Paulus, der *Comédie humaine*, den Grashalmen, den Dramen und Sonetten Shakespeares und den Werken Böhmes an die Seite zu stellen.

St. Johann vom Kreuz
(1542–1591)

Juan des Yepes – dies der ursprüngliche Name des Heiligen – wurde am 24. Juni 1542 in Fontibere bei Avila in Alt-Kastilien geboren. Er war noch ein Kind, als sein Vater starb und die Familie in bitterer Armut zurückließ. Juan ging im Jesuitenkollegium zur Schule. Mit 21 Jahren legte er in Medina als Karmeliterbruder das Ordensgelübde ab. Er war von inbrünstiger Religiosität beseelt und übte sich, als er zwecks höherer Studien nach Salamanca kam, bis zum Äußersten in der Askese. Mit 25 Jahren wurde er zum Priester geweiht. Zwischen seinem 30. und 33. Lebensjahr erlebte er eine Zeit qualvoller Zweifel und Gewissensnöte. Die Teufel, so heißt es, hätten sich mit tückischen Versuchungen über ihn hergemacht, die größte Pein aber sei jene Gewissensnot und tiefe Verzweiflung gewesen, in der er den Höllenschlund sich öffnen sah, bereit, ihn zu verschlingen. Doch wie Alban Butler in *The Lives of Fathers, Martyrs and Other Principal Saints*[39] schreibt »... zerstreuten die Strahlen göttlichen Lichts nach einiger Zeit diesen dunklen Nebel und versetzten die Seele des Gottesdieners in ein Paradies innerer Freuden und himmlischer Süßigkeit.« (S. 552)

St. Johann mußte ein weiteres Tal tiefer Niedergeschlagenheit durchschreiten, ehe ihm eine noch vollkommenere Erleuchtung und Seligkeit zuteil wurde. Hierzu Alban Butler: »Oftmals strahlte von ihm ein eigenartiger Glanz aus, besonders wenn er vom Altar oder von einer Gebetsübung kam. Zu gewissen Zeiten soll ihn ein himmlisches Licht umstrahlt haben.« (S. 554)

Er besaß die für das kosmische Bewußtsein charakteristische Heiterkeit des Gemüts. Butler führt einen Ausspruch von ihm an: »Die Seele desjenigen, der Gott dient, schwimmt immer in Seligkeit, hält immer Feierabend, weilt immer im Hause des Jubels und singt mit immer neuer Freude ein Lied der Liebe und Wonne.« (S. 557)

---

[39] D. & J. Sadler, New York o. J., Bd. XI.

Zwei Stunden vor seinem Tode wiederholte er mit lauter Stimme den Miserere-Psalm mit seinen Brüdern, darauf bat er, ihm aus dem Hohen Lied Salomonis vorzulesen, und schien in Seligkeit verzückt zu sein. Nachdem er endlich »Ehre sei Gott!« ausgerufen und das Kruzifix an seine Brust gedrückt hatte, sprach er »Herr, in Deine Hände befehle ich meine Seele« und verschied am 14. Dezember 1591 im Alter von 49 Jahren.

Wegen mehrerer Ordensgründungen nach den Reformplänen der hl. Theresia wurde St. Johann 1578 für acht Monate in Toledo gefangengesetzt. In dieser Zeit erlebte er irgendwann im Frühling oder Frühsommer als Sechsunddreißigjähriger den Durchbruch zum kosmischen Bewußtsein. Kurze Zeit nach seiner Erleuchtung begann er zu schreiben.

Das innere Licht scheint sich bei St. Johann mit ungewöhnlicher Stärke bekundet zu haben. Es soll ihm im Kloster geleuchtet haben, wo es auch von anderen wahrgenommen wurde. Der Erleuchtung folgte ähnlich wie bei Paulus eine allerdings nur partielle Erblindung, die einige Tage anhielt und zweifellos in einem Zusammenhang mit dem inneren Licht stand. Einer seiner Biographen, David Lewis, schildert die Nacht des Lichts folgendermaßen:

»Seine Zelle war von einem Licht erfüllt, das auch vom natürlichen Auge wahrgenommen werden konnte. Eines Nachts, als der Aufsicht führende Mönch wie gewöhnlich an seiner Zelle vorüberging, erblickte er das himmlische Licht. Er blieb nicht stehen, um es zu betrachten, sondern eilte zum Prior, da er befürchtete, daß irgend jemand unrechtmäßigerweise in den Besitz der Kerkerschlüssel gelangt sei. Der Prior begab sich unverzüglich ins Gefängnis, doch erlosch das Licht mit seinem Nahen. Er fragte den Gefangenen, wer ihm das Licht gegeben habe, worauf er von St. Johann zur Antwort erhielt, niemand im Hause habe ihm das Licht gegeben, und in seiner Zelle gebe es weder Kerze noch Lampe. Überzeugt, daß der Aufseher sich getäuscht habe, zog der Prior sich wortlos zurück.«[40]

St. Johann erzählte später einem seiner Ordensbrüder, daß das himmlische Licht, welches Gott ihm in seiner Barmherzigkeit sandte, die ganze Nacht geleuchtet und seine Seele mit Freude erfüllt habe, so daß die Nacht im Nu verflogen sei.

---

[40] John Yepes, called St. John of the Cross: *Life and Works*, 2 Bände, hrsg. von David Lewis. Thomas Baker, London 1889–1891, Bd. I, S. 116.

Kurz vor Ablauf seiner Strafzeit hörte St. Johann gleichsam aus dem sanften Licht, das ihn umgab, die Stimme des Herrn: »Johannes«, sprach dieser zu ihm, »ich bin hier, fürchte dich nicht. Ich werde dich befreien.« St. Johann folgte der Stimme, stahl sich aus dem Klosterkerker und erblickte kurz darauf erneut ein wundervolles Licht, aus dem ein neuerliches »Folge mir« an sein Ohr drang. Das Licht ging ihm voran, er folgte ihm bis zur Mauer, und ohne zu wissen, wie ihm geschah, hatte er sie im nächsten Augenblick mühelos erklommen. Als er wenig später die Straße hinablief, war das Licht verschwunden. Es hatte einen so starken Glanz gehabt, daß seine Sehkraft – als hätte er in die Sonne geblickt – noch zwei oder drei Tage später geschwächt war.

Nach seiner Erleuchtung schrieb St. Johann auf Drängen seiner Umgebung, der – wie Emerson sagt – »die neue Erfahrung« an ihm nicht entgangen war, mehrere Bücher. Er wollte auch anderen jenes neue Leben vermitteln, das in ihm erwacht war. Bei der Auswahl der nachfolgenden Zitate aus seinen Schriften wurden vor allem solche Stellen berücksichtigt, die tiefere Einblicke in die Geisteshaltung des Menschen Juan de Yepes, aber auch in jenen Zustand vermitteln, den wir als das kosmische Bewußtsein bezeichnen.

> »Will nämlich eine Seele zu dieser übernatürlichen Umgestaltung gelangen, so muß sie offenbar allem, was ihrem natürlichen Wesen entspricht, d. i. allem Sinnlichen und Verstandesmäßigen gegenüber, gleichgültig werden und ihm absterben. Denn übernatürlich heißt eben das, was über das Natürliche hinausgeht, demgemäß das Natürliche unter sich läßt. Da nämlich diese Umgestaltung ein nicht in den Bereich der Sinne noch irgendeiner menschlichen Fähigkeit fallender Vorgang ist, muß man sich vollständig und freiwillig alles dessen entäußern, was diesem Gebiete angehören kann, sei es nun von oben oder sei es von unten.« (Bd. 1, S. 81–82)[41]

Eine ähnliche Lehre der Unterdrückung und Auslöschung alles Sinnlichen und Verstandesmäßigen finden wir seit Buddhas Zeiten bis auf den heutigen Tag auch im Hinduismus.

---

[41] Die Zitate sind dem im Kösel Verlag erschienenen fünfbändigen Gesamtwerk entnommen.

»Auf diesem Weg (zur Vereinigung) ist demnach das Verlassen des eigenen Wegs gleichbedeutend mit dem Betreten des (wahren) Weges, oder, besser gesagt, das Streben zum Ziel und das Aufgeben der Eigenart ist schon das Ankommen an jenem Ziel, das seinesgleichen nicht hat, bei Gott. Denn die Seele, die diesen Stand erreicht, kennt keine Eigenarten mehr, noch hält sie daran fest; ja sie kann nicht einmal mehr an solchen festhalten, nämlich keine besondere Art zu verstehen, zu verkosten, zu empfinden. Ja, sie besitzt jetzt alle Arten zugleich wie einer, der nichts hat und doch alles hat. Dadurch eben, daß sie sich entschließt, innerlich wie äußerlich aus ihren natürlichen Schranken herauszugehen, geht sie ein in das Übernatürliche, das keine Schranken kennt, das auch keine besondere Art und Weise mehr kennt, weil es einem Wesen nach alle Arten in sich vereint.[1] Wer darum zu diesem gelangen will, muß jenes verlassen, indem er ganz und gar von sich selbst ausgeht; der muß ausgehen von dem Niedrigen, damit er zu dem über allem Erhabenen gelangt. Indem sich also die Seele über alles Geistige, das sie auf natürlichem Wege erkennen und verstehen kann, emporschwingt, muß sie von ganzem Herzen verlangen, daß sie das erreiche, was man hienieden weder wissen noch mit dem Innern erfassen kann. Wenn sie sodann auch weit von sich tut alles Geistige, das sie mit den Sinnen kostet und empfindet, und was man in diesem Leben kosten und empfinden kann, soll sie mit ganzer Seele verlangen, daß sie erreiche, was über alles Empfinden und allen Geschmack erhaben ist. Um dafür leer und ledig zu bleiben, darf sie sich um keinen Preis von etwas einnehmen lassen, was sie geistig oder mit Hilfe der Sinne in sich aufnimmt. (...) So nähert sich die Seele in der Dunkelheit mit mächtigen Schritten der Vereinigung, und zwar mittels des Glaubens, der gleichfalls dunkel ist, der ihr jedoch gerade dadurch wunderbares Licht entzündet. Wahrlich, wollte die Seele sehen, sie würde im Anschauen Gottes weit schneller erblinden, als wenn einer mit offenen Augen ins helle Sonnenlicht schauen wollte.« (Bd. 1, S. 84–5)

Etwas ähnliches wie oben (1) versucht Carpenter auszudrücken, wenn er schreibt: »Wie kann ich es ausdrücken? – (...) denn das Gefühl (der kosmische Sinn) ist ein Gefühl, das man all diese wahrgenommenen Gegenstände und Personen (und das ganze Universum) selbst ist – ein Gefühl, in dem Sehen und Fühlen und Hören alle in Identität verschmolzen sind.«

»Je mehr also die Seele von all diesen äußeren und inneren Dingen, für die sie aufnahmefähig ist, dunkel und leer bleiben will, in desto reicherem Maße wird der Glaube in sie ergossen und zugleich mit ihm auch Hoffnung und Liebe, weil ja diese drei theologischen Tugenden voneinander unzertrennlich sind. Freilich gewahrt und fühlt der Mensch es manchmal gar nicht, da ja diese Liebe, sobald sie da ist, nicht im Gefühl durch eine gewisse Zärtlichkeit sich kundgibt, sondern vielmehr sich in der Seele offenbart durch Kraft und größeren Mut und Herzhaftigkeit, die sie früher nicht kannte. Manchmal freilich strömt sie auch auf die Sinne über und äußert sich da in süßem Wonnegefühl. Will man demnach diese Liebe, Freude und Wonne kosten, die diese Visionen in der Seele hervorbringen, so muß man Festigkeit und Abtötungsgeist aufbringen und muß entschlossen sein, von all dem leer und im Dunkel zu bleiben; muß ferner diese Liebe und Wonne zur Grundlage haben, was man nicht sieht und nicht fühlt, was man hienieden überhaupt nicht sehen und fühlen kann, nämlich Gott, den Unbegreiflichen, ihn, der über allem thront. Darum müssen wir auf dem Wege der völligen Entsagung ihm entgegengehen.« (Bd. 1, S. 227/8)

Ähnlich meint auch Balzac in seinem *Louis Lambert*, daß das Ichbewußtsein – so glanzvoll es sich bewährt habe – doch auch verderblich sei, da es den Menschen ausschlösse von einem Leben in jenem kosmischen Bewußtsein, das zum Unendlichen führe, das nur von Gott erklärt werden könne.

»Gott ist zwar, wie gesagt, immer in der Seele gegenwärtig und teilt ihr durch seine Gegenwart ihr natürliches Sein mit und erhält es; aber desungeachtet teilt er ihr nicht immer auch das übernatürliche Sein mit. Denn letzteres wird der Seele nur zuteil durch Gnade und Liebe. Aber nicht alle Seelen befinden sich im Stande der Gnade und Liebe. Und die, welche sich in diesem Stande befinden, besitzen Gnade und Liebe nicht in gleich hohem Grade; denn die einen stehen auf einer niedrigeren, andere auf einer höheren Stufe der Liebe. Darum kommt jene Seele Gott um so näher, welche auch in der Liebe weiter voran ist, d. h. deren Wollen dem Willen Gottes gleichförmiger ist. Und jene, deren Wille dem Willen Gottes ganz und gar gleichförmig und ähnlich ist, ist auch vollkommen mit ihm vereint und übernatürlich in Gott umgestaltet. Je mehr also eine

Seele, das ist die Schlußfolgerung, noch im Geschöpflichen steckt und an ihrer Geschicklichkeit der Neigung nach oder in ihrem Gehaben hängt, desto weniger tauglich (fähig) ist sie für eine solche Vereinigung. Denn eine solche Seele überläßt sich nicht ausschließlich Gott, damit er sie ins Übernatürliche umgestalte.« (Bd. 1, S. 88/9)

Hier unterscheidet der Autor zwischen dem ichbewußten Leben auch in seinen höheren Ausformungen und jener anderen von Liebe und Gnade erfüllten Dimension, die wir als das kosmische Bewußtsein bezeichnen.

»Wenn jedoch dieses göttliche Licht sich nicht so mächtig in die Seele ergießt; wenn die Seele weder das Dunkel wahrnimmt noch das Licht sieht, noch auch sonstwo etwas erkennt, das ihrer Fassungskraft angepaßt ist, dann ist es ihr manchmal, als hielte sie tiefes Vergessen umfangen. (...) Der Grund dieses Vergessens ist die schon erwähnte Reinheit und Lauterkeit jener Erkenntnis. Sobald sich eben diese reine und klare Erkenntnis der Seele bemächtigt, macht sie auch die Seele rein und frei von allen Eindrücken und Bildern der Sinne und des Gedächtnisses, durch welche sich die Seele in der vorausgehenden Zeit betätigte.« (Bd. 1, S. 141)

Man vergleiche hierzu Balzac über seinen Erleuchteten, Louis Lambert: »Louis blieb so, wie ich ihn jetzt sah, Tag und Nacht stehen, mit starren Augen, ohne, wie wir es zu tun pflegen, die Lider zu bewegen. (...) Ich versuchte mehrmals, mit ihm zu sprechen, aber er hörte mich nicht. Er war eine irdische Hülle, die man dem Grab entrissen hatte, ein Beutestück, das das Leben dem Tod oder der Tod dem Leben abgerungen hatte. Ich hörte Fräulein von Villenoix zu, die mir in allen Einzelheiten von diesem wieder zum Kinde gewordenen Manne erzählte. Plötzlich hörte Louis auf, seine Beine aneinander zu reiben, und sagte mit langsamer Stimme: ›Die Engel sind weiß.‹«[42]

Nach Überzeugung des hl. Johannes ist Gott in der menschlichen Seele immer gegenwärtig, doch gewöhnlich in einem passiven oder schlafenden Zustand oder zumindest außerhalb des Bewußtseins. Die Seele, die weiß, daß Gott in ihr weilt, ist gerufen, aber die

---

[42] In: *Buch der Mystik*, op. cit., S. 340.

Seele, in welcher Gott wacht, ist erwählt. Dieses in der Seele erwachte Göttliche ist das, was wir hier als das kosmische Bewußtsein bezeichnen.

»O wie glücklich ist die Seele, die immer lebendig fühlt, daß Gott in ihrem Busen ruht und dort Erquickung findet! (...) Hier in dieser Umarmung der Seele, die sie sehr wohl fühlt und gewöhnlich auch kostet, pflegt er sanft ruhend in ihrem Busen zu bleiben. Wenn er in ihr immer wachend bliebe und ihr die Schätze der Erkenntnis und Liebe mitteilen würde, befände sie sich schon im Zustande der Glorie. Wenn schon ein einmaliges Erwachen, wobei er nur die Augen öffnet, auf die Seele einen überwältigenden Eindruck macht, was würde es erst für sie bedeuten, wenn er für gewöhnlich in ihr ganz wachend bliebe?« (Bd. 1, S. 13/9)

Ein charakteristischer Zug des kosmischen Sinns ist die Tatsache, daß die Erwachten sich in der Regel mit der gesamten Schöpfung und dem ganzen Kosmos identifizieren. Bringen Gautama oder Plotin dieses Phänomen zum Ausdruck, so gilt das als »Mystik«. Spricht Whitman davon, so heißt es »Yankee-Geschwafel«. Wie werden wir es nennen, wenn ein frommer spanischer Mönch des sechzehnten Jahrhunderts das gleiche Phänomen in folgende schlichte Worte faßt:

»Die Himmel sind mein, die Erde ist mein, und die Völker sind mein! mein sind die Gerechten, und die Sünder sind mein; mein sind die Engel und die Mutter Gottes; alles ist mein, Gott selbst ist mein und für mich, weil Christus mein und für mich ist. Was fragst du dann noch, was suchst du dann noch, o meine Seele? Alles ist dein – alles ist für dich. Nimm nicht weniger noch begnüge du dich mit den vom Tisch deines Vaters gefallenen Krumen. Geh hin und jubele in deinem Ruhme, verbirg dich darin und frohlocke, so wirst du die Wünsche deines Herzens erfüllen.

Sollt ich die rechten Worte finden zur Behandlung dieser Erkenntnis von reinen Wahrheiten, wie sie sich im Verstande vollzieht, dann müßte mich Gott selbst bei der Hand fassen und mir die Feder führen. (...) Da dies in reiner Beschauung vor sich geht, erkennt die Seele deutlich, daß es rein unmöglich ist, etwas davon in Worten auszudrücken, außer etwa in allgemein gehaltenen Begriffen. Denn das Übermaß der Wonne und des

Glückes, das man da verspürt, legt den Seelen, in denen solches vor sich gegangen, diese allgemeinen Ausdrücke gleichsam auf die Zunge. Jedoch sind dieselben völlig unzureichend zum vollen Verständnis dessen, was die Seele gekostet und empfunden hat.« (Bd. 1, S. 230/1)

Man vergleiche hierzu Whitman: »Wenn ich vom Höchsten reden will, stelle ich fest, daß ich es nicht vermag; meine Zunge versagt mir den Dienst, mein Atem gehorcht mir nicht, ich verstumme.«

»Haben diese göttlichen Erkenntnisse Gott selbst zum Inhalt, so kennen sie keine Einzelheiten. Denn, da sie sich nur mit dem höchsten Prinzip befassen, können sie nicht auf Einzelnes gehen, es müßte denn sein, daß dabei zugleich eine Wahrheit sich geltend machte, die an Gott nicht heranreicht. Wo es sich aber um das Prinzip selber handelt, da wird sich auf keinen Fall etwas Einzelnes davon abtrennen lassen. Und diese erhabenen Erkenntnisse der Liebe können nur einer Seele zuteil werden, die zur göttlichen Vereinigung gelangt ist, weil sie ja nichts anderes sind als diese Vereinigung selber.« (Bd. 1, S. 232)

Ähnlich betonte auch Jakob Böhme, daß geistige Erkenntnis sich nicht vom einen Verstand zum anderen mitteilen läßt, sondern im göttlichen Geiste selbst zu suchen sei. Und Whitman sagt: »Weisheit ist eine Sache der Seele und kann nicht von einem, der sie hat, weitergegeben werden an einen, der sie nicht hat.«

»Deshalb war es ein glückselig Los für die Seele, daß Gott in dieser Nacht das ganze Hausgesinde, d. h. alle Seelenkräfte, Leidenschaften, Neigungen und Gelüste sowohl des sinnlichen wie des geistigen Teiles zur Ruhe brachte, damit sie, ohne bemerkt oder von jenen Neigungen usw. behindert zu sein, zur vollkommenen geistigen Liebesvereinigung mit Gott gelangen konnte. Sie müssen eingeschläfert und ertötet werden; denn wenn sie in dieser Nacht ins Dunkel eingeführt werden, dann können sie ihrer gewöhnlichen und natürlichen Art nach weder wahrnehmen noch fühlen und so dem Herausgehen der Seele aus sich selbst und dem Hause ihrer Sinnlichkeit kein Hindernis in den Weg legen. O welch ein beseligendes Los ist es für die Seele, wenn sie sich von dem Hause ihrer Sinnlichkeit frei machen kann. Dies vermag nach meiner Ansicht eine Seele nur dann zu verstehen, wenn sie es gekostet hat.« (Bd. 2, S. 131/2)

Abschließend seien hier noch zwei Geistliche Gesänge und Textstellen gebracht, die wohl keines Kommentars mehr bedürfen:

»Es war in dunkler Nacht,
Ich brannt' von Liebeswehen, –
O Glück, das selig macht! –
Entwich ich ungesehen
Und ließ mein Haus in Ruhe stehen.

Gehüllt in dunkle Nacht,
Vermummt mußt ich entsteigen,
O Glück, das selig macht! –
In heimlich dunklem Schweigen
Lag still das Haus, das mir zu eigen.

In jener Nacht voll Glück,
Da sich kein Aug' mir wandte,
Der Augen blöder Blick
Kein weisend Licht erkannte,
Als das, so mir im Herzen brannte.

Mit ihm fand sich'rer ich
Als in des Mittags Schimmer
Ihn, der geharrt auf mich,
Den ich geliebt schon immer.
Ein ander Gut traf ich dort nimmer.

Du warst mir Führer, Nacht;
Nacht, süßer als der Morgen,
Hast Herz zu Herz gebracht,
Hast uns in Lieb geborgen
Mich im Geliebten, ihn in mir verborgen.

An meiner sel'gen Brust
Die ihm allein zu eigen,
Ruht er in süßer Lust.
Und ich: mich liebend zu ihm neigen,
Ihm Kühlung weh'n mit Zedernzweigen.« (Bd. 2, S. 2)

»Während mein Wille allein von Schmerz, Betrübnis und Sehnsucht nach der Liebe Gottes erfüllt war, ging ich von mir selbst aus, d. h. von meiner armseligen Erkenntnistätigkeit, von meinem lauen Liebesleben und von dem mir dürftig und spärlich zuteil gewordenen Genusse an Gott, ohne daß weder die

Sinnlichkeit noch der böse Feind mich daran hinderten. Das war ein großes Glück und herrliches Los für mich. Denn sobald ich die Vermögen, die Leidenschaften, Begierden und Neigungen meiner Seele, durch welche ich so gering von Gott dachte und so spärlichen Genuß von ihm hatte, zunichte gemacht und beschwichtigt hatte, entwich ich meinem dürftigen, menschlichen Verkehr und Wirken und ging zu einem Verkehr und Wirken mit Gott über, d. h. mein Verstand ging aus sich aus und wurde aus einem menschlichen und natürlichen ein göttlicher.« (Bd. 2, S. 76/77)

»Und dieser Abgrund der Weisheit erhebt und bereichert die Seele in hohem Maße und setzt sie an die Quelle der Wissenschaft der Liebe. Dadurch läßt er die Seele erkennen, wie tief die Geschöpfe stehen, wenn man das erhabene göttliche Erkennen und Empfinden in Betracht zieht, und bringt sie auch zur Einsicht, wie ungenügend, unzulänglich und sozusagen ungeeignet alle Bezeichnungen und Worte sind, mit denen man in diesem Leben von göttlichen Dingen redet. Ebenso läßt er sie zur Überzeugung kommen, daß es auf natürlichem Wege unmöglich sei, so erhaben und geistreich man auch davon zu reden vermag, zu erkennen und zu empfinden, wie diese göttlichen Dinge in sich sind, wenn es nicht durch die Erleuchtung dieser mystischen Gottesweisheit geschieht. Und weil die Seele durch ihre Erleuchtung zur Erkenntnis dieser Wahrheit gelangt, die man durch menschliche und gewöhnliche Ausdrücke nicht wiedergeben, noch weniger erklären kann, so nennt sie dieselbe mit Recht eine ›verborgene‹.« (Bd. 2, S. 146)

»Ich ging ins Unbewußte,
Wohnte drinnen ohne Wissen
Und doch über allem Wissen.

Wo ich eintrat, war kein Wissen.
Aber als ich dort mich fand,
Ohne, wo ich stand, zu wissen,
Große Dinge ich verstand.
Nicht sag' ich, was ich empfand:
Daß ich blieb, ohne zu wissen,
Und doch über allem Wissen.

Wissen von der Frömmigkeit
Und vom Frieden war vollkommen.

In der tiefen Einsamkeit
Hab ich Wahrhaftes vernommen,
So geheimes wahrgenommen,
Daß ich, in dem Ungewissen,
Stammelt' über allem Wissen.

So sehr war ich aufgetrunken,
So entfremdet, so enthoben,
Daß mir mein Gefühl entsunken,
Das Gefühlte auch zerstoben,
Und der Geist, beschenkt von oben
Alles weiß er, ohne Wissen
Und doch über jedem Wissen.

Wer hier wahrhaft angekommen,
Selber muß er sich absagen.
Was er je zuvor vernommen,
Nie mehr kann er es ertragen.
So hoch wird sein Wissen ragen,
Daß er ausharrt ohne Wissen
Und doch über allem Wissen.

Um so höher er sich achtet,
Um so minder wird er fassen,
Daß die Wolke, die schon nachtet,
Muß den Blitz aufleuchten lassen:
Drum, wer es vermag zu fassen,
Immer bleibt er ohne Wissen
Und doch über allem Wissen.

Dieses Wissen ohne Wissen
Ist von so sehr hoher Macht,
Daß, die nur durch Denken wissen,
Kein Gedanke siegreich macht;
Wissen hat noch nie vollbracht,
Durch Erkennen nicht zu wissen,
Und doch Höheres zu wissen.

Und es ist dies höchste Wissen
Von so sehr erhabnem Rang,
Daß nichts lebt, auch nicht das Wissen,
Dem zu finden es gelang;

Wer sich wissend selbst bezwang,
Daß er nicht versucht, zu wissen,
Überschreitet stets das Wissen.

Dieses höchste Wissensziel –
Mögt ihr's hören oder lesen! –
Ruht im innigsten Gefühl
Von dem göttlichen Sein und Wesen;
Seiner Güte wirkendes Wesen
Hebt uns, ohne daß wir wissen
Über jedes, alles Wissen.«[43]

Das innere Licht scheint bei St. Johann vom Kreuz mit ungewöhnlicher Intensität hervorgebrochen zu sein, und zwar – wie die Berichte des David Lewis bestätigen – mit der für den Wandel vom Ichbewußtsein zum kosmischen Bewußtsein typischen Plötzlichkeit. Typisch für ein Leben im kosmischen Bewußtsein sind bei ihm ferner a) der Überschwang – oder in seinem Fall richtiger: die überschwängliche Innigkeit – der Gefühle; b) die bemerkenswerte Schärfung aller Verstandeskräfte; c) die Gewißheit, unsterblich zu sein, die in ihm so absolut ist, daß er nicht einmal auf die Idee kommt, diese Frage auch nur zu erörtern. Er ist einfach Gott geworden oder ein Teil Gottes, und seine eigene Unsterblichkeit anzuzweifeln läge ihm ebenso fern wie die Gottes; d) die Todesfurcht, wenn er sie überhaupt je gekannt hat, ist mit dem Durchbruch zum kosmischen Bewußtsein gänzlich von ihm abgefallen.

[43] Dieser letzte, von Felix Braun ins Deutsche übertragene Gesang ist dem Band *Die dunkle Nacht der Seele* entnommen. Otto Müller Verlag, Salzburg 1952.

Francis Bacon
(1561–1626)

Der Fall Bacon ist so vielseitig und vielschichtig, daß wir ihm im hier gegebenen Rahmen kaum gerecht werden können. Allein die die Randgebiete dieses Fragenkomplexes behandelnde Sekundärliteratur würde bequem eine mittelgroße Bibliothek füllen, während der Kern des Problems noch kaum berührt wurde.

Machen wir es kurz. Der Verfasser des vorliegenden Bands geht in seinen weiteren Ausführungen zum Fall Bacon von der Überzeugung aus,

a) daß Francis Bacon die »Shakespeare«-Dramen und Dichtungen verfaßt hat;

b) daß er als Dreißigjähriger oder, da er geistig wie moralisch ein ausgesprochener Frühentwickler war, vielleicht sogar schon ein Jahr früher den Durchbruch zum kosmischen Bewußtsein erfuhr;

c) daß er unmittelbar nach seiner Erleuchtung die Sonette zu schreiben begann. Bei den »Sonetten«, die uns hier interessieren, handelt es sich um die ersten 126, die zusammengenommen ein einheitliches Ganzes bilden und die Erfahrungen besingen, die der Gegenstand dieses Bands sind;

d) daß er sich in der ersten Hälfte der »Sonette« an den kosmischen Sinn wendet und in der zweiten an ihn wie auch an sein Produkt, die Dramen;

e) daß sich in den »Sonetten« folgende Subjekte unterscheiden lassen: 1. der kosmische Sinn; 2. der Bacon des kosmischen Sinns wie auch der Dramen und Sonette; 3. das charakteristische Produkt des kosmischen Sinnes – die Dramen; 4. der »Alltags«-Bacon, wie er sich zwischen Hof, Politik, Prosaschriften, Geschäften und sonstigen Tätigkeiten bewegte.

Es soll hier nicht bestritten werden, daß die ersten 126 Sonette sich auch so lesen lassen, als seien sie an einen jungen Freund gerichtet, doch läßt sich nicht von der Hand weisen, daß sie eines Mannes, der *König Lear* und *Macbeth* geschrieben hat, unter solchen Vorzeichen gänzlich unwürdig wären. Zudem dürfen wir daran erinnern, daß die der zwiefachen Persönlichkeit entsprechende doppelte Bedeutung der Texte ein Zug ist, den wir bei den Erleuchteten immer wieder antreffen. Man denke nur an Whitman oder gar Dante!

Zwar verurteilt Baynes Spekulationen dieser Art als zwangsläufig müßig, doch wollen wir einmal annehmen, daß es einen solchen jungen Mann, eine solche dunkle Frau (Mary Fitton) tatsächlich gegeben hat. Ändern würde das gar nichts. Sie für die Adressaten der Sonette zu halten, würde nur zu einem oberflächlichen Verständnis verhelfen, wie Whitmans »Gebet des Kolumbus« sich nur oberflächlich erschließt, solange man seine Botschaft in der Person des Kolumbus verankert. Gewiß könnte Kolumbus ein solches Gebet gesprochen haben, und es gibt keinen Grund, warum Whitman es ihm nicht in den Mund gelegt haben sollte; aber ebenso gewiß ist, daß die an den Allmächtigen gerichteten Worte von keinem anderen als Whitman selbst stammen. Aber wozu Beispiele sammeln? In den *Grashalmen* gibt es möglicherweise nicht eine einzige Zeile, die nur einschichtig zu verstehen wäre, Ähnlich hat Dante sich in der *Göttlichen Komödie* der damals gängigen theologischen Bilder und Begriffe nur zu dem Zweck bedient, weit tiefgründigere und gewagtere Gedanken als die zu seiner Zeit gemeinhin mit ihnen assoziierten zugleich zu verschleiern und zum Ausdruck zu bringen.

Daß ein Mensch, der das kosmische Bewußtsein besitzt, zum mindesten eine zwiefache Persönlichkeit darstellt, ist in diesem Band zur Genüge dargelegt worden, und »Shakespeare«, der Verfasser der Dramen und Sonette, ist zugleich ein anderer und doch derselbe wie jener Bacon, der Prosa schrieb, im Parlament Reden hielt und den man in der Gesellschaft als einen Bürger, Mann des Hofes und Juristen kannte. Genau wie »Seraphita« (Seraphitus) zugleich Balzac war und doch ein völlig anderer als jener Balzac, der in den Pariser Salons verkehrte. Wie der Whitman der *Grashalme* ein ganz anderer (und doch derselbe) ist als der Whitman, der Busse und Fähren benutzte, und wie Mohammed auch Gabriel war, aber auch ein anderer.

Diese Wesenseinheit und zugleich -zweiheit ist nach unserer Überzeugung die Lösung des alten Bacon-Shakespeare-Rätsels.

Vielleicht ist es dem bloßen Ichbewußtsein gänzlich unmöglich, sich vorzustellen, was einer erlebt, in dem das kosmische Bewußtsein durchbricht. Der Erleuchtete wird sozusagen aus seinem alten Selbst herausgehoben, um mehr im Himmel zu leben als auf der Erde, oder richtiger: die alte Erde wird ihm zum

Himmel. Eine der tiefsten Notwendigkeiten dieser ersten Zeit ist Einsamkeit. Der neue Mensch ist von seinem neuen Leben und Selbst so sehr in Anspruch genommen und erfüllt, daß ihm ein Rückruf in die alte Welt schier unerträglich scheint. So verbarg Balzac sich in dieser Zeit für Wochen und Monate. Paulus »besprach sich nicht darüber mit Fleisch und Blut, kam auch nicht nach Jerusalem, sondern zog hin nach Arabien«, wo er allein gelebt zu haben scheint. Jesus wurde, wenn wir Matthäus und Markus Glauben schenken dürfen, nach seiner Erleuchtung vom Geist in die Wüste geführt, wo er eine gewisse Zeit in Einsamkeit verbrachte. So berichtet James Spedding in *Life and Times of Francis Bacon*[44] interessanterweise über Bacon: »Von April 1590 bis zum Ende des Jahres 91 (fast zwei Jahre lang) kann ich keine anderen Schriften von Bacon ausfindig machen als einen fünfseitigen Brief, auch keine Berichte über sein Leben, die von Bedeutung wären.« (Bd. I, S. 49) Zu Beginn des Jahres 1592 schreibt Bacon selbst (damals 31 Jahre und nach unseren Berechnungen zwei Jahre nach seiner Erleuchtung) an Burghley: »Ich hege keine Befürchtungen, daß Tätigkeit meine Gesundheit beeinträchtigen und schädigen könnte, zumal meine gewöhnlichen Studien und Meditationen mir viel mühseliger und beschwerlicher erscheinen, als es die meisten Formen der Tätigkeit sind.« (Bd. I, S. 56)

Schließlich weiß man, daß Bacon insbesondere während der Jahre 1590/91 in Twickenham oftmals »in den Schatten floh«, wie er es selbst ausdrückt, um dort »in der süßen Einsamkeit die Segnungen der Kontemplation zu genießen, welche den Geist sammelt, wie das Schließen der Augen die Sehkraft stärkt«. Seinem sehr sorgsamen Biographen James Spedding zufolge »gibt es Zeiten, in denen Bacon bei geschlossenen Türen arbeitete und der Gegenstand seiner Studien zweifelhaft war (...) und eine lange Periode seines Lebens, wo sich nicht feststellen läßt, welche Werke der unermüdliche Forscher in dieser Zeit hervorbrachte«. (Bd. I, S. 71–72)

So haben wir jetzt den Rahmen, in den wir unser Bild einsetzen können: Der geistig außerordentlich frühreife Bacon erlangt das kosmische Bewußtsein wahrscheinlich zu Beginn des Jahres 1590 im Alter von 29 Jahren. Darauf lebt er einsam und zurückgezogen und verfaßt mehrere Dramen, während wie ein fortlaufender

[44] Houghton, Osgood & Co., Boston 1878, 2 Bände.

Kommentar zu seinen geistigen Erfahrungen die frühen Sonette entstehen. Die übrigen Sonette werden zwischen dieser Zeit und dem Jahr ihrer Veröffentlichung (1609) je nach Gelegenheit und Impetus einzeln oder paarweise geschrieben.

Eine eingehende Würdigung der Person Bacons, wie sie hier geboten wäre, verbietet bedauerlicherweise der Rahmen dieses Buches. So müssen wir uns auf eine kurze Betrachtung seiner geistigen und moralischen Dispositionen beschränken. Besaß er jene geistige Disziplin und menschliche Integrität, die, wie wir immer wieder gesehen haben, als eine wesentliche Voraussetzung zur Erlangung des kosmischen Bewußtseins gelten können?

James Spedding berichtet: »So sehr solch ein Sturz eines solchen Mannes zu beklagen ist, ein so trostloses Ende eines solchen Lebens, so muß ich für meine eigene Person doch sagen, daß ich, wäre er nicht gestürzt oder wäre ihm ein in den äußeren Umständen weniger desolates Schicksal zugefallen, nie erkannt hätte, obwohl ich es immer gespürt habe, was für ein guter und wahrhaft großer Mann er tatsächlich war und auch wie groß und unerschütterlich innere Güte überhaupt sein kann. Wende ich mich nun von den äußeren Umständen seines Lebens der Welt zu, die in seinem Innern lebt, so kenne ich nichts Erhabeneres, nichts, das mehr ergreifen und begeistern könnte als die unbeugsame Tatkraft, Hoffnungsfreudigkeit, Zuversicht, Klarheit, Geduld und Ruhe, die sein Geist bei diesem niederschmetternden Schicksal bewahrte. Selbst das Herz Hiobs wurde nicht schwerer geprüft, noch hat er die Prüfung besser bestanden. In den vielen Bänden, die er während dieser fünf Jahre verfaßte, finde ich kein nutzloses Murren, keine eitle Anklage, keine schwächliche Selbstrechtfertigung, keine Spur eines erbitterten, verzweifelnden oder schwankenden Gemüts.« (Bd. II, S. 407)

Man vergleiche die hier geschilderte Haltung Bacons mit der unerschütterlichen Zuversicht, die auch ein Jakob Böhme, ein Whitman und andere *illuminati* in ähnlich verzweifelten Lagen gezeigt haben.

Wenden wir uns nun den Zeugnissen zu, die auf den neuen Sinn in Bacon hinweisen. William D. D. Rawleys Schilderung fußt auf persönlicher Beobachtung. Er schreibt in *Life of Bacon:* »Wenn irgendeinem Menschen unserer Tage ein göttlicher Erkenntnisstrahl zuteil geworden ist, so bin ich überzeugt, daß Bacon der Mann war. Denn obgleich er viele Bücher las, so schöpfte er seine Erkenntnisse, denen er stets mit der größten Umsicht und Achtsamkeit Ausdruck verlieh, nicht aus Büchern, sondern aus der

Tiefe seines eigenen Wesens.« Mit anderen Worten: Rawley ist der vom Verfasser des vorliegenden Bands geteilten Überzeugung, daß Bacon im tiefsten Sinne »inspiriert« war, was für unsere These spricht, daß die Dramen und Sonette von ihm stammen.

Bacon selbst schreibt in seinem Essay »Über die Wahrheit«: »Die erste Schöpfung Gottes im Siebentagewerk war das Licht der Sinne, die letzte das Licht der Vernunft, und sein Sabbatwerk seitdem besteht in der Erleuchtung, der Ausgießung seines Geistes.«[45] Mit anderen Worten trat in der Evolution des menschlichen Geistes zuerst ein dämmerhaftes Bewußtsein zutage, darauf das Ichbewußtsein und zuletzt zu unserer Zeit das kosmische Bewußtsein. Bacon fährt fort: »Im Anfang ließ er sein Licht erstrahlen über dem Chaos (und schuf das Leben – das dämmerhafte Bewußtsein); dann goß er sein Licht aus über dem Antlitz des Menschen (und schuf das Ichbewußtsein); und zuletzt ließ er sein Licht leuchten über seine Auserwählten«[46] (womit ihnen das kosmische Bewußtsein zuteil wurde). Man vergleiche hiermit die Worte der Bhavagad Gita: »Es heißt, die Sinne seien groß, Manas, das Gemüt, größer als die Sinne; Buddhi, das geistige Verständnis, größer als Manas; aber jenes (das kosmische Bewußtsein) ist stärker als dieses. Kräftige dich durch eigene Kraft in dem Wissen, daß der erleuchtete Verstand mächtiger ist als das Gemüt und besiege die Feinde, die vielgestaltig und schwer zu bekämpfen sind.«

In Bacons großem Gebet heißt es: »Ich bin Dein Schuldner für die barmherzige Verleihung Deiner Gnaden und Gaben, die ich weder verborgen noch, wie ich es hätte tun sollen, zum Wechsler getragen, wo sie sich vermehrt hätten. Ich habe sie hingegen vergeudet in Dingen, zu denen ich am wenigsten befähigt war. So kann ich in Wahrheit bekennen, daß meine Seele ein Fremdling auf meiner Pilgerschaft gewesen ist.«[47] Die Gabe, um die es sich hier handelt, ist der kosmische Sinn. Bacon hat ihn durchaus nicht brach liegen lassen, doch hat er ihn auch nicht in dem Maße genutzt, wie es sich geschickt hätte. Statt ein Doppelleben zu führen und einen großen Teil seiner Zeit mit Dingen zu vergeuden,

---

[45] *The Works of Francis Bacon*, Popular Edition by Spedding, Ellis and Heath in zwei Bänden, Hurd and Houghton, New York 1878. Text I von Bd. II, S. 82.
[46] *The Works of Francis Bacon*, loc. cit.
[47] Zit. v. Spedding, James: *Life and Times of Francis Bacon*, 2 Bände, Houghton, Osgood & Co., Boston 1878, Bd. II, S. 469.

zu denen er »am wenigsten befähigt« war wie Jurisprudenz, Politik etc., hätte er sein ganzes Leben in den Dienst dieses neuen Sinns stellen sollen, wie es Gautama, Paulus und andere getan hatten. Das ist wohl gemeint, wenn Bacon sagt, daß seine Seele (der Bacon des kosmischen Sinnes) im Leben des äußeren (ichbewußten) Bacon ein Fremdling war.

Der kosmische Sinn in Bacon brachte die Dramen hervor. Welche weiteren und vielleicht noch größeren Werke wären wohl entstanden, hätte Bacon sein ganzes Leben in den Dienst des kosmischen Sinns gestellt? Und statt seiner fast gänzlich verborgenen, mißverstandenen Existenz hätten wir dann vielleicht eine weitere jener großen, leuchtenden Lebensgeschichten, die der übrigen, noch verdunkelteren Menschheit doch immer wieder Mut und Kraft zu spenden vermögen.

Zum Abschluß dieses Kapitels noch ein kurzer Blick auf zwei weitere Auszüge, der erste aus dem »Werkplan«, der zweite aus dem »Novum Organum«.

»Arbeiten wir im Schweiße unseres Angesichts an Deinem Werk, so wirst Du uns an Deinem Sabbath und an Deinen Gesichten teilhaben lassen. Demütig bitten wir Dich, daß dieser Geist in uns stet bleibe und daß Du der Menschheit neue Gnadengaben zuteilen mögest durch diese unsere Hände und durch die Hände anderer, die Du mit demselben Geist begabst.«[48]

Und:

»So kann ich denn von mir selbst sagen, was sonst im Scherz gesagt wird (da es den Unterschied so deutlich hervorhebt): ›Es kann nicht sein, daß wir gleich sind, wenn der eine Wasser trinkt und der andere Wein.‹ Nun haben andere Menschen in vergangener wie auch jüngerer Zeit in Sachen Wissen einen gemeinen Saft getrunken, dem Wasser vergleichbar, das entweder unmittelbar aus dem Verstehen hervorsprudelte oder mittels Logik zutage gefördert wurde wie mit Rädern von einem Brunnen. Der Saft hingegen, mit dem ich auf das Wohl der Menschheit anstoße, ist von zahllosen Reben eingebracht, reife, vollaromatische Trauben, in Büscheln gepflückt, eingesammelt, dann durch die Presse gedrückt und schließlich im Faß gekeltert und geläutert. Und deshalb ist es kein Wunder, wenn sie und ich nicht gleichermaßen denken.«[49]

---

[48] *The Works of Francis Bacon*, op. cit., Bd. II, Teil II, S. 54.
[49] Ibid., S. 155

Alles spricht dafür, daß mit dem »aus vielen Reben eingebrachten« Saft der kosmische Sinn gemeint ist.

Es ist hier nicht der Ort, die Frage nach der Urheberschaft der Dramen erschöpfend zu behandeln. Da wir im weiteren aber davon ausgehen, daß Bacon ihr Schöpfer war, wollen wir kurz die Hauptgründe für unsere Überzeugung anführen:

a) Aus der großen Anzahl der in den Dramen verwendeten neuen Wörter – sie werden auf 500 geschätzt und kommen größtenteils aus dem Lateinischen – und der noch größeren Anzahl der in einem neuen Sinne eingesetzten alten Wörter (etwa 5000) geht klar hervor, daß der Autor dieser Dramen nicht nur ein Genie war, sondern darüber hinaus auch ein außerordentlich gebildeter Mann, der sich so intensiv mit dem Lateinischen beschäftigt haben muß, daß er fast schon in dieser Sprache dachte. Ein weiteres Indiz sind die stilistischen Parallelen zwischen Bacons Schriften und den Dramen und vor allem die verblüffende Ähnlichkeit des Vokabulars in den Prosawerken und den Dramen. 98,5 Prozent der Shakespeare-Wörter sind Wörter, die auch Bacon benutzte. Daß beide Autoren die gleichen Metaphern, rethorischen Gleichnisse und Antithesen verwenden, ist um so erstaunlicher, wenn man bedenkt, daß ein großer Teil dieser Wörter, dieser Metaphern, Gleichnisse und Antithesen neu sind.

b) Auch die von Donnelly, Wigston, Holmes und anderen zu Hunderten aufgezählten gleichen Satzwendungen bei Bacon und Shakespeare sind sicherlich kein Zufall.

c) Bacon und Shakespeare lasen die gleichen Bücher, und nicht nur das, die Lieblingsbücher des einen waren auch die des anderen.

d) Beide Autoren behandeln die gleichen Themen. Die in *De Augmentis, Novum Organum* und anderen Prosaschriften dargelegte Philosophie begegnet uns auch in den Dramen immer wieder. Zudem werden das menschliche Leben und die menschlichen Leidenschaften in Bacons Essays einerseits und den Dramen andererseits stets vom gleichen Standpunkt aus behandelt.

e) Die Betrachtungsweise beider Autoren stimmt in großen wie in kleinen Fragen stets überein. Nie ist ein grundsätzlicher Widerspruch zu finden.

f) Beide (wenn es zwei waren) waren die größten Männer ihrer Zeit. 30 Jahre lang lebten sie in einer für unsere Begriffe kleinen Stadt von 160 000 Einwohnern. Dennoch scheinen sie einander nie begegnet zu sein, und es gibt keinen Hinweis, daß einer vom anderen etwas gewußt hätte. Der weniger Bedeutende von beiden, Bacon, hinterließ mit seinen Manuskripten, Briefen etc. eine Fülle von Belegen über seine literarische Tätigkeit. Der größere, Shakespeare, hinterließ nichts – nicht ein Manuskript, nicht einen einzigen Brief.

g) Die Schauplätze der Dramen waren Bacon alle bekannt, entweder durch längeren Aufenthalt oder durch Reisen oder Studien. Der Verfasser scheint sich in den verschiedenen Ortschaften bestens auszukennen. Aber der eine Ort, den William Shakespeare besonders gut gekannt haben muß, Stratford on Avon, kommt in den Dramen nie vor.

h) Es gibt eine eindeutige Parallelität zwischen der Aufeinanderfolge der Dramen (den dort behandelten Ereignissen, Szenerien etc.) und den Vorkommnissen in Bacons Leben (Position, Lebensumstände, Wohnstätte etc.), während sich in Shakespeares Leben, soweit es uns bekannt ist, keine Entsprechungen finden.

i) Die Entsprechungen zwischen Shakespeares *Richard III.* und *Heinrich VIII.* einerseits und Bacons *Geschichte Heinrichs VII.* andererseits sind so auffallend, daß es mit dem Teufel zugehen müßte, wenn diese Werke nicht von ein und demselben Autor stammten.

j) 1621 schrieb Bacon ein Gebet, von dem Addison sagt, daß es eher der Anbetung eines Engels gleicht als der eines Menschen. Aber auch von seinen dichterischen Qualitäten her ist dieses Gebet den Dramen und den Sonetten durchaus gleichzustellen. Es heißt darin: »Wenn auch in schmählichem Gewande, so habe ich doch etwas für alle Menschen Gutes zustande gebracht.« Was dieses ›Gute‹ in ›schmählichem Gewande‹ gewesen sein soll, hat uns bisher noch niemand erklärt. Und mehr noch: ›etwas für alle Menschen Gutes‹! Das muß in der Tat etwas sehr Großes gewesen sein. Bacons philosophische Werke? Aber kommen die ›in schmählichem Gewande‹? Ganz im Gegenteil. Sie erscheinen nach Ausdrucksform und Stil im besten Latein durchaus klassisch. Was soll dieses ›Gute‹ also gewesen sein, wenn nicht die Dramen?

Soviel zur Bacon-Shakespeare-Streitfrage. Sie konnte hier nur gestreift werden, zumal die vorliegende Arbeit mit ihr eigentlich nichts zu tun hat außer am Rande und zwangsläufig. Irgendjemand hat die Dramen und Sonette verfaßt, und dieser jemand besaß nach unserer Überzeugung das kosmische Bewußtsein. Und wie wir in nahezu allen diesen Fällen geistige Erzeugnisse zweierlei Kategorien antreffen, nämlich einmal diejenigen, die aus dem kosmischen Bewußtsein hervorgehen, und zum anderen die Werke, die vom Ichbewußtsein geschaffen sind und die den kosmischen Sinn unmittelbar als eine objektive Realität behandeln, so finden wir auch hier Werke zweier verschiedener Arten: 1) die die Welt der Menschen behandelnden und unmittelbar dem kosmischen Sinn entsprungenen Dramen und 2) die Sonette, die sich (vom Standpunkt des ichbewußten Verfassers) in jener subtilen und verhüllten Form (wie sie in solchen Fällen üblich und sogar unvermeidlich ist) mit dem kosmischen Sinn selbst befassen.

Die ersten siebzehn Sonette beschwören den kosmischen Sinn, schöpferisch zu werden. Wir sind der Ansicht, daß sie das erste waren, was der Autor nach seiner Erleuchtung geschrieben hat. Wem es seltsam erscheint, daß ein Mensch so schreibt, der vergleiche die Sonette mit einem vollkommen parallelen Fall jüngerer Zeit, der belegt ist. Die 1855er Ausgabe der *»Grashalme«* schuf Whitman unmittelbar nach seiner Erleuchtung. Auf der dritten Seite dieses Bands (das Vorwort wurde später geschrieben) finden sich folgende, an den kosmischen Sinn gerichteten Worte: ». . . löse den Stöpsel aus deiner Kehle / Nicht Worte, Musik oder Reim verlang' ich, nicht weisen Spruch, und wäre es der beste. / Einzig das Lullen lieb ich, das Summen deiner gedeckten Stimme.« Im Falle Whitman, wie auch bei Buddha und Jesus, drängte der kosmische Sinn zu seiner Verwirklichung im ›großen Einzelnen‹ und seinem Leben. Im Falle Bacon wie auch Balzac zielte er insbesondere auf literarischen Ausdruck. Demgemäß schreibt Whitman in einem langen Leben zwei kleine Bändchen, Bacon in kürzerer Zeit zehn- oder zwanzigmal soviel. Whitmans Anrufung beansprucht drei Zeilen; Bacons zweihundert.

Hier einige Beispiele aus den *Sonetten*[50]:

(1)

Was schön ist, wünschen wir, soll sich vermehren;
Nie darf das Bild der reinen Rose sterben.
Mag dann der Herbst die Herrlichkeit verheeren,
Schon lebt die Schönheit neu im zarten Erben.
Doch du, dem nur dein eignes Bild gefällt,

---

[50] (1), (18), (36), (39) und (55) entnommen aus: *Shakespears Sonette,* Deutsch von Richard Flatter, Saturn Verlag, Wien 1934.
(33) und (62) entnommen aus: William Shakespeare: *Sonette,* Deutsch von Eduard Saenger, Arndt Beyer, Leipzig 1922.
(95) entnommen aus: William Shakespeare: *Sonette,* Deutsch von Ludwig Fulda, Cotta, Stuttgart–Berlin 1913.

Verbrauchst, was in dir brennt, fürs eigne Feuer,
Hungerst am Tisch, für dich so reich bestellt,
Dein eigner Feind, ein grausam ungetreuer.
Du, unserer Tage Zier, ihr Schmuck und Preis,
Erlesner Herold holder Frühlingspracht,
Begräbst dein Ich in deiner Knospe Kreis,
Ein Geizhals, der sich selbst zum Bettler macht.
Erbarm dich unsrer Welt, die dich beschwört,
Daß du ihr schenkst, was sonst dein Grab zerstört!

(18)

Dem Sommertag –? soll ich dich ihm vergleichen?
Du bist weit lieblicher, bist mild und lind.
Des Frühlings Pracht, wie rasch muß sie entweichen! –
Und Blütenzweige schüttelt rauh der Wind.
Des Himmels Aug? Bald strahlt es allzu heiß,
Bald birgt es seinen Goldglanz vor der Welt;
Das Schönste selbst gibt seine Schönheit preis,
Durch Mißgeschick, durch Zeitverlauf entstellt.
Dein Sommer kennt kein Schwinden, kein Ermatten,
Was schön an dir, bleibt ewig, trotz der Zeit;
Nie kannst du eingehn in des Todes Schatten –
Durch mich steigst du empor zur Ewigkeit:
So lange Menschen atmen, Augen sehn,
Lebt dies mein Lied; in ihm wirst du bestehn!

Der erste Teil dieses Sonetts ist ein Loblied auf den kosmischen Sinn. Bacon scheint sich um die Zeit seiner Entstehung hinsichtlich der für den kosmischen Sinn gewählten Ausdrucksform schon entschieden zu haben, und es sieht so aus, als sei ein Teil der Arbeit damals schon getan gewesen – d. h. einige Dramen bereits geschrieben.

(33)

Manch holder Morgen stieg aus Finsternissen,
Mit Herrscherblick die Höhen zu umwerben,
Mit goldnem Mund der Wiesen Grün zu küssen
Und blasse Ströme wundersam zu färben;

Bis niederstes Gewölk am Himmelszelt
In trübem Schwarm sein Antlitz überflog
Und er sich barg vor der verlassnen Welt
Und heimlich, ohne Zier gen Westen zog:
So schien auch mir ein Morgensonnenschein,
Von allgebietend hehrem Glanz erfüllt;
Doch ach! er war nur eine Stunde mein.
Die Wetterwolke hat ihn mir verhüllt.
  Doch bleibt er unverachtet meinem Herzen;
  Wenn Sonne blaßt, mag Erdenlicht sich schwärzen.

Das Sonett behandelt die in allen Fällen eines Durchbruchs zum kosmischen Bewußtsein beobachtete, sporadische Natur der Erleuchtung. Es beklagt, wie dürftig und freudlos die Zwischenzeiten im Vergleich zu den kurzen Perioden sind, in welchen der kosmische Sinn wirklich in Kraft ist. Zum selben Phänomen schreibt Jakob Böhme: »Die Sonne bestrahlte und erleuchtete mich eine gute Weile, aber nicht beständig; denn die Sonne verbarg sich, und danach wußte ich nichts, noch verstand ich meine eigene Arbeit.« Und St. Johann vom Kreuz schreibt in *Aufstieg zum Berge Karmel:* »Das geschieht nun, als wenn eine sehr lichthelle Türe sich öffnete und die Seele in Unterbrechungen etwas als einen hinfahrenden Blitz sähe. Wie der Blitz in einer finsteren Nacht plötzlich die Dinge so erleuchtet, daß sie hell und deutlich zum Vorschein kommen, bei seinem Verschwinden aber die vorige Finsternis wieder eintritt, wiewohl die Formen und Figuren der gesehenen Dinge in der Phantasie bleiben: So und noch vollkommener gehet dieses alles in der Seele vor. Manchmal bleibt ihr das mit dem Geiste in jenem Lichte Gesehene so eingedrückt, daß sie es, sooft sie, erleuchtet von Gott, aufmerket, wie vorher in ihrem Innern sieht; denn man sieht auch in einem Spiegel die darin sich vorstellenden Formen, sooft man in den Spiegel blickt. Jene Formen der gesehenen Dinge weichen in der Folge nie gänzlich von der Seele, obschon sie zuweilen in weiterer Entfernung zu stehen kommen. Die Wirkungen, welche diese Visionen in der Seele hervorbringen, sind Ruhe, Erleuchtung, eine Wonne nach Weise der Glorie, Lieblichkeit, Reinheit, Liebe, Demut, eine Geneigtheit zu Gott und eine Erhebung des Geistes zu ihm – mehr oder weniger – bei dem einen mehr, bei dem andern weniger – nach der Fassungskraft des Geistes, der die Gabe empfängt, oder – wie Gott will.«

(36)

Laß dir vertraun: Wir müssen zwei verbleiben,
Wie auch in Eintracht unsre Herzen schlagen.
Schmach klebt mir an und Schande meinem Treiben;
Hilf du mir nicht! ich muß sie selber tragen.

In unserer Liebe herrscht vollkommne Einheit,
Durch unser Leben geht ein Riß voll Tücke;
Er nimmt der Liebe nichts von ihrer Reinheit,
Doch süße Stunden stiehlt er unserm Glücke.

So kenn ich dich nicht mehr! denn meine Schuld,
Die tief beklagte, bringt dich sonst in Schmach;
Noch ehr mich vor der Welt durch deine Huld,
Sonst hängt noch Unehr deinem Namen nach!

Nein, tu es nicht! So sehr bin ich dir gut –
Auch deinen Ruf nehm ich in meine Hut.

Einige Jahre lang hatte Bacon ein Doppelleben geführt: einerseits das ichbewußte Leben eines Anwalts und Politikers und andererseits das vom kosmischen Bewußtsein bestimmte Leben des Dichters und Sehers. Aus mancherlei Überlegungen und Gefühlsmomenten, die stärker waren als Überlegungen, hatte er ein für allemal entschieden, daß diese beiden Existenzen strikt zu trennen seien. Doch auch ganz abgesehen von diesen konkreten Hintergründen ist die Zwiespältigkeit der Persönlichkeit, wie sie in diesem Sonett zum Ausdruck kommt, ein in Fällen dieser Art immer wiederkehrendes Phänomen. So etwa bei Whitman, wenn er schreibt: »Mit Lachen und vielen Küssen, o Seele, gefällst du mir und ich dir!«

(39)

Wie schickte sich's für mich, dein Lob zu singen?
Du bist ein Teil, das bessre nur, von mir!
Kann da mir selbst mein Selbstlob etwas bringen?
Und ist's nicht Eigenlob, lobsing ich dir?

Eben deshalb laß uns gesondert leben;
Wir dürfen keine Liebeseinheit sein:
Entfernt von dir, vermag ich dir zu geben,
Was dir gebührt, dir einzig und allein.

O Trennung, welche Qual wär mir beschert,
Böt nicht die bittre Weil ein süß Genügen –
In Träumerein, von Liebesleid genährt,
Die süß die Zeit, der Sehnsucht Gram, betrügen –

Und lernt ich nicht, wie man, was eins ist, teilt,
Sing ich hier dem, der in der Ferne weilt!

Auch hier geht es wieder um die vom kosmischen Sinn geschaffene zwiefache Persönlichkeit. Vergleiche Gautama: »Ist einer ein Arahat, so ist er, obwohl einer, doch viele geworden;« und Paulus: »Ich lebe aber; doch nun nicht ich, sondern Christus lebt in mir«; und »Darum ist jemand in Christo, so ist er eine neue Kreatur«; von Christus sagt Paulus, daß er »aus beiden [d. h. aus dem kosmischen Sinn: Christus einerseits und dem ichbewußten Menschen: Jesus andererseits] eines hat gemacht«, »auf daß er aus zweien einen neuen Menschen in ihm selber schüfe ...« Mohammed nannte den kosmischen Sinn, der dem ichbewußten Menschen Mohammed den Koran diktierte, ›Gabriel‹. Balzac erwähnt in bezug auf Louis Lambert (sich selbst), nachdem er dessen Leben bis zum Zeitpunkt seiner Erleuchtung nachgezeichnet hat, »Ereignisse«, die »gewissermaßen eine zweite Existenz dieses Geschöpfes darstellen; warum sage ich nicht ›diese Schöpfung‹, in der alles außergewöhnlich sein mußte ...« Dann beschreibt er den Durchbruch zum kosmischen Bewußtsein und – in den Aphorismen das kosmische Bewußtsein selbst.

(55)

Kein goldnes Fürstenmal, kein Bild von Stein
Kann dieser Lieder Dasein überleben;
Sie werden dir ein bessres Denkmal sein
Als plumpes Erz, beschmutzt, voll Spinneweben.

Wirft auch die Kriegswut Statuen in Staub,
Stürzt jeder Bau, der heut noch kühn sich hebt,

Du wirst niemals des Kriegs, des Feuers Raub:
Dein Name dauert, dein Gedächtnis lebt!

Trotz Tod und arger Welt, die rasch vergißt,
Du schreitest weiter, dein Ruhm endet nicht:
So lang die Erde unsre Hausung ist,
Du bleibst lebendig bis zum Weltgericht:

Bis dessen Spruch dir neues Leben gibt,
Lebst du im Herzen jedes, der da liebt.

Hier ist offenbar nicht von den Sonetten, sondern von den Dramen und wohl im besonderen von »Romeo und Julia« die Rede.

(62)

Der Eigenliebe Schuld hat Aug und Seele
Und jede Faser meines Seins durchtränkt;
Kein Mittel gibt es wider diese Fehle,
Die in mein tiefstes Herz sich eingesenkt.
Kein Antlitz deucht so hold mir wie das meine,
Kein Wuchs so echt, kein Wert so ohne Frage;
Ich sehe mein Verdienst in solchem Scheine,
Daß ich in Allem Alles überrage.
Doch zeigt der Spiegel mir mein wahres Wesen,
Zermalmt, zerschunden von des Alters Zahn,
Muß ich die Eigenliebe anders lesen:
Sich so zu lieben wäre sündger Wahn.
  Du bis mein Selbst, von dem ich sing und sage,
  Verjüngt vom Blütenschimmer meiner Tage.

In diesem Sonett tritt der Zwiespalt der Persönlichkeit wieder sehr stark hervor. Betrachtet Bacon sein kosmisches Ich, so verliert er sich in Selbstbewunderung. Wendet er sich hingegen seiner physischen, ichbewußten Existenz zu, so neigt er im Gegenteil mehr zu Selbstverachtung.

(95)

Wie süß und lieblich machst du doch die Schmach
Die wie ein Wurm in duftiger Rosenfülle
Die Schönheit deines blüh'nden Namens stach!
Wie reizend wählst du deiner Sünden Hülle!
Die Zunge, die dein Tagewerk bespricht
Und deine Lust mit losen Reden schildert,
Muß gleichsam lobend schmähn, da den Bericht
Von Schlimmem kaum genannt dein Name mildert.
O, welche Wohnstatt wußten zu entdecken
Die Laster, als bei dir sie eingekehrt,
Wo Schönheit überschleiert jeden Flecken,
Sich alles, was der Blick erreicht, verklärt!
  Laß, Trauter, solch ein Vorrecht nicht gefährden;
  Der schärfste Stahl, mißbraucht, muß schartig werden.

Zeile 4 (»Wie reizend wählst du deiner Sünden Hülle«) verweist zweifellos auf Laster, Verbrechen und Niedertracht in den Dramen. Sind diese niederen Triebe dort nicht tatsächlich alle gnädig in Schönheit gehüllt? »Die Zunge«, heißt es, »die dein Tagewerk bespricht« (d. h. die vom kosmischen Sinn geschenkten Visionen und Offenbarungen), »muß gleichsam lobend schmähn ...« Hier spricht die Erfahrung, daß es im kosmischen Bewußtsein und, wie Whitman sagt, »in Wahrheit kein Böses gibt«.

Abschließend sei zum Verfasser der Dramen und Sonette noch einmal gesagt, daß eindeutige Hinweise auf einen Durchbruch zum kosmischen Bewußtsein in seinem Fall fehlen. Stammen diese Werke von Shakespeare, so fehlt jeder Beweis. Hat Francis Bacon sie geschrieben, so besitzen wir das dürftige Indiz seiner Weltabgeschiedenheit um die Zeit, da die Erleuchtung, wenn überhaupt, stattgefunden haben müßte, wie auch Hawleys und seine eigene Anspielung auf eine ungewöhnliche Gabe, die sein eigen gewesen sein soll. Neben diesen zugegebenermaßen schwachen Hinweisen stützt unsere in erster Linie auf der Evidenz der Werke selbst basierende These, daß ihr Verfasser das kosmische Bewußtsein besessen haben muß, sich auf zwei Umstände: 1) Der Schöpfer der Dramen war das vielleicht größte Dichtergenie, das die Welt je gesehen hat. Er war in jeder Hinsicht eine im transzendenten Sinne große geistige Kraft. Als solche muß er der in diesem Buch vertretenen Theorie zufolge das kosmische Bewußtsein besessen haben. 2) Die ersten 126 Sonette sind ein klarer Beweis, daß in ihrem Schöpfer der kosmische Sinn erwacht war und daß die Dichtungen an ihn adressiert waren. Aus einem anderen Zusammenhang verstanden ergeben sie nach der Überzeugung des Verfassers der vorliegenden Arbeit keinen Sinn.

Jakob Böhme

(1575–1624)

(gen. der Philosophus teutonicus)

Jakob Böhme ist in Alt-Seidenberg bei Görlitz geboren. Er entstammt »armen und geringen Bauersleuten guter deutscher Art. Nachdem er nun etwas erwachsen, hat er neben anderen Dorfknaben das Vieh auf dem Felde hüten und also seinen Eltern mit billigem Gehorsam zur Hand gehen müssen. Nachdem die Eltern vermerket, daß sich bei diesem ihrem Sohne gar eine feine, gute und geistsame Natur angelassen, haben sie ihn zur Schule gehalten, bis er von ihnen auf das Schuhmacherhandwerk getan, darauf gewandert und endlich 1594 Meister und Bräutigam geworden, mit der tugendhaften Jungfrau Katharina des ehrbaren Hans Kunschmanns, Fleischhauers in Görlitz eheleibliche Tochter«. (Aus A. von Franckenbergs Lebensbeschreibung Jakob Böhmes)

Der Schuster aus Görlitz hat zwei ganz unzweifelhafte Erleuchtungen erlebt. Hören wir dazu noch einmal seinen ersten Biographen, den schlesischen Mystiker Abraham von Franckenberg: »Anno 1600, als im 25. Jahre seines Alters, (wurde er) vom göttlichen Licht ergriffen und mit seinem gestirnten Seelengeiste durch einen jählichen Anblick eines zinnernen Gefäßes (als des lieblich jovialen Scheines) zu dem innersten Grunde oder Centro der geheimen Natur eingeführt; da er als in etwas zweifelhaft, um solche vermeinte Phantasie aus dem Gemüte zu schlagen, zu Görlitz vor dem Neißtore (allwo er an der Brücken seine Wohnung gehabt) ins Grüne gegangen, und doch nichtsdestoweniger solchen empfangenen Blick je länger je mehr und klarer empfunden, als daß er vermittels der angebildeten Signaturen oder Figuren, Lineamenten und Farben allen Geschöpfen gleichsam in das Herz und in die innerste Natur hineinsehen können, wodurch er mit großen Freuden überschüttet, stillegeschwiegen Gott gelobet, seiner Hausgeschäfte und Kinderzucht wahrgenommen und mit jedermann fried- und freundlich umgegangen und von solchem seinem empfangenen Lichte und inneren Wandel mit Gott und der Natur, wenig oder nichts gegen jemanden gedacht.«

Über diese erste Erleuchtung im Jahre 1600 schreibt Franz Hartmann zwar in seiner Böhme-Biographie, daß Böhme durch sie Einblick in die verborgensten Gesetze der Natur erhielt und die Fähigkeit erwarb, mit den Augen seiner Seele zu sehen – »eine Fähigkeit, die er auch in seinem Normalzustand bewahrte«, doch war diese Erleuchtung wohl nicht ganz vollständig. Böhme ist nicht bis zum kosmischen Bewußtsein durchgestoßen. Er hat die Dämmerung erfahren, doch nicht den vollkommenen Tag. Den totalen Durchbruch erlebt er zehn Jahre später:

»Aber nach dem im Verborgenen wirkenden heiligen Rat und Willen Gottes wird er nach zehn Jahren, nämlich 1610, durch Überschattung des Heiligen Geistes wiederum von Gott berühret und mit neuem Licht und Recht begnadet und bekräftigt. Damit er nun solche große Gnade, so ihm geschehen, nicht aus dem Gedächtnis ließe, noch auch seinem so heiligen und trostreichen Lehrmeister widerstrebte, schrieb er (doch nur für sich selbst) bei geringen Mitteln und mit gar keinen Büchern, als nur der Heiligen Bibel versehen, im Jahre 1612 sein erstes Buch: Morgenröte im Aufgang (nachmals ›Aurora‹ genannt).« (A. von Franckenberg)

Böhme selbst schreibt zu dieser letzten und vollständigen Erleuchtung des Jahres 1610:

»In solchem meinem gar ernstlichen Suchen und Begehren ... ist mir die Pforte eröffnet worden, daß ich in einer Viertelstunden mehr gesehen und gewußt habe, als wenn ich wäre viel Jahr auf hohen Schulen gewesen, dessen ich mich hoch verwunderte; wußte nicht, wie mir geschah und darüber mein Herz ins Lob Gottes wendete. – Denn ich sah und erkannte das Wesen aller Wesen, den Grund und Ungrund. Item die Geburt der Hl. Dreifaltigkeit, das Herkommen und den Urstand dieser Welt und aller Kreaturen durch die göttliche Weisheit. Ich erkannte und sah in mir selber alle drei Welten, als (1) die göttliche, englische oder paradeisische, und dann (2) die finstere Welt, als den Urstand der Natur zum Feuer, und zum 3. diese äußere sichtbare Welt als ein Geschöpf und Ausgeburt oder als ein ausgesprochen Wesen aus den beiden inneren geistlichen Welten. Ich sah und erkannte das ganze Wesen in Bösem und Gutem, wie eines von dem anderen urständete und wie die Mutter der Gebärerin wäre, daß ich mich nicht allein hoch verwunderte, sondern auch erfreuete.« (*Theosophische Sendbriefe* 12, 7 f.)

Wie zahlreiche andere Erleuchtete hatte Böhme neben und vor allem auch vor seinen großen Durchbrüchen zum kosmischen Bewußtsein Visionen. Visionen dieser Art sind zweifellos ein typisches Erzeugnis jenes hochorganisierten und hypersensitiven Nervensystems, das einen Menschen, wenn auch noch nicht zum Erwählten, so doch immer zum Berufenen macht. Franz Hartmann schreibt zu diesem Punkt:

»Jakob Böhme besaß bemerkenswerte okkulte Kräfte. Man weiß, daß er mehrere Sprachen beherrschte, obwohl niemand zu sagen vermocht hätte, wo er sie gelernt hat. Möglicherweise hatte man ihn darin in einem früheren Leben unterwiesen. Er beherrschte auch die Sprache der Natur und konnte Pflanzen und Tiere mit ihren ureigenen Namen anrufen.«

Dazu meint Böhme selbst: »Ich kann von mir nicht anders schreiben als von einem Kinde, das nichts weiß und verstehet, auch niemals gelernet hat als nur dieses, was der Herr in mir wissen will nach dem Maß, als er sich in mir offenbaret.

Denn von dem göttlichen Mysterio etwas zu wissen, habe ich niemals begehret, viel weniger verstanden, wie ich es suchen oder finden möchte; wußte auch nichts davon als der Laien Art in ihrer Einfalt ist. Ich suchte allein das Herze Jesu Christi, mich darinnen zu verbergen vor dem grimmigen Zorn Gottes und den Angriffen des Teufels, und bat Gott ernstlich um seinen Hl. Geist und Gnade, daß er mich in ihm (d. h. in sich) wollte segnen und führen ...« (*Theosophische Sendbriefe* 12, 5 f.)

Was die äußere Erscheinung des Schusters von Görlitz anbelangt, so besitzen wir von A. von Franckenberg eine treffliche Beschreibung:

»Seine äußerliche Leibesgestalt war verfallen und von schlechtem Ansehen, kleiner Statur, niedriger Stirn, erhobener Schläfe, etwas gekrümmter Nase, grau und fast himmelbläulich blinzelnder Augen, sonsten wie die Fenster am Tempel Salomonis, kurzdünnen Bartes, kleinlautender Stimme, doch holdseliger Rede, züchtig in Gebärden, bescheidentlich in Worten, demütig im Wandel, geduldig im Leiden, sanftmütig von Herzen.«

Das Leben Jakob Böhmes kann mit dem Gautamas, Paulus, St. Johannes vom Kreuz und auch Whitmans verglichen werden, ohne daß der sanftmütige Böhme Sorge haben müßte, durch den Vergleich in den Schatten gestellt zu werden. Die Schilderung seines Todes erinnert an den Tod des St. Johann vom Kreuz:

»Nach zuvor getanem rein evangelischen Glaubensbekenntnis und würdigem Gebrauch des Gnadenpfandes ist er am 17. November sonntags verschieden, da er zuvor seinen Sohn Tobiam rief und fragte: Ob er auch die schöne Musik hörte? Als er sagte nein, sprach er: man solle die Tür öffnen, daß man den Gesang besser hören könne. Danach fragte er, wie hoch es an der Uhr? Als man antwortete, es habe zwei geschlagen, sprach er: Das ist noch nicht meine Zeit, nach drei Stunden ist meine Zeit. Unterdessen redete er diese Worte einmal: O du starker Gott Zebaoth, rette mich nach deinem Willen! O du gekreuzigter Herr Jesu Christ, erbarme dich mein, nimm mich in dein Reich! Als es aber kaum um 6 Uhr des Morgens, nahm er Abschied von seinem Weibe und Sohne, segnete sie und sprach darauf: Nun fahre ich hin ins Paradies! heißet sich seinen Sohn umwenden, er seufzet tief und entschlief; fuhr also mit Fried gar sanft und stille von dieser Welt.« (A. von Franckenberg)

Als Äußerungen des kosmischen Sinns sind die Schriften Jakob Böhmes dem allein ichbeherrschten Verstand gänzlich unzugänglich. Wer aber die Mühe nicht scheut, sich mit dem zunächst kryptisch Scheinenden ernsthaft auseinanderzusetzen, wird ebenso wie bei Paulus, Dante, Balzac und Whitman eine Fundgrube an Weisheit entdecken. Einige Einsichten werden sich jedem aufgeschlossenen Leser entdecken, das Ganze aber wird sich nur dem erschließen, der erleuchtet ist, wie Böhme es war.

Claude de Saint Martin schreibt in seinem Brief an Kirchberger: »Ich bin nicht mehr jung, nähere mich meinem fünfzigsten Lebensjahre, dennoch habe ich begonnen, Deutsch zu lernen, um den unvergleichlichen Verfasser (Jakob Böhme) in seiner eigenen Sprache lesen zu können. Ich habe selbst einige annehmbare Bücher geschrieben, bin es aber nicht wert, die Schuhriemen dieses wunderbaren Mannes zu lösen, den ich als das größte Licht betrachte, das je auf dieser Erde erschienen ist, den ich nur dem an die Seite stelle, der selbst das Licht war ... Ich rate Ihnen, vor allem, sich in diesen Abgrund der Erkenntnis tiefster Wahrheiten zu versenken.«

Entscheidend bei der Auswahl der folgenden Auszüge aus Böhmes Werken ist weniger ihr Eigeninteresse, ihre tiefe Qualität oder das, was sie zur Natur des Kosmos mitteilen, sondern vielmehr ihre jeweilige Relevanz für unseren Versuch, die Charakteristika des kosmischen Bewußtseins zu erhellen.

»... das Ens (d. h. Sein) aller Kreaturen lag im menschlichen Ente (d. h. Sein) in der Temperatur. Der Mensch ist ein Bild der ganzen Kreation aller dreien Prinzipien, nicht allein im Ente der äußern Natur der Sternen und vier Elemente, als der geschaffenen Welt, sondern auch aus der innern geistlichen Welt Ente, aus göttlicher Wesenheit ...« (*Von der Gnadenwahl* 5, 29)

»Der Mensch ist eine kleine Welt aus der großen und hat der

ganzen großen Welt Eigenschaft in sich ...« *(Theosophische Sendbriefe* 22, 7)

»Nicht ich, der ich der Ich bin, weiß es, sondern Gott weiß es in mir.« *(Aurora,* Vorrede 1)

»Allhie steht Adam nach seinem himmlischen Teil vom Tode auf in Christo ...« *(Von wahrer Buße* 1, 38)

> »Mit einem großen Sturme ... brach der Geist durch ... bis in die innerste Geburt der Gottheit und wurde allda mit Liebe umfangen, wie ein Bräutigam seine liebe Braut umfängt. Was aber für ein Triumphieren in dem Geiste gewesen sei, kann ich nicht schreiben noch reden, es läßt sich auch mit nichts vergleichen, als nur mit dem, wo mitten im Tode das Leben geboren wird, es vergleicht sich der Auferstehung von den Toten. In diesem Lichte hat mein Geist alsbald durch alles gesehen und an allen Kreaturen, an Kraut und Gras Gott erkannt, wer er, wie er und was sein Wille sei. Auch so ist alsbald in diesem Lichte mein Wille gewachsen, mit großem Triebe das Wesen Gottes zu beschreiben. Weil ich aber die tiefen Geburten Gottes in ihrem Wesen nicht fassen und in meiner Vernunft nicht begreifen konnte, so hat sich's wohl Jahre verzogen, ehe mir der rechte Verstand gegeben worden ist. Es ist gegangen wie mit einem jungen Baume, den man in die Erde pflanzt, der ist erstlich jung und zart und hat ein freundliches Ansehen, besonders wenn er sich zum Wachsen gut anläßt, er trägt aber nicht alsbald Früchte, und ob er gleich blüht, so fallen sie doch ab, es geht auch mancher kalte Wind, Frost und Schnee darüber, ehe er erwächst und Früchte trägt.« *(Morgenröte im Aufgang)*

Zu Böhmes Schilderung seines Durchbruchs zum kosmischen Bewußtsein vergleiche Dante: »Jetzt sind wir entstiegen / der größten Sphäre, sind im reinen Licht. / Das Licht der weisen Einsicht von der Liebe, / Liebe zum Wahren, Guten, voll von Freude, / Freude, die jede Wonne übertrifft«, aber auch: »O höchstes Licht, das so weit übersteigt / die menschlichen Begriffe, leih ein wenig / von dem, wie du dich zeigtest meinem Geist.« (Paradiso 30. Gesang 38–43 und 33. Gesang 67–69)

> »Wo du mir auf dieser Leiter, darauf ich in die Tiefe Gottes steige, nachsteigest, so wirst du wohl gestiegen sein. Ich bin nicht durch meine Vernunft oder durch meinen vorsätzlichen Willen

auf diese Meinung oder in diese Arbeit und Erkenntnis gekommen, ich habe auch diese Wissenschaft nicht gesucht, auch nichts davon gewußt, ich habe allein das Herz Gottes gesucht, mich vor dem Ungewitter des Teufels darein zu verbergen.« *(Morgenröte im Aufgang,* 23. Kap.)

Die zum kosmischen Bewußtsein durchgebrochen sind, haben es nie »gesucht«; sie konnten es nicht suchen, da sie nicht wußten, daß es so etwas überhaupt gab. Indes scheinen alle großen Erleuchteten voller Inbrunst nach dem »Herzen Gottes« gesucht zu haben – d. h. nach dem höchsten und besten Leben.

»Nun aber kann auch der Will das Anziehen mit der Schwängerung nicht leiden: denn er will frei sein und mag doch nicht, denn er ist begehrend; und so er denn nicht mag frei werden, gehet er mit dem Anziehen in sich, und fasset in sich einen anderen Willen, aus der Finsternis auszugehen in sich selber: und derselbe andere gefaßte Wille ist das ewige Gemüt, und gehet in sich selber als ein schneller Blitz, und zersprenget die Finsternis und gehet in sich selber aus, und wohnet in sich selber, und machet ihm also ein ander Prinzipium anderer Qual, denn der Stachel der Regung bleibet in der Finsternis.« *(Vom dreifachen Leben des Menschen)*

Hier beschreibt Böhme die Zeugung des kosmischen Bewußtseins im Ichbewußtsein.

»Der erste ewige Wille ist Gott der Vater, seinen Sohn zu gebären, das ist sein Sort, nicht aus etwas anderem, sondern aus sich selber. Nun haben wir euch berichtet von den Essentien, so im Willen geboren werden, und dann, wie der Wille in den Essentien in eine Finsternis gestellet werde und wie die Finsternis im Rade der Ängstlichkeit durch den Feuerblitz zersprenget werde; und wie der Wille in vier Gestalten komme, welche im Urkunde alle vier eines sind, aber im Feuerblitze also in vier Gestalten erscheinen; und dann wie sich der Feuerblitz urkunde, daß sich der erste Wille in der grimmigen Herbigkeit schärfet, daß die Freiheit des Willens im Blitze erscheinet; da wir euch dann zu verstehen haben gegeben, daß der erste Wille im Blitz des Feuers erscheint und verzehrend sei, verstehe von der ängstlichen Schärfe, da denn der Wille in der Schärfe bleibet, und den anderen Willen in sich selber fasset, verstehe im

Zentrum der Schärfe, aus der Schärfe auszugehen und zu wohnen in sich selber, in der ewigen Freiheit ohne Qual.« *(Vom dreifachen Leben des Menschen,* 2. Kap.)

»Denn Jesus Christus, Gottes Sohn, das ewige Wort, der da ist der Glanz und die Kraft der lichten Ewigkeit, muß in dir Mensch geboren werden, willst du Gott erkennen: sonst bist du im finsteren Stalle, und gehest nur suchen und tappen und suchest immer Christum zur Rechten Gottes und meinest, er sei weit von dannen. Du willst dein Gemüt über die Sterne schwingen und allda Gott suchen, wie dich die Sophisten lehren, welche Gott weit von dannen in einen Himmel malen.«

Vergleiche Paulus: »Ich lebe, doch nun nicht ich, sondern Christus lebet in mir.« ›Christus‹ entspricht bei Böhme ebenso wie bei Paulus dem kosmischen Bewußtsein.

»Ich war wohl so einfältig in den Geheimnissen als der allerwenigste: aber meine Jungfrau der Wunder Gottes lehret mich, daß ich von seinen Wundern schreiben muß; wiewohl mein Fürsatz ist, mir zum Memoriat, und soll doch also reden als vor vielen, daß Gott bewußt ist.« *(Vom dreifachen Leben des Menschen,* 4. Kap.)

Hier wird der kosmische Sinn als Jungfrau gesehen ähnlich wie bei Dante und Balzac, die ihn als Beatrice und Seraphita sahen.

»Also bescheiden wir euch des Wesens in der Finsternis: und wiewohl wir also ganz schwer zu verstehen sind, und uns auch nicht Glauben geben werdet, so haben wir doch dessen trefflichen Beweis, nicht allein an den geschaffenen Geistern, sondern am Centro der Erde, sowohl am ganzen Prinzipio dieser Welt, welches alles auszuführen allhier zu lang sein wollte.« *(Vom dreifachen Leben des Menschen,* 4. Kap.)

Ähnlich Whitman, wenn er als Beweis für seine kühnsten Überzeugungen – ewiges Glück, Unsterblichkeit, unendliches Wachstum – an die gewöhnlichen Naturerscheinungen appelliert: »Ich höre euch raunen, o Sterne des Himmels, o Sonnen – o Gras an den Gräbern –, o ewiger Anfang und Wandel, wenn ihr nichts sagt, wie kann dann ich etwas sagen?« Es folgen aus *Der Weg zu Christo* einige Auszüge aus dem Wechselgespräch zwischen Meister und Schüler (6. Büchlein):

»1. Der Jünger sprach zum Meister: Wie mag ich kommen zu dem übersinnlichen Leben, daß ich Gott sehe und höre reden?

2. Der Meister sprach: Wenn du dich magst einen Augenblick in das schwingen, da keine Kreatur wohnet: so hörest du, was Gott redet.

2. Der Jünger sprach: Ist das nahe oder ferne?

Der Meister sprach: Es ist in dir, und so du magst eine Stunde schweigen von allem deinen Wollen und Sinnen: so wirst du unaussprechliche Worte Gottes hören.

3. Der Jünger sprach: Wie mag ich hören, so ich von Sinnen und Wollen stille stehe?

Der Meister sprach: Wenn du von Sinnen und Willen deiner Selbheit stille stehest, so wird in dir das ewige Hören, Sehen und Sprechen offenbar und höret und siehet Gott durch dich. Dein eigen Hören, Wollen und Sehen verhindert dich, daß du Gott nicht siehest noch hörest.

4. Der Jünger sprach: Womit soll ich Gott hören und sehen, so er über Natur und Kreatur ist?

Der Meister sprach: Wenn du stille schweigest, so bist du das, was Gott von Natur und Kreatur war, daraus er deine Natur und Kreatur machte; so hörest und siehest du es mit dem, damit Gott in dir sah und hörete, ehe dein eigen Wollen, Sehen und Hören anfing.

5. Der Jünger sprach: Was hält mich denn auf, daß ich nicht dahin kommen mag?

Der Meister sprach: Dein eigen Wollen, Hören und Sehen, und daß du wider das strebest, daraus du kommen bist. Mit deinem eigenen Wollen brichst du dich von Gottes Wollen ab, und mit deinem eigenen Sehen siehest du nur in dein Wollen. Und dein Wollen verstopfet dir das Gehör mit Eigensinnlichkeit irdischer natürlicher Dinge, und führet dich in einen Grund ein, und überschattet dich mit dem, das du willst, auf daß du nicht magst zu dem Übernatürlichen Übersinnlichen kommen.

8. Der Jünger sprach: Gott hat den Menschen in das natürliche Leben geschaffen, daß er herrsche über alle Kreatur auf Erden und ein Herr sei über Alles in dieser Welt: darum so muß er es ja eigenthümlich besitzen.

Der Meister sprach: Ist's so, daß du bloß äußerlich über alle Kreaturen herrschest: so bist du mit deinem Willen und Herrschung in thierischer Art und stehest nur in bildlicher, vergänglicher Herrschung; auch führest du deine Begierde in thierische Essenz, davon du inficiret und gefangen wirst, und auch thierische Art bekommst. Ist's aber, daß du die bildliche Art verlassen hast: so stehest du in der Überbildlichkeit und herrschest in dem Grunde über alle Kreaturen, aus dem sie geschaffen sind, und mag dir auf Erden nichts schaden; denn du bist mit allen Dingen gleich und ist dir nichts ungleich.«

Man vergleiche hierzu Whitman: »Als könne jemand, der zu eignen vermag, nicht nach Belieben in alles eindringen, um es sich einzuverleiben.« Und: »Keinen Besitz sehen, doch besitzen können, ohne Mühe noch Erwerb alles genießen, das Festmahl aufheben ohne es um das geringste Detail zu schmälern, von der Farm des Farmers und der eleganten Villa des reichen Manns und dem keuschen Glück des wohlgetrauten Paars und den Früchten der Obst- und den Blumen der Vorgärten das Beste nehmen.«

»15. Der Jünger sprach: Wie möchte mir armem Menschen wohl geschehen, so ich in dem Gemüthe dahin gelangen möchte, da keine Kreatur ist?

Der Meister sprach gar gütig zu ihm: O lieber Jünger, wäre es, daß sich dein Wille möchte eine Stunde von aller Kreatur abbrechen und dahin schwingen, da keine Kreatur ist: er würde überkleidet mit dem höchsten Glanz der Herrlichkeit Gottes, und würde in sich schmecken die allersüßeste Liebe unsers Herrn Jesu Christi, die kein Mensch aussprechen mag, und in sich empfinden die unaussprechlichen Worte unsers Herrn von seiner großen Barmherzigkeit; er würde in sich fühlen, daß ihm das Kreuz unsers Herrn Jesu Christi in ein sanftes Wohltun gewandelt würde, und dasselbe lieber gewinnen als der Welt Ehre und Gut.«

Vom, wenn man so sagen will, ›paulinischen‹ Standpunkt der hier zitierten Autoren meint »das Kreuz unsers Herrn Jesu Christi« den Verzicht auf die dem Ichbewußtsein zugehörigen Schätze dieser Welt und das Tragen der sogenannten Sünden des ichbewußten Lebens. Der Unterschied ist, daß die Schätze nicht mehr als Schätze gesehen werden und die Sünden nicht mehr als Sünden. Diese tiefere Einsicht im kosmischen Bewußtsein zu erreichen, ist der einzige Schatz, der sich zu bergen lohnt. Vergl. auch St. Johann vom Kreuz: »Wer darum zu diesem gelangen will, muß jenes verlassen, indem er ganz und gar von sich selbst ausgeht; der muß ausgehen von dem Niedrigen, damit er zu dem über allem Erhabenen gelangt. Indem sich also die Seele über alles Geistige, das sie auf natürlichem Wege erkennen und verstehen kann, emporschwingt, muß sie von ganzem Herzen verlangen, daß sie das erreiche, was man hienieden weder wissen noch mit dem Innern erfassen kann. Wenn sie sodann auch weit von sich tut alles Geistige, das sie mit den Sinnen kostet und empfindet, und was man in diesem Leben kosten und empfinden kann, soll sie mit ganzer Seele verlangen, daß sie erreiche, was über alles Empfinden und allen Geschmack erhaben ist.«

»23. Der Jünger sprach: Wie mag das geschehen, daß ich liebe, was mich verachtet?

Der Meister sprach: Jetzt liebest du irdische Weisheit; wann du aber überkleidet bist mit himmlischer, so siehest du, daß aller Welt Weisheit nur Torheit ist, und daß die Welt nur deinen Feind hasset, als das sterbliche Leben, das du selber auch hassest, in seinem Willen: so hebest du an solche Verachtung des tödtlichen Leibes auch zu lieben.«

Vergleiche: »Wovon wir aber reden, das ist dennoch Weisheit bei den Vollkommenen; nicht eine Weisheit dieser Welt, auch nicht der Obersten dieser Welt, welche vergehen« (Kor. 2, 6) und: »Welcher sich unter euch dünkt weise zu sein, der werde ein Narr in dieser Welt, daß er möge weise sein. Denn dieser Welt Weisheit ist Torheit bei Gott.« (Kor. 3, 18–19)

»26. Der Jünger sprach: Was ist die Liebe in ihrer Kraft und Tugend und in ihrer Höhe und Größe?

Der Meister sprach: Ihre Tugend ist das Nichts und ihre Kraft ist durch Alles. Ihre Höhe ist so hoch als Gott, und ihre Größe ist größer als Gott: wer sie findet, der findet Nichts und Alles.

27. Der Jünger sprach: O lieber Meister, sage mir doch, wie ich das verstehen mag?

Der Meister sprach: Daß ich sprach, ihre Tugend sei das Nichts, das verstehest du, wenn du von aller Kreatur ausgehest, und aller Natur und Kreatur ein Nichts wirst: so bist du in dem ewigen Ein, das ist Gott selber, so empfindest du der Liebe höchste Tugend.

. . . . . .

Daß ich aber auch gesprochen, ihre Größe wäre größer als Gott, das ist auch wahr; denn wo Gott nicht wohnet, da gehet die Liebe hinein. Denn da unser lieber Herr Christus in der

Hölle stand, so war die Hölle nicht Gott, aber die Liebe war da und zerbrach den Tod. Auch wann dir Angst ist, so ist Gott nicht die Angst; aber seine Liebe ist da und führet dich aus der Angst in Gott. Wann Gott in dir sich verbirget, so ist die Liebe da und offenbaret ihn in dir.

Und daß ich weiter gesagt: Wer sie findet, der findet Nichts und Alles, das ist auch wahr; denn er findet einen übernatürlichen, übersinnlichen Grund, da keine Stätte zu ihrer Wohnung ist, und findet nichts, das ihr gleich sei. Darum kann man sie mit Nichts vergleichen, denn sie ist tiefer als das Ich: darum ist sie allen Dingen als ein Nichts, weil sie nicht faßlich ist. Und darum, daß sie Nichts ist, so ist sie von allen Dingen frei und ist das einige Gute, das man nicht sprechen mag was es sei.

Daß ich aber endlich sagte, er finde Alles, wer sie findet, das ist auch wahr; sie ist aller Dinge Anfang gewesen und beherrschet Alles. So du sie findest, so kommst du in den Grund, daraus alle Dinge herkommen sind und darin sie stehen, und bist in ihr ein König über alle Werke Gottes.«

Der Auszug kann als eine Definition des kosmischen Bewußtseins vom – wie der Buddhist sagen würde – Nirvana-Standpunkt aus gelten. Vergl.: »O Mönch, dein Schifflein schöpfe leer / Denn leergeschöpft läuft's leicht daher / Tilg Lust und Haß in deinem Sinn / So bist du im Nibbana drin.« (Dhamma pada)

»34. Der Jünger sprach: Lieber Meister, ich kann nicht mehr ertragen, das mich irret: Wie mag ich den nächsten Weg zu ihr finden?

Der Meister sprach: Wo der Weg zur Liebe am härtesten ist, da gehe hin, und was die Welt wegwirft, deß nimm dich an, und was sie thut, das thue du nicht. Wandle der Welt in allen Dingen zuwider: so kömmst du den nächsten Weg zu ihr.

36. Der Jünger fragte ferner den Meister: Wo fähret die Seele denn hin, wann der Leib stirbet, sie sei selig oder verdammt?

Der Meister sprach: Sie darf keines Ausfahrens, sondern das äußerliche, tödtliche Leben samt dem Leibe scheiden sich nur von ihr. Sie hat Himmel und Hölle zuvor in sich, wie geschrieben stehet: Das Reich Gottes kommt nicht mit äußerlichen Gebärden, man wird auch nicht sagen: siehe, hie oder da ist es; denn sehet, das Reich Gottes ist inwendig in euch. Welches in ihr offenbar wird, entweder der Himmel oder die Hölle, darinnen stehet sie.«

Vergleiche hierzu Whitman: »Es wird nie mehr Himmel oder Hölle geben als es jetzt gibt.«

»44. Der Jünger sprach: Was ist denn der Leib eines Menschen?

Der Meister sprach: Er ist die sichtbare Welt, ein Bild und Wesen alles dessen, was die Welt ist. Und die sichtbare Welt ist eine Offenbarung der innern geistlichen Welt, aus dem ewigen Lichte und aus der ewigen Finsternis, aus dem geistlichen Gewirke; und ist ein Gegenwurf der Ewigkeit, mit dem sich die Ewigkeit hat sichtbar gemacht, da eigner Wille und gelassener Wille unter einander wirket, als Böses und Gutes. Ein solches Wesen ist auch der äußere Mensch; denn Gott schuf den äußern Menschen aus der äußern Welt, und blies ihm die innere geistliche Welt zu einer Seele und verständigem Leben ein. Darum kann die Seele in der äußern Welt Wesen Böses und Gutes annehmen und wirken.«

Vergleiche hierzu die folgenden Zeilen aus Whitmans *Grashalmen:* »So treu, wie die Typen, die der Setzer setzt, ihren Abdruck prägen, die Bedeutung, den wesentlichen Sinn, / Genau so treu prägt eines Mannes Wesen und Leben oder eines Weibes Wesen und Leben sich in Leib und Seele aus, / einerlei, ob vor oder nach dem Tode. / Siehe, der Leib enthält und ist das Wesentliche, das Hauptanliegen, und enthält und ist die Seele; / Wer du auch seist, wie herrlich und göttlich ist dein Leib oder irgendein Teil von ihm!«

»45. Der Jünger sprach: Was wird denn nach dieser Welt sein, wann das Alles vergehet?

Der Meister sprach: Es höret nur das materialische Wesen auf, als die vier Elemente, die Sonne, Mond, und Sterne. Alsdann wird die innere geistliche Welt ganz sichtbar und offenbar; was aber in dieser Zeit ist durch den Geist gewirket worden, es sei böse oder gut, da wird sich ein jedes Werk geistlicher Art nach, entweder in das Licht oder in die Finsternis scheiden. Denn was aus jedem Willen geboren ist, das dringet wieder in seine Gleichheit ein. Und da wird die Finsternis die Hölle genannt, als eine ewige Vergessung alles Guten, und das Licht wird das Reich Gottes genannt, als ein ewiges Lob der Heiligen, daß sie sind von falscher Pein erlöset worden.«

Zusammenfassend wäre zu sagen: Jakob Böhmes Schriften und eigene Schilderungen seiner Erleuchtungen lassen keinen Zweifel daran, daß er zum kosmischen Bewußtsein durchbrach. Er erfüllt nahezu alle Kriterien, die wir in diesem Buch versuchsweise aufgestellt haben, so die Erfahrung des inneren Lichts; die bemerkenswerte Intensivierung aller Verstandeskräfte; die Begeisterung; die Gewißheit, unsterblich zu sein; das Schwinden der Todesfurcht; die Plötzlichkeit des Erwachens zum neuen Leben. Schließlich war er um die Zeit seiner Erleuchtung im typischen Alter – nämlich fünfunddreißig Jahre.

Blaise Pascal
(1623–1662)

Blaise Pascal, am 19. Juni 1623 geboren, war ähnlich wie Bacon als Kind, Knabe und junger Mann ganz außergewöhnlich frühreif. Obwohl die Eltern seine ungestüme geistige Entwicklung zu mäßigen suchten, soll er schon im Alter von zehn Jahren eine Theorie der Akustik aufgestellt haben, die ihrer Zeit weit voraus war. Als Zwölfjähriger entwickelte er eine eigene Geometrie, und mit fünfzehn verfaßte er eine Abhandlung über den Kegelschnitt, von der Descartes nicht glauben wollte, daß sie einem so jungen Hirn entsprungen sein sollte.

Pascal war zeit seines Lebens von zarter und schwächlicher Gesundheit. Obwohl er die geselligen Vergnügungen und Zerstreuungen seiner Zeit und seines Landes sehr schätzte, scheint er ein durch und durch moralischer Mensch gewesen zu sein. Zahlreiche Episoden in seinem Leben beweisen, daß er in einem ganz ungewöhnlich hohen Maße jenen tiefen Lebensernst und jene unbedingte Integrität besaß, die eine der Grundvoraussetzungen des neuen Bewußtseins zu sein scheinen.

Im November 1654 geschah etwas, das Pascals damals einunddreißigeinhalbjähriges Leben von Grund auf änderte. Von diesem Zeitpunkt an sagte er der Welt praktisch Lebewohl, um sich bis zu seinem Tode nur noch der religiösen Betrachtung und karitativen Zielen zu widmen. Über die Abgeschiedenheit dieser seiner zweiten Lebenshälfte besitzen wir bedauerlicherweise nur sehr spärliche Berichte.

Pascal war immer schon ein überaus gescheiter Mann gewesen, doch besteht kein Zweifel daran, daß seine geistige Kraft und Spannweite nach dem erwähnten November 1654 noch eine bemerkenswerte Steigerung erfuhren. Das bezeugen seine 1655 begonnenen *Lettres Provinciales* wie auch die späteren *Pensées* – beides Werke, deren Niederschrift vor 1654 wahrscheinlich undenkbar gewesen wäre.

Einige Tage nach Pascals Tod entdeckte sein Diener durch Zufall etwas Festes im Futter seines Anzugs. Der Mann riß die Futternaht auf und brachte ein gefaltetes Pergament zum

Vorschein, das einen ebenfalls gefalteten Papierbogen enthielt. Auf beiden – Pergament wie Papier –, fanden sich von Pascals Hand die weiter unten wiedergegebenen Zeilen. Der Diener übergab die Dokumente Pascals Schwester, Madame Périer, die sie einigen Freunden zeigte. Man stimmte allseits überein, daß diese mit so großer Sorgfalt in doppelter Ausfertigung niedergeschriebenen und eigenhändig in das Rockfutter eingenähten Worte für Pascal selbst von ganz tiefer Bedeutung gewesen sein mußten. Das Pergament ist verlorengegangen, aber das Papier mit Pascals Schriftzügen ist uns erhalten geblieben und befindet sich heute in der Bibiliothèque Nationale in Paris. Condorcet nannte das Dokument »Pascals mystisches Amulett«.

In seinem *L'Amulette de Pascal*[51] bringt F. Lelut den Originaltext in seiner ursprünglichen Anordnung:

L'an de grace 1654
Lundy 23e novbre jour de St Clement
Pape et m. et autres au martirologe Romain
veille de St. Crisogone m. et autres, etc. . . .
Depuis environ dix heures et demi du soir
jusques environ minuit et demi.

__________FEU__________

Dieu d'Abraham. Dieu d'Isaac. Dieu de Jacob
non des philosophes et des savans
Certitude joye certitude, sentiment, veue joye paix.
Dieu de Jésus christ
Deum meum et Deum vestrum
Jeh. 20. 17.
Ton Dieu sera mon Dieu. Ruth.
Oubly du monde et de tout hormis Dieu
Il ne se trouve que par les voyes enseignées
dans l'Evangile. Grandeur de l'ame humaine.
Père juste, le monde ne t'a point
connu. mais je t'ai connu. Jeh. 17
Joye, joye, joye, et pleurs de joye ______
Je m'en suis separé ______
Dereliquerunt me fontem aquæ vivæ ______
mon Dieu me quitterez vous ______
que je n'en sois pas separé éternellement.

Cette est la vie éternelle qu'ils te connaissent
Seul vray Dieu et celuy que tu as envoyé
Jésus christ ______
Jésus christ ______
Je m'en suis separé je l'ay fuy renoncé, crucifé,
que je n'en sois jamais separé ______
Il ne se conserve que par les voyes ensignées
dans l'Evangile
Renonciation totaie et douce ______
Soûmission totale à Jésus christ **et à mon** Directeur.
éternellement en joye pour un jour d'exercice sur la terre
non obliviscar sermones tuos. Amen.

[51] F. Lelut: *L'Amulette de Pascal*, Bailliere, Paris 1846.

Das heißt zu deutsch: »Im Jahre der Gnade 1654, Montag 23. November, am Tage St. Clemens, des Papstes und Märtyrers und anderer Märtyrer. Am Vorabend des Tages des heiligen Chrysogonus, des Märtyrers und anderer. Von etwa halb elf Uhr abends bis halb ein Uhr nachts – FEUER. Gott Abrahams, Gott Isaaks, Gott Jakobs. Nicht der Gott der Philosophen und Gelehrten. Gewißheit, Gewißheit. Gefühl. Freude. Friede. Gott Jesu Christi, mein Gott und euer Gott. Dein Gott wird mein Gott sein. Vergessen der Welt und aller Dinge, außer Gott. Er ist nur auf den Wegen zu finden, die im Evangelium gelehrt sind. Erhabenheit der menschlichen Seele. Gerechter Vater, die Welt hat dich nicht gekannt. Aber ich habe dich gekannt. Freude, Freude, Freude, Tränen der Freude. Ich hatte mich von dir getrennt. Ich war verlassen, ich eine Quelle der Ströme lebendigen Wassers. Mein Gott, wirst du mich verlassen? Möge ich nicht ewig von ihm geschieden sein. Das ist das ewige Leben, daß sie dich, der du allein wahrer Gott bist und ihn, den du gesandt hast, Jesus Christus, Jesus Christus erkennen. Ich hatte mich von ihm abgewandt, ich war ihm entflohen, ich hatte ihn verleugnet, ich hatte ihn gekreuzigt. Möge ich nie von ihm geschieden sein. Er bleibt nur denen erhalten, die auf den Wegen wandeln, die das Evangelium anweist. Völlige süße Entsagung. Völlige Unterwerfung. Ergebenheit Jesu Christo und meinem Führer gegenüber. Unendliche Freude über einen jeden Prüfungstag auf Erden. Ich werde nicht vergessen, was du mich gelehrt hast. Amen.«

Wer den vorliegenden Band soweit gelesen hat, wird hinsichtlich der Bedeutung dieser Worte kaum einen Zweifel haben.

Das innere Licht war in Pascals Fall offensichtlich sehr intensiv. Unmittelbar darauf brechen die Gefühle durch: Befreiung, Erlösung, Freude, tiefe Dankbarkeit. Es folgt die Einsicht, wie groß doch die menschliche Seele ist und gleich darauf das Entzücken über die Gegenwart Gottes. Pascal wirft einen Blick zurück und erkennt, wie müßig sein bisheriges Leben und alle seine Ambitionen doch gewesen sind. Dann wird er seiner gegenwärtigen Versöhnung mit dem Kosmos inne und sieht, daß sein restliches Leben nur Freude sein kann.

Die Worte des Amuletts, die Sorgfalt, mit der das Geheimnis aufbewahrt und gehütet wurde, Pascals moralische Integrität schon vor jenem entscheidenden November 1654, dann dieser Wendepunkt selbst, sein Alter zu jenem Zeitpunkt, der radikale Wandel in seiner Lebensführung, die frohe Gewißheit und die tiefe Vergeistigung, die von dieser Zeit bis ans Ende seiner Tage anhalten sollten – vor allem aber das innere Licht selbst, von dem er in dem oben wiedergegebenen Dokument Kunde gibt und das in seinem Fall außergewöhnlich intensiv und anhaltend gewesen zu sein scheint – das alles läßt es dem Verfasser zur Gewißheit werden, daß Pascal das kosmische Bewußtsein besaß. Wie Jesus, Paulus, Blake und andere, so hat man natürlich auch Pascal für wahnsinnig erklären wollen. Der Verdacht ist absurd. Der Text des Amuletts scheint unmittelbar nach der Erleuchtung zu Papier gebracht worden zu sein. Er ist klar, obwohl er etwas zerrissen anmuten mag. Er bekundet Freude, Sieg, Licht, alles andere also als eine geistige Eintrübung oder gar Krankheit. Der Mann, der ihn niederschrieb, war nicht wirr. Ihm hatte sich nur eben der Himmel aufgetan. So einfach ist das.

Benedict Spinoza
(1632–1677)

Am 24. November 1632 in Amsterdam geboren, war Spinoza wie sein aus Portugal eingewanderter Vater Jude, bis er als Vierundzwanzigjähriger »aus dem Gemeinwesen Israel in aller Feierlichkeit ausgestoßen«[52] wurde. Er war ein hervorragender Latinist und ein begeisterter Anhänger Descartes', von dessen Philosophie er sich allerdings nach den fünf Jahren konzentrierten Denkens und Studierens, die seiner Exkommunikation folgten, lossagte. Hier ist nicht der Ort, Spinozas Größe zu feiern, die man bei gebildeten Menschen als bekannt voraussetzen darf.

Wenigen Denkern der Neuzeit ist soviel Bestätigung zuteil geworden durch die Anhängerschaft so vieler großer Männer. So zählte auch Goethe zu Spinozas Verehrern, Coleridge, Novalis, Hegel, Lessing, Herder, Schelling, Schleiermacher und viele andere. In seiner Spinoza-Biographie bezeichnet Sir Frederick Pollock den großen Denker als den »Begründer der modernen Philosophie«[53].

Daß Spinoza den kosmischen Sinn besaß, läßt sich nicht nachweisen, wie es sich etwa bei St. Johann vom Kreuz nachweisen ließ; wir besitzen keine Detailangaben über seine Erleuchtung. So müssen wir uns damit begnügen, darzutun, was wir wissen und es dem Leser selbst überlassen, sich ein Urteil zu bilden. Wir werden zuerst einen Blick auf die Natur seiner philosophischen Lehre werfen, um uns dann seinen persönlichen Lebensumständen zuzuwenden. Wir werden sehen, daß beides fast unausweichlich zu den gleichen Schlüssen führt. So kann Spinoza es z. B. nicht zulassen, daß »der Sünde und dem Bösen irgendeine tatsächliche Realität zukommt, geschweige denn, daß irgend etwas gegen Gottes Willen geschieht. Nein, es ist nur eine ungenaue und menschliche

[52] »Spinoza« in: *Encyclopedia Britannica,* op. cit., Bd. XXII.
[53] Sir Frederick Pollock: *Spinoza's Life and Philosophy,* Duckworth & Co., London 1899.

Redeweise, zu sagen, daß der Mensch gegen Gott sündigen oder ihn beleidigen kann«[54]. Und: »Göttliche Gesetze lenken das Weltall, die im Gegensatz zu Gesetzen, die der Mensch ersonnen hat, unwandelbar sind, unverletzbar und Selbstzweck, nicht Mittel zur Erreichung bestimmter Ziele. Die Gottesliebe ist das einzig wahre Gut des Menschen. Anderer Leidenschaften können wir uns entledigen, nicht aber der Liebe, denn aufgrund der Schwäche unserer Natur könnten wir nicht überdauern ohne die Freude an etwas, das uns durch die Möglichkeit, uns mit ihm zu vereinen, zu stärken vermag. Nur das Wissen um Gott befähigt uns, die schmerzlichen Leidenschaften zu bezwingen. Dies, als der Urquell allen Wissens, ist von allen Erkenntnissen die vollkommenste; und insofern alle Erkenntnis abgeleitet ist von der Gotteserkenntnis, ist es möglich, daß wir Gott besser kennen als uns selbst. Dieses Wissen wird schließlich zur Gottesliebe führen, die nichts anderes ist als die Vereinigung der Seele mit dem Herrn. *Die Vereinigung der Seele mit dem Herrn ist ihre zweite Geburt, und darin besteht die Unsterblichkeit und die Freiheit des Menschen.*«[55] Nimmt man diesen letzten Satz absolut, so ist unsere Frage klar beantwortet, denn die Vereinigung der Seele mit Gott ist Erleuchtung, ist Neugeburt, und in ihr ist die Unsterblichkeit und die Freiheit des Menschen begründet.

Ein weiteres Zitat: »Liebe zu etwas Ewigem und Unendlichem nährt den Sinn mit reiner Freude und ist von Kummer gänzlich frei; das muß mit Macht gewünscht und mit Fleiß erstrebt werden[56].« Das ist nichts anderes als der Glanz Brahmas – jenes Frohlocken, das Whitman, Carpenter, St. Johann vom Kreuz und all die übrigen nie genug preisen konnten. An anderer Stelle legt Spinoza dar, daß das höchste Gut darin besteht, mit einem bestimmten Wesen begabt zu sein. »Wie dieses Wesen beschaffen ist, werden wir an geeigneter Stelle darlegen – insbesondere, daß es in der Kenntnis jener Vereinigung besteht, die der Geist mit der Gesamtheit der Natur eingeht[57].« Ein solches Wissen aber kann nur dem Erleuchteten zugänglich sein, während es andererseits alle diejenigen besitzen, die den Durchbruch zum kosmischen Bewußtsein erfahren haben. Statt also auf dem üblichen Wege eine kunstreiche Erklärung für die Entsprechung zweier scheinbar so

[54] Ibid., S. 47.
[55] Ibid., S. 86.
[56] Ibid., S. 116.
[57] Ibid., S. 118.

unterschiedlicher Bereiche zu suchen, wie sie Körper und Geist darstellen, verkündet Spinoza kühn, daß »sie ein und dasselbe sind und sich nur als Aspekt unterscheiden«[58, 59].

In dieselbe Richtung weist die Tatsache, daß Spinoza die verschiedenen Arten unseres Erkennens wiederholt in einer Weise klassifiziert, daß am Ende kein Weg mehr um jene Kategorie herumführt, die wir in dieser Untersuchung als »Intuition« bezeichnen und die dem kosmischen Bewußtsein und nur ihm eigen ist. So schreibt er etwa: »Wir können lernen 1) aufgrund von Hörensagen oder durch Vermittlung einer Autorität; 2) durch Erfahrung; 3) durch Nachdenken; 4) durch unmittelbare und vollständige Wahrnehmung[60].« Und er schreibt ferner, daß dieser letzte Modus des Lernens »von einer angemessenen Vorstellung von der absoluten Natur einer bestimmten Eigenschaft Gottes fortschreitet zu einem angemessenen Wissen um die Natur der Dinge«. Das heißt, daß der Mensch in eine bewußte Beziehung zu Gott tritt (in der Erleuchtung), und daß er durch diesen Kontakt – so weit er reicht –, zu einem angemessenen Wissen »um die Natur der Dinge« gelangt. Es ist sehr fraglich, ob ein lediglich ichbewußter Mensch sich dieser Sprache bedient haben würde, denn einem solchen Menschen scheint nichts absurder als ein auf bloßer Intuition beruhendes Wissen, und doch ist nichts gewisser, als daß Kenntnisse der erwähnten Art nur so erlangt werden können.

Ebenso charakteristisch ist das folgende Zitat: »Gott zu erkennen – in anderen Worten: um die Ordnung der Natur zu wissen und das Weltall als geordnet zu betrachten –, ist die höchste Funktion des Geistes; und die Erkenntnis als die vollkommene Form der normalen Geistestätigkeit ist um ihrer selbst willen gut und nicht als Mittel.«[61] Meint Spinoza hier dasselbe wie Balzac, wenn dieser vom Sehertum sagte, daß es allein »Gott erklären könne«, dann war Spinoza ein Seher. Und wenn er sagt, daß »klares und deutliches Wissen der intuitiven Art Liebe zu einem unwandelbaren, ewigen und doch für uns wahrlich erreichbaren Wesen mit sich bringt«,[62] dann verweist er damit auf seinen eigenen Durchbruch zum kosmischen Bewußtsein, von dem er sagt, daß es für alle erreichbar sei.

---

[58] Ibid., S. 180.

[59] Man vergleiche Whitman: »Wünschte jemand die Seele zu sehen? So sehe er doch seine eigene Gestalt, sein Antlitz etc. ...«

[60] Ibid., S. 119, 188.

[61] Ibid., S. 241.

[62] Ibid., S. 268.

Bezeichnend ist auch der folgende Passus: »In aller exakten Erkenntnis erkennt der Geist sich selbst in Gestalt der Ewigkeit; das heißt, er ist in jedem solchen Erkenntnisakt ewig und weiß, daß er ewig ist. Diese Ewigkeit ist kein Fortdauern in der Zeit nach der Auflösung des Körpers, und sie ist ebensowenig eine Existenz vor der Zeit, denn sie ist mit der Zeit überhaupt nicht vereinbar. Und mit ihr verbunden ist eine Verfassung oder eine Qualität der Vollendung, die man die *intellektuelle Gottesliebe* nennt.«[63] Wie Whitman, so lehrt auch Spinoza, daß es »in Wahrheit kein Böses« gibt. Er sagt: »Die Vollkommenheit der Dinge ist nur aufgrund ihrer eigenen Natur und Macht zu würdigen; und die Dinge sind nicht deshalb mehr oder weniger vollkommen, weil sie den sinnlichen Menschen erfreuen oder demütigen; oder weil sie der Natur des Menschen entgegenkommen oder zuwider sind. Fragt jemand, warum Gott nicht alle Menschen in der Weise geschaffen hat, daß sie allein vom Verstand her geleitet werden, so antworte ich nur dieses: Weil es ihm nicht an Stoff gebrach, alles zu erschaffen, vom höchsten Grad der Vollendung bis zum niedersten. Oder präziser: weil die Gesetze seiner eigenen Natur extensiv genug waren, alles zu erschaffen, das ein unendliches Verständnis zu erdenken vermag.«[64] Wie Pollock bemerkt, ist dies »ein hypothetisch unendlicher Geist, der vom unendlichen Intellekt zu unterscheiden wäre, dem wir als einer der spontanen Gottesschöpfungen begegnet sind«.[65]

Schließlich meint Spinoza in dem folgenden Passus zusammenfassend: »Ich bin fertig mit allem, was ich hinsichtlich der Macht des Geistes über die Emotionen und hinsichtlich seiner Freiheit erklären wollte. Aus dem Gesagten ist ersichtlich, worin die Kraft des Wissenden besteht und um wie vieles er den nur von blindem Verlangen getriebenen Unwissenden überragt. Denn der Unwissende[66] ist nicht nur durch vielerlei äußere Reize erregbar, ohne je in den Genuß wahren Seelenfriedens zu kommen, sondern er lebt sozusagen auch ohne Kenntnis Gottes noch der Dinge, wie sie sind und hört auf zu sein, sobald er aufhört zu leiden. Der Wissende hingegen [der Mensch mit dem kosmischen Bewußtsein] läßt sich

---

[63] Ibid., S. 269.
[64] Ibid., S. 327.
[65] Ibid., S. 328.
[66] Der nur ichbewußte Mensch. Vergleiche Balzac oben und in *Louis Lambert,* wo er den menschlichen Geist ähnlich klassifiziert, wie es Spinoza hier unternimmt.

kaum je rühren in seinem Geist, hört – da er aufgrund einer gewissen ewigen Notwendigkeit seiner selbst, Gottes und der Dinge dieser Welt bewußt ist –, nie auf zu sein und erfreut sich eines wahren Seelenfriedens. Ist der Weg, der, wie ich gezeigt habe, dorthin führt [nämlich zum kosmischen Bewußtsein] auch sehr schwierig, so ist er nichtsdestoweniger auffindbar. Er muß in der Tat schwierig sein, da er so selten entdeckt wird. Denn läge die Erlösung griffbereit und ließe sie sich ohne allzu große Mühen entdecken, wie wäre es dann möglich, daß sie von kaum jemand beachtet wird? Aber alle erhabenen Dinge sind so schwierig, wie sie selten sind.«

Werfen wir abschließend noch einen Blick auf den Menschen Spinoza. John Colerus, der während Spinozas Aufenthalt in Den Haag in der Lutherischen Kirche jener Stadt Pastor war, hat ihn gut gekannt, und was folgt, entstammt weitgehend seinen in Sir Pollocks Spinoza-Biographie wiedergegebenen Schilderungen. Spinoza war laut Colerus »mittelgroß und hatte ein gut geschnittenes Gesicht, dunkle Haut, schwarzes, lockiges Haar, lange schwarze Wimpern, so daß man ihn eigentlich nur zu sehen brauchte um zu wissen, daß er portugiesisch-jüdischer Abstammung war. Hinsichtlich seiner Kleidung war er sehr nachlässig; sie war nicht besser als die des gemeinsten Bürgers«.[67]

»Tatsächlich war Spinoza sehr arm. Wie Thoreau, Whitman, Carpenter, Buddha, Jesus und zahlreiche andere Männer dieses besonderen Rangs schien er die Armut einem Leben im Wohlstand vorzuziehen. Er verdiente sich ein bescheidenes Auskommen mit dem Schleifen optischer Gläser. Von begüterten Leuten, die ihn kannten und schätzten, wurde ihm wiederholt Geld angeboten, doch lehnte er stets dankend ab, bis ein Freund, de Vries, von dem er gleichfalls nie Geld hatte annehmen wollen, im Sterben seinen Bruder und Erben beauftragte, Spinoza von seinem Vermögen einen angemessenen Unterhalt zu zahlen. Der Bruder wollte Spinoza eine jährliche Beihilfe von fünfhundert Florin zahlen, doch Spinoza weigerte sich, mehr als dreihundert anzunehmen.

Spinoza lebte so schlicht es eben ging. Er war nie verheiratet. Er lebte die meiste Zeit bei irgendwelchen Bekannten und zahlte Kost und Logis. Die übrige Zeit lebte er allein zur Miete, kaufte, was er brauchte und hielt sich abseits. Es ist kaum zu glauben, wie genügsam er stets war. Dabei war er keineswegs so mittellos, daß

[67] Ibid., S. 394.

er sich mehr nicht hätte leisten können, wenn dies sein Wunsch gewesen wäre. Er hatte genügend Freunde, die ihm finanzielle Unterstützung und überhaupt alle möglichen Hilfen anboten. Aber er war von Natur sehr anspruchslos, und er wollte nicht, daß andere dachten, er hätte – und sei es auch nur ausnahmsweise –, auf anderer Leute Kosten gelebt. Was ich über seine Genügsamkeit und sein Talent zum sparsamen Wirtschaften sage, geht aus verschiedenen kleinen Rechnungen hervor, die ich nach seinem Tod zwischen seinen Papieren fand. Sie deuten darauf hin, daß er einen ganzen Tag mit einer in Butter angesetzten Milchsuppe und einem Krug Bier auskommen konnte. Einen anderen Tag aß er nichts als Haferschleim mit Rosinen und Butter. Den Rechnungen zufolge gönnte er sich im Monat, wenn es hochkam, zwei Schoppen Wein, und obwohl er oft von Freunden zum Essen eingeladen wurde, lebte er lieber von dem wenigen, das er selbst zu Hause hatte, als sich auf Kosten anderer an einem reich gedeckten Tisch niederzulassen.«[68]

»Er war ein fesselnder und sehr gelöster Gesprächspartner. Er wußte seine Leidenschaften bewundernswert gut zu zügeln, und es kam nie vor, daß er sonderlich melancholisch oder besonders ausgelassen gewesen wäre. Er war sehr höflich und entgegenkommend und brachte immer Trost, wenn er sich – wie so oft in Krankheits- oder anderen Notfällen –, bei seiner Wirtin oder anderen Hausbewohnern zu einem Gespräch einfand. Oftmals ermahnte er die Kinder zum Kirchgang, wie er sie auch lehrte, ihren Eltern zu folgen und sie zu achten. Einmal wollte seine Wirtin von ihm wissen, ob sie in der Religion ihres Glaubensbekenntnisses eine Chance habe, gerettet zu werden. Er antwortete: ›Ihre Religion ist eine gute Religion. Sie brauchen sich nicht nach einer anderen umzutun noch daran zu zweifeln, daß Sie in ihr gerettet werden, vorausgesetzt Sie leben, während Sie sich um Frömmigkeit mühen, zugleich ein friedvolles und stilles Leben.‹

War er daheim, so fiel er niemand zur Last. Die meiste Zeit verbrachte er still in seinem eigenen Zimmer. Hatte er sich durch allzu angestrengte philosophische Betrachtungen ermüdet, so ging er gern hinunter, um sich zu erfrischen und mit den übrigen Hausbewohnern einen Schwatz zu halten, bei dem es um alles mögliche und selbst die läppischsten Kleinigkeiten gehen konnte. Hin und wieder rauchte er auch gern ein Pfeifchen.«[69]

[68] Ibid., S. 393.
[69] Ibid., S. 395.

Spinoza war nie von sonderlich robuster Gesundheit gewesen. »Die Schwindsucht hatte sich auf ihren heimtückischen Pfaden seit vielen Jahren in ihn hineingefressen, und Anfang 1677 muß ihm klargeworden sein, daß er ernsthaft krank war. Am Samstag, dem 20. Februar, ließ er in Amsterdam seinen Freund Dr. Meyer rufen. Ohne an eine unmittelbare Gefahr zu denken, gingen die Angehörigen der Familie, bei der er wohnte, tags darauf zum nachmittäglichen Gottesdienst. Als sie heimkehrten, war Spinoza nicht mehr. Er war gegen fünfzehn Uhr gestorben, und Meyer allein hatte seine letzten Augenblicke miterlebt.«[70] Zum Zeitpunkt seines Todes war Spinoza vierundvierzig Jahre und drei Monate alt.

Bleibt nur noch zu zeigen, daß Spinoza in seinen Lebensumständen und Schriften wie auch in der Art, wie die Welt ihn aufgenommen hat, denjenigen ganz nahesteht, mit denen wir ihn hier in Verbindung zu bringen suchen. »Die erste Reaktion auf seine Schriften war in Holland ein Sturm widersprüchlicher Entrüstung.«[71] Und der Mann, den Novalis als »gottverseucht« bezeichnet, wurde als »blasphemisch, atheistisch, verachtungsvoll« geschmäht, während seine Schriften als »Spinozas seelenvernichtende Werke« beschrieben wurden. Hundert Jahre nach seinem Tod wurden seine Werke kaum gelesen, doch finden sie seither immer mehr Bewunderer, und heute nimmt er als einer der großen geistigen Führer der Menschheit den Rang ein, der ihm zusteht.

---

[70] Ibid., S. 403.
[71] Ibid., S. 349.

Emanuel von Swedenborg
(1688–1772)

Auch unabhängig von der Erleuchtung war Swedenborg in der Geschichte des Geistes einer der ganz Großen – ein großer Denker, ein großer Schriftsteller, ein großer Wissenschaftler, ein großer Ingenieur. 1743, als er eben vierundfünfzig Jahre alt war, geschah etwas – in ihm ging eine Veränderung vor. Eine krankhafte Störung seiner Psyche scheint es nicht gewesen zu sein, denn ihm fehlte nichts. Er führte alle seine Freundschaften fort, mehrte sie sogar, und es gab in seiner näheren Umgebung niemand, der auf die Idee gekommen wäre, er könne irgendwie krank sein. Die Schilderung, die Swedenborg seinem Freund Robsahm von seiner Erleuchtung gab, ist außerordentlich charakteristisch. Er berichtet, daß Gott ihm erschienen sei und gesagt habe: »ICH BIN GOTT DER HERR, DER SCHÖPFER UND ERLÖSER DER WELT! ICH HABE DICH ERWÄHLT, DER WELT DEN TIEFEREN SINN DER HEILIGEN SCHRIFT ZU ENTDECKEN. ICH SELBST WERDE DIR DIKTIEREN, WAS DU SCHREIBEN WIRST.«[72]

Alle, die sich ernsthaft mit Swedenborgs Leben beschäftigt haben, stimmen darin überein, daß es sich bei der erwähnten Veränderung in Wahrheit um die Folge einer Erleuchtung handelt, daß Swedenborg auch abgesehen von seinen Himmels- und Höllenvisionen nach diesem Ereignis einen der Erkenntnisfähigkeit gewöhnlicher Menschen beträchtlich überlegenen, geistigen Durchblick besaß und daß er, auch wenn er ein Visionär war, »das höchst reale Leben eines x-beliebigen Zeitgenossen lebte«.[73]

Was Swedenborgs Visionen anbelangt, so kann man sagen, daß sie sich von denjenigen Blakes, Böhmes, Dantes und anderer grundsätzlich kaum unterschieden. Rufen wir uns in diesem Zusammenhang in Erinnerung, daß diese Menschen Dinge sehen,

---

[72] »Swedenborg«, in: *Encyclopedia Britannica*, op. cit.
[73] Ibid.

die wir nicht sehen – Dinge, die unsere Sprache nicht zu erfassen vermag. Wenn sie sich dann trotzdem dieser Sprache bedienen (wie sie es alle getan haben), um uns ihre Gesichte nahezubringen, so müssen wir ihre Worte unweigerlich anders verstehen als sie von ihnen gemeint sind. So allgemeinverständlich diese Repräsentanten eines höheren Bewußtseins sich auch immer auszudrücken versuchen – man denke an Jesus, Gautama, Paulus und all die anderen –, das Ergebnis ist stets Mißverständnis und Verwirrung. Nichtsdestoweniger und trotz allem vermögen diese Menschen uns etwas zu vermitteln, das bedeutsamer und wichtiger ist als alles, was gewöhnliche Wissenschaftler und Philosophen uns je bringen können.

Vieles deutet darauf hin, daß Swedenborg zu der Gruppe von Menschen gehört, um die es hier geht. »Er war nie verheiratet. Sein Auftreten war stets von großer Bescheidenheit und Umsicht. Seine Gewohnheiten waren schlicht; er lebte von Brot, Milch und Gemüse.«[74] »Er war ein Mensch, dem alle, mit denen er in Berührung kam, sogleich Achtung, Vertrauen und Zuneigung schenkten.«[75] ... »Obwohl viele, die mit ihm Umgang hatten, an seine Visionen nicht glaubten, achteten sie ihn doch zu sehr, um in seiner Anwesenheit daran zu rühren. Seine Botschaft ist im Grunde die Botschaft aller großen Seher: daß Gott in sich selbst unendliche Liebe ist, daß seine Manifestation, Gestalt oder Leib unendliche Weisheit ist, daß die göttliche Liebe das sich selbst ständig erneuernde Leben des Universums ist.«[76]

Von der Norm dieser Fälle hebt Swedenborg sich vor allem durch das Alter (fünfundvierzig Jahre) ab, in dem er den Durchbruch zum kosmischen Bewußtsein erlebt hat. Es mutet geradezu unwahrscheinlich an, daß ein Mensch fähig ist, bis in dieses Alter hinein zu wachsen.

---

[74] Ibid.
[75] Ibid.
[76] Ibid.

William Blake
(1757–1827)

»Wenn Jesus Christus der größte Mensch ist, solltest du ihn im höchsten Maße lieben. Nun höre, wie er das Gesetz der zehn Gebote anerkannt hat. Spottete er nicht des Sabbats und damit des Sabbatgottes? Mordete er nicht die, die seinetwegen gemordet wurden? Wandte er nicht das Gesetz von dem Weibe ab, das beim Ehebruch betroffen wurde? Stahl er nicht die Arbeit anderer zu seinem Unterhalt? Legte er nicht falsches Zeugnis ab, als er es unterließ, sich vor Pilatus zu verteidigen? Ließ er sich nicht gelüsten, als er für seine Jünger betete und als er sie hieß, den Staub von ihren Füßen gegen die zu schütteln, die sich weigerten, sie zu beherbergen? Ich sage dir, es kann keine Tugend geben, ohne daß diese zehn Gebote gebrochen werden. Jesus war ganz Tugend und handelte aus innerem Antrieb, nicht nach Regeln.« (William Blake, »Die Hochzeit von Himmel und Hölle«)

Obwohl sich nirgends in William Blakes Schriften ein Hinweis auf eine erfahrene Erleuchtung findet, deutet in den Grundgedanken seiner Dichtung und Philosophie doch vieles darauf hin, daß er das kosmische Bewußtsein besaß. Wenn das so war, dann dürfte er den Durchbruch Anfang dreißig erlebt haben. Auch ist anzunehmen, daß er genau dieses neue Bewußtsein im Sinn hatte, wenn er immer wieder von der »Imaginativen Vision« sprach.

In seiner Einführung zu *The Poetical Works of William Blake*[77] bringt W. M. Rossetti eine lebhafte Schilderung des Lebens und eine fundierte Würdigung der Fähigkeiten, aber auch der Mängel dieses Dichters. Die im folgenden wiedergegebenen Auszüge sind im Zusammenhang mit unserer Frage, ob Blake das

---

[77] In: Gilchrist, Alexander: *Life of William Blake,* Macmillan & Co., London and Cambridge 1863, Bd. I

kosmische Bewußtsein besessen hat oder nicht, außerordentlich aufschlußreich:

»Die Schwierigkeiten, die sich nach 1863 – dem Erscheinungsdatum des Gilchrist-Buchs – einem Blake-Biographen stellen, sind ganz anderer Natur. Das Problem ist, Blakes außergewöhnlichen Anspruch auf Bewunderung und Ehrerbietung klar genug herauszustellen, ohne jene anderen Züge zu vernachlässigen, die deutlich ins Licht gerückt werden müssen, wollen wir von dem Menschen Blake überhaupt eine brauchbare Vorstellung gewinnen – von seiner totalen Andersartigkeit im Verhältnis zu seinen Zeitgenossen, von seinem verblüffenden Genie und seinem bewundernswerten Schaffen in zwei Kunstgattungen, von den geistigen Höhen, durch die er andere Menschen transzendierte und von seiner immer wieder bekundeten Unfähigkeit, gerade die Dinge zu tun, die für andere überhaupt kein Problem waren. Er konnte unendlich viel mehr als sie, aber er konnte selten dasselbe. Kraft eines unbekannten Prozesses hatte er sich auf einen wolkenverhangenen Berggipfel emporgeschwungen, während die anderen im Tal dahinkrochen: Aber die Mittelstation des Berges zu erreichen war etwas, das sie Schritt für Schritt ohne weiteres bewerkstelligen konnten, während die gewöhnliche Leistung für Blake ein Ding der Unmöglichkeit war. Er konnte und er wollte sie nicht bringen; das Fehlen der Bereitschaft, oder vielmehr die äußerste Entfremdung von ihr, die Entschlossenheit, zu fliegen (was ihm natürlich vorkam), und nicht zu laufen (was unnatürlich und abstoßend war), war ihm wichtiger als jeder Machtwille ...«[78]

»Ergriffen von einer leidenschaftlichen Sehnsucht, verwirklichte er schon auf dieser Erde und in seinem sterblichen Leib eine Art Nirvana: seine ganze schöpferische Kraft, seine ganze Persönlichkeit, das Innerste seines Geistes und Wesens strebte nach einem Eingehen in sein höchstes Ideal – in das, was Dante als ›il Ben dell' intelletto‹ bezeichnet ...«[79]

In der Tatsache, daß Blake sich weit über die noch ganz vom Ich beherrschte Menschheit emporschwang, doch zahlreiche Dinge, die diese klar sah und mühelos leistete, nicht zu sehen und nicht zu tun vermochte, sehen wir eine Verwandschaft zwischen ihm und den großen Erleuchteten, für die ganz sicher dasselbe gilt. In den

---

[78] Ibid., S. 9.
[79] Ibid., S. 11.

Dingen dieser Welt waren sie nahezu alle wie kleine Kinder, während sie im Geistigen wie Götter waren. Man denke nur an Balzac, der in Ermangelung eines brauchbaren Geschäftssinns immer mehr Schulden anhäufte und sich, um sie abzuzahlen, jahrelang vergebens mühte, während sein Genie noch ausgereicht hätte, ein ganzes Regiment Rothschilds auszustaffieren. Bacon beschenkte die Menschheit mit geistigen Gaben von unschätzbarem Wert, aber so günstig seine Ausgangsposition in mancherlei Hinsicht war (Herkunft, Stellung bei Hof, einflußreiche Freunde), so kämpfte er doch jahrelang um einen Platz in der ichbewußten Welt, und als er ihn endlich errungen hatte, konnte er ihn nicht halten. Buddha, Jesus, Paulus, St. Johann vom Kreuz, Böhme und Whitman waren klug: sie erkannten, daß der kosmische Sinn der einzige Schatz war, um den zu kämpfen sich lohnt und sahen die Ziele der ichbewußten Welt in einer entsprechend untergeordneten Stellung.

»William Blakes Schulbildung hätte dürftiger kaum sein können«, fährt Rossetti in seiner oben zitierten Einführung fort. »Sie beschränkte sich auf Lesen und Schreiben. Arithmetik könnte auch dazu gehört haben, ist aber nicht belegt, und es steht zu vermuten, daß seine Fähigkeiten, sich den Wissensstoff dieses Fachs anzueignen, weit unter dem Durchschnitt lagen.«[80]

Blake selbst sagt zu diesem Punkt:

> »Schulbildung ist sinnlos, ich halte sie für verfehlt. Sie ist eine große Sünde; sie ist vom Baum der Erkenntnis von Gut und Böse essen. Das war Platos Fehler. Er kannte nichts als Tugenden und Laster, Gut und Böse. All das ist völlig bedeutungslos. In Gottes Augen ist alles gut.«

Im Vorwort zu seinem »Jerusalem« erwähnt Blake, daß diese Dichtung ihm »diktiert« worden sei. Andere Aussagen im selben Zusammenhang machen deutlich, daß es sich bei diesem Werk für ihn mehr um eine Offenbarung handelte, die er schreibend vermittelt hatte, als um ein Erzeugnis seiner eigenen Erfindungsgabe und gestaltenden Kraft. Blake betrachtete dieses »Jerusalem« als »die größte, in dieser Welt enthaltene Dichtung« und setzte hinzu: »Ich darf sie rühmen, da ich nicht wagen würde, mich als etwas anderes als der Sekretär auszugeben – die Autoren sind in

---

[80] Ibid., S. 14.

der Ewigkeit.« In einem früheren Brief (vom 25. April 1803) hatte er gesagt: »Ich habe diese Dichtung nach einem unmittelbaren Diktat niedergeschrieben, zwölf, oder manchmal auch zwanzig, dreißig Zeilen auf einen Schlag, ohne jedwede Vorbereitung und sogar gegen meinen Willen.«[81]

So oder ähnlich haben sich alle geäußert, die zum kosmischen Bewußtsein erwacht sind. Es ist nicht »ich«, der sichtbare Mensch, der spricht, sondern – wie Jesus sagt – »... was ich rede, das rede ich also, wie mir der Vater gesagt hat« (Joh. 12, 50) oder, wie Paulus schreibt: »Denn ich wollte nicht wagen, etwas zu reden, wo dasselbe Christus nicht durch mich wirkte ...« (Römer 15, 18)

Blake war Christ, aber nach seiner eigenen Fasson. In den letzten vierzig Jahren seines Lebens hat er keine einzige Kirche betreten. Er glaubte an Gott, aber er glaubte auch an die Göttlichkeit aller Menschen. »Jesus Christus«, sagte er in einem Gespräch mit einem Herrn Robinson, »ist der einzige Gott. Das gleiche gilt für mich, und für Sie.«

Mehr oder weniger stillschweigend scheint Blake auch an die Unsterblichkeit geglaubt zu haben. Als er hörte, daß sein Freund Flaxman gestorben war, meinte er: »Ich kann im Tod nicht mehr sehen als den Wechsel vom einen Raum in einen anderen.« Und in einer seiner Schriften heißt es: »Die Welt der Imagination ist die Welt der Ewigkeit. Sie ist der göttliche Schoß, in den wir nach dem Tod des vegetierenden Körpers alle eingehen werden.« In Wahrheit ist seine Haltung dem Tod gegenüber die gleiche wie die aller übrigen Erleuchteten. Er glaubt nicht an ›ein anderes Leben‹. Er denkt nicht, daß er unsterblich sein wird. Er lebt bereits das ewig Leben.[82]

Rossetti schreibt weiter:

»Daß er (Blake) im Ganzen ein im besten Sinne glücklicher Mensch war, ist, bedenkt man all die schweren Prüfungen und Schicksalsschläge, einer der vornehmsten Beweise zu seinem Ruhm. ›Fragte man mich‹, schreibt Mr. Palmer, ›ob ich unter den Intellektuellen je einen glücklichen Menschen angetroffen hätte, so wäre Blake der einzige, der mir sofort in den Sinn käme.‹ Visionäre und ideelle Strebungen, wie man sie sich mächtiger kaum vorstellen kann; ein imaginatives Leben, das das leibliche und gesellschaftliche Leben völlig beherrscht und nahezu verschluckt; und eine kindliche Schlichtheit der persönlichen Charakterstruk-

[81] Ibid., S. 41.
[82] Ibid., S. 79.

tur, frei von Eigennutz und von jedweden Verhaltenszwängen gänzlich unberührt, obwohl gewöhnlich von noblen Gefühlen und einem resoluten Pflichtbewußtsein gelenkt und kontrolliert – das sind die Hauptzüge, die sich in Blakes gesamter Laufbahn nachzeichnen lassen und denen wir in seinem Leben und Tod, in seinen Schriften und Kupferstichen immer wieder begegnen. Das ist es, was ihn als Menschen so außerordentlich liebens- und bewundernswert macht und das seinen Werken, vor allem seinen Dichtungen, einen so beglückenden Charme verleiht. Wir spüren, daß er wahrlich Teil des Himmelreichs ist: über dem Firmament führt seine Seele Gespräche mit Erzengeln; auf Erden ist er wie das kleine Kind, das Jesus ›in ihre Mitte setzte‹.«[83]

Blakes Tod war so nobel und charakteristisch wie sein Leben. Gilchrist schildert ihn in seiner Blake-Biographie:

»Seine Krankheit war nicht heftig, sondern ein sanftes und mähliches Schwinden seiner physischen Kraft, was seinen Geist in keiner Weise beeinträchtigte. Das rasche Ende war unvorhergesehen für seine Freunde. Es kam am Sonntag, dem 12. August 1827, rund drei Monate vor Vollendung seines siebzigsten Lebensjahres. Dank einer Schilderung seiner Witwe wissen wir, daß er seinem Schöpfer am Tage seines Todes Lieder komponierte und vortrug, die dem Ohr seiner Katharina so lieblich klangen, daß er sie, als sie näher trat, um zuzuhören, mit großer Zärtlichkeit anschaute und sagte: ›Die sind nicht von mir, Liebste – *nein*, die sind nicht von mir!‹ Er erklärte ihr, daß es zu keiner Trennung kommen werde; daß er immer um sie sein werde, um für sie zu sorgen. Den frommen Gesängen folgte am Spätnachmittag gegen sechs Uhr ein ruhiges und schmerzloses Vergehen des Atems; der genaue Augenblick nahezu unbemerkt von seiner Frau, die neben ihm saß. Die einzige andere Zeugin des Dahinscheidens, eine brave Nachbarsfrau, sagte später: ›Ich war zugegen bei dem Tod nicht eines Menschen, sondern eines gesegneten Engels . . .‹«[84]

Abschließend seien aus Blakes Schriften einige Passagen wiedergegeben, die unsere Annahme, daß auch er das kosmische Bewußtsein besaß, zu erhärten scheinen.

Alle folgenden Zitate sind dem zweiten Band von Alexander Gilchrists *Life of William Blake*[85] entnommen.

---

[83] Ibid., S. 70.
[84] Ibid., S. 360–367.
[85] Gilchrist, Alexander: *Life of William Blake*, op. cit., Bd. II.

»Die Welt der Imagination ist die Welt der Ewigkeit. Sie ist der göttliche Schoß, in den wir nach dem Tod des vegetierenden Leibes alle eingehen werden. Diese Welt der Imagination ist unendlich und ewig, während die Welt des Zeugens, des Vegetierens endlich und zeitbedingt ist. Es gibt in jener ewigen Welt die zeitlosen Realitäten von allem, das wir in diesem pflanzlichen Spiegel der Natur reflektiert sehen.«[86]

Die »Welt der Imagination« oder »das imaginative Sehen« ist offenbar Blakes Bezeichnung für das kosmische Bewußtsein. Zu diesem Zitat vergleiche man Whitmans: »Ich könnte jetzt schwören, daß alles ausnahmslos eine ewige Seele besitzt! Die Bäume haben in der Erde Wurzeln geschlagen! So auch die Seepflanzen! Die Tiere!«

»Wir sind in einer Welt des Werdens und Sterbens, und diese Welt müssen wir abschütteln, wenn wir Künstler wie Raffael, Michelangelo und die Bildhauer der Antike werden wollen. Schütteln wir sie nicht ab, so können wir nur venezianischen Malern gleich werden, die die Kunst abschütteln und vergessen wird.«[87]

Die Welt des Werdens und Sterbens ist die vom Ichbewußtsein beherrschte Welt. Balzac sagt: »Der (ichbewußte) Mensch beurteilt alles nach seinen abstrakten Begriffen: das Gute, das Böse, die Tugend, das Laster. Er wägt nach seinen Formeln des Rechts, seine Gerechtigkeit ist blind; die Gerechtigkeit Gottes aber [d. h. des kosmischen Bewußtseins] ist sehend – das ist der entscheidende Unterschied.« *(Louis Lambert)*

»Der Spieler ist ein Lügner, wenn er sagt: Engel sind glücklicher als Menschen, weil sie besser sind! Engel sind glücklicher als Menschen und Teufel, weil sie einander nicht ständig auf Gut und Böse belauern und zu Satans stiller Genugtuung vom Baum der Erkenntnis essen.«[88]

»Das Jüngste Gericht ist eine Überwältigung von Wissenschaft und schlechter Kunst.«[89]

---

[86] Ibid., S. 163.
[87] Ibid., S. 172.
[88] Ibid., S. 176
[89] Loc. cit.

... das heißt das Anbrechen des weltweiten, kosmischen Bewußtseins. Vergl. Balzac in *Louis Lambert:* »Die Sehergabe öffnet dem Menschen seinen wirklichen Lebensweg, das Unendliche beginnt in ihm aufzugehen ...«

»Einige Menschen schmeicheln sich, daß es kein Jüngstes Gericht geben wird ... Ich werde ihnen nicht schmeicheln. Irrtum wird geschaffen; Wahrheit ist ewig. Irrtum oder Schöpfung werden durchs Feuer vernichtet werden, und dann, aber auch erst dann werden Wahrheit und Ewigkeit in Erscheinung treten. Er (der Irrtum) wird in dem Augenblick verbrannt sein, da der Mensch aufhört, ihn zu sehen. Für mich selbst sei gesagt, daß ich die äußere Schöpfung nicht sehe und daß sie für mich Beeinträchtigung ist, nicht Tat. ›Was!‹ wird man fragen. ›Wenn die Sonne aufgeht, sehen Sie dann nicht einen Feuerball etwa von der Größe eines Talers?‹ ›O nein, nein, nein! Ich sehe eine mächtige Gesellschaft himmlischer Geschöpfe, die »Heilig heilig heilig ist Gott der Allmächtige!« jubeln. Hinsichtlich etwas Gesehenem stelle ich mein leibliches Auge ebensowenig in Frage, wie ich ein Fenster in Frage stellen würde. Ich sehe durch es hindurch und nicht *mit* ihm.‹«[90]

Hier sagt Blake, daß seine dem Ichbewußtsein zugehörigen Fähigkeiten ihn nicht fördern, sondern beeinträchtigen. So auch Balzacs Louis Lambert, wenn er die abstrakten Ideen des Ichbewußtseins als das Verderben der Welt bezeichnet, »weil sie den Menschen daran hindern, zum Schauen zu gelangen, welches einer der Wege zum Unendlichen ist«. Ähnlich haben die Weisen des Hinduismus seit alters gelehrt, daß die Überwindung und Auslöschung zahlreicher, dem Ichbewußtsein zugehöriger Fähigkeiten eine der Grundvoraussetzungen der Erleuchtung ist.

»Unter den Gestalten Adams und Evas (die von dort den Strom des Lebens hinabsteigen) ist in der Offenbarung der Sitz der Hure namens Mysterium (ichbewußtes Leben). Sie wird von zwei Wesen gepackt (Leben und Tod), die je drei Häupter besitzen; sie stellen das vegetative Leben dar. Wie in der Offenbarung geschrieben steht, reißen sie ihr die Kleider vom Leib, um sie sodann zu verbrennen (d. h. der Tod reißt ihr die

---

[90] Loc. cit.

Kleider vom Leib, und die Leidenschaften des ichbewußten Lebens sind das Feuer, in dem sie verbrennt). Das ist eine Darstellung des ewigen Vergehens des kreatürlichen Lebens und Todes (im Ichbewußtsein) mit seinen Lüsten. Die Fackeln in ihren Händen repräsentieren das ewige Feuer, das das Feuer des Werdens oder Vegetierens ist; es ist ewiges Vergehen. Die mit dem imaginativen Sehen gesegnet sind (dem kosmischen Bewußtsein), sehen dieses ewige Weib (das Mysterium, das ichbewußte Leben) und zittern angesichts dessen, was andere nicht fürchten; während sie das, was andere fürchten, belächeln und verachten.«[91]

Vergleiche Whitman: »Ich lache über das, was ihr Auflösung nennt«, und »... da ihr Wurm nicht stirbt und ihr Feuer nicht verlöscht« (Mark. 9, 46), wie Jesus über das ichbewußte Leben sagte, das auch Dantes Hölle ist.

»Ich empfinde nicht Scham, noch Furcht, noch Widerwillen euch zu sagen, was gesagt werden muß – daß ich Tag und Nacht unter der Leitung himmlischer Boten stehe. Aber die Natur solcher Dinge ist im Gegensatz zu dem, was manche meinen, nicht ohne Mühe und Sorge.«

Nichts, um es noch einmal zu sagen, läßt sich im Falle William Blakes beweisen, doch vieles deutet darauf hin, daß er kurz nach seinem dreißigsten Lebensjahr einen Durchbruch zum kosmischen Bewußtsein erlebt hat. Da unsere Nachweise lückenhaft bleiben müssen, wollen wir ihm selbst mit drei Beispielen aus seinen »Sprichwörtern der Hölle« das letzte Wort lassen:

»Was jetzt bewiesen ist, war einst Phantasie.«

»Der Fuchs sorgt für sich selbst; aber Gott sorgt für den Löwen.«

»Wahrheit kann man niemals so sagen, daß sie verstanden und nicht geglaubt wird.«

[91] Ibid., S. 166.

Honoré de Balzac
(1799–1850)

»Und so hält der arme Junge sich für einen vom Himmel verbannten Engel. Wer von uns hat das Recht, ihn eines Besseren zu belehren? Ich vielleicht? Ich, der ich von einer magischen Kraft so oft vom Erdboden abgehoben werde; der ich Gott gehöre; der ich mir selbst ein Mysterium bin? Habe ich nicht einen der allerschönsten Engel auf dieser gemeinen Erde leben sehen? Ist der Junge mehr oder weniger verrückt als ich? Hat er einen kühneren Schritt in den Glauben getan? Er glaubt; sein Glaube wird ihn zweifellos auf einen lichtvollen Weg ähnlich dem führen, auf dem ich selbst wandele.«

Diese Worte legt Balzac in seinem Roman *Les Proscrits* Dante in den Mund, den er einen »Seher« nannte, was seine Bezeichnung für Menschen mit kosmischem Bewußtsein war. Balzac war selbst ein Seher. Er war aber auch einer der größten Romanciers Frankreichs.

Schon in jungen Jahren beschloß Balzac, Schriftsteller zu werden. Er hat sich offenbar ganz früh zu ganz Großem berufen gefühlt und verfaßte schon als Schüler eine Abhandlung über den Willen wie auch ein episches Gedicht. Als er später in Paris lebte, schrieb er im Laufe von zehn Jahren und zumeist unter dem Pseudonym »Horace de Saint Aubin« einige vierzig Bände, die durch die Bank völlig wertlos sein sollen. Zu dieser Episode in Balzacs Leben meinte Henry James Jr., ein Experte auf dem Gebiet: »Er war noch keine dreißig, da hatte er unter einer Vielzahl von Pseudonymen bereits einige zwanzig langatmige Romane geschrieben – echte, in schäbigen Pariser Dachkammern, in Armut, in gänzlichem Dunkel produzierte Hinterhofliteratur. Einige dieser ›oeuvres de jeunesse‹ sind kürzlich veröffentlicht worden, doch sind die besten unlesbar. Kein Schriftsteller hat je schwerere Lehrjahre durchgemacht und länger und hoffnungsloser auf den untersten Sprossen der Ruhmesleiter verweilt.«[92]

---

[92] Jales, Henry: *French Poets and Novelists*, Macmillan & Co., London 1878, S. 87.

Balzacs Genie erwachte erst, als er dreißig war und *Les Chouans* und *Physiologie du Marriage* veröffentlichte. In der ersten Hälfte des Jahres 1831 muß der um die Zeit Zweiunddreißigjährige den Durchbruch zum kosmischen Bewußtsein erlebt haben, denn sein *Louis Lambert,* der zweifellos unmittelbar nach der Erleuchtung entstand, ist 1832 geschrieben. Mit vierunddreißig Jahren stand er voll in jenem wahren Leben, das ihn, einem Leitstern gleich, seit seiner Kindheit beherrscht hatte.

1833 war auch das Jahr, in dem in Balzac der Plan reifte, all die verschiedenen Gestalten in seinen zahlreichen Romanen in einem monumentalen Werk zu einer geschlossenen Gesellschaft zu vereinen. An dem Tag, da der Beschluß gefaßt war, kam er zu den Survilles gestürzt und sagte: »Salutiert vor mir! Ich bin ganz einfach im Begriff, ein Genie zu werden!« Schon im darauffolgenden Jahr beschrieb er Madame Hanska, seiner »Fremden«, in einem Brief mit aller Genauigkeit, welch ein Monument sein Gesamtwerk darstellen sollte:

> »Die *Etudes de Moeurs* sollen alle sozialen Wirkungen darstellen, ohne daß irgend etwas vergessen sein dürfte, weder eine Lebenslage, noch eine Physiognomie, noch ein männlicher oder weiblicher Charakter, noch eine Lebensweise, noch ein Beruf, noch eine soziale Schicht, noch ein französisches Land, noch sonst irgend etwas von der Jugend, vom Greisenalter, vom reifen Alter, von der Politik, von der Rechtsprechung und vom Krieg (...)
>
> Die zweite Schicht werden dann die *Etudes philosophiques* sein, denn nach den *Wirkungen* kommen die *Ursachen.* (...) In den *Etudes philosophiques* will ich über das Warum der Empfindungen sprechen und darüber, worauf das Leben beruht; darüber, außerhalb welcher Teile und ohne welche Bedingungen weder Mensch noch Gesellschaft bestehen können. (...)
>
> Nach den *Wirkungen* und den *Ursachen* kommen die *Etudes analytiques,* wozu die *Physiologie du Marriage* gehört, denn nach den Wirkungen und den Ursachen müssen die *Prinzipien* erforscht werden. Die *Sitten* sind das Schauspiel, die *Ursachen* stellen die Kulissen und die Maschinerie. Die Prinzipien: hier ist der Schöpfer-Autor am Werk. (...)
>
> Wenn alles beendet, wenn mein *Madeleine-Bau* gescheuert und die Giebelwand mit Skulpturen versehen ist, wenn die Gerüstbretter weggeschafft und die letzten Kammstriche getan sind – dann werde ich recht oder ich werde nicht recht haben ...«

Balzac war, wie gesagt, Anfang dreißig, als er diesen an die mächtigen Gesamtwerke Dantes, Shakespeares und Whitmans erinnernden Plan entwarf. In dieser Zeit hat Lamartine ihn gesehen und geschildert:

»Er hatte nichts von einem Menschen dieses Jahrhunderts. Bei seinem Anblick hätte man glauben können, man sei in eine andere Epoche versetzt und befinde sich in der Gesellschaft eines der zwei oder drei natürlich unsterblichen Menschen, deren Mittelpunkt Ludwig XIV. war ... Er war kräftig, robust, breit in Becken und Schultern. Nacken, Brustkasten, Rumpf und Schenkel waren mächtig mit etwas von Mirabeaus Umfänglichkeit, aber ohne Schwere. Seine Seele strahlte hindurch und schien das alles leicht und heiter und nicht im geringsten wie eine Last zu tragen, sondern vielmehr wie eine geschmeidige Hülle ... Sein sprechendes Gesicht, von dem man den Blick nicht lösen konnte, bezauberte und faszinierte einen völlig. Doch die vorherrschende Qualität seines Gesichts, stärker noch als die Intelligenz, war eine Art mitteilsamer Güte. Er ging zu Kopf, wenn er sprach, doch wenn er schwieg, eroberte er Herzen. Dieses Gesicht hätte niemals so etwas wie Haß oder Neid zum Ausdruck bringen können; es war, als könne es nicht anders als gütig sein. Aber es war nicht die Güte der Gleichgültigkeit; es war liebende Güte, die ihrer selbst ebenso bewußt war wie des Gegenübers; sie animierte zu Dankbarkeit und Offenheit und trotzte denen, die ihn kannten, ohne ihn zu lieben. Etwas Kindlich-Vergnügtes war um ihn; hier war eine Seele beim Spiele; er hatte die Feder fortgelegt, um mit Freunden vergnügt zu sein, und es war unmöglich, sich in seiner Gegenwart nicht zu freuen. Ich hatte ihn schon gern, als wir uns zu Tisch setzten ...«[93]

Balzac wurde nachgesagt, er sei eine »ins Leben geschleuderte Erleuchtung« gewesen. »Bist du sicher«, hat er selbst einen Freund gefragt, »daß deine Seele zur vollen Entfaltung gekommen ist? Atmest du durch alle ihre Poren? Sehen deine Augen alles, was sie zu sehen vermögen?« Und wenn er an anderer Stelle sagt: »Wir existieren allein durch die Seele«, so scheint er den Schilderungen seiner Zeitgenossen zufolge die lebendige Verkörperung seines eigenen Worts gewesen zu sein.

Daß Balzac abseits und auf einer höheren Ebene lebte als gewöhnliche Menschen, haben schon zu seinen Lebzeiten viele

---

[93] In: Wormley, K. P.: *A Memoir of Honoré de Balzac*, Roberts Bros., Boston 1892, S. 123–125.

geahnt und ist nach seinem Tode immer wieder hervorgehoben worden. In seiner Einführung zu *Louis Lambert* schreibt G. F. Parsons: »Möglicherweise war der Zustand (der Zustand chronischer Ekstase, in welchen der Patient – d. h. Louis Lambert, in Wirklichkeit aber Balzac selbst – zurückgezogen scheint) die Folge einer Erleuchtung, deren Intensität das übliche Maß so beträchtlich überstieg, daß selbst die Sprache transzendiert und der Empfänger solch unübertragbarer Wahrheiten von jedem verstandesmäßigen Kontakt mit seinen Mitmenschen getrennt war.«

Balzacs Leben, aber auch seine eigenen Äußerungen zu den Vorgängen in seinem tiefsten Innern lassen kaum einen Zweifel daran, daß er das kosmische Bewußtsein besaß. Er hatte, nach den Zeugnissen seiner Zeitgenossen, die Liebe der Erleuchteten, und er hatte, wie diese, auch seine eigene Moral. Das mußte natürlich dazu führen, daß ihm Unmoral vorgeworfen wurde. »Man hat Balzac vorgehalten, keine Prinzipien zu haben«, schreibt K. P. Wormley in ihrer Balzac-Biographie. »Aber ich denke, das ist, weil er in Fragen der Religion, der Kunst, der Politik und selbst der Liebe keine festen Überzeugungen hatte.«

Das ist ein wichtiger Punkt. Allen Erwählten ist irgendwann in ihrem Leben von den Zeitgenossen Unmoral und Prinzipienlosigkeit vorgeworfen worden. Warum? Weil sie Meinungen und Prinzipien in dem Sinne, in dem ihre Nachbarn sie besitzen, tatsächlich nicht haben. Statt dessen handeln sie in jener Tugend, von der Blake meinte, daß es sie nicht geben könne, »ohne daß diese zehn Gebote gebrochen werden. Jesus war ganz Tugend und handelte aus innerem Antrieb, nicht nach Regeln«. Und was Balzac anbelangt, so meint seine Biographin K. P. Wormley ganz schlicht: »Er hat alles gesehen und alles gesagt, alles verstanden und alles geahnt – wie kann er dann unmoralisch gewesen sein? ...«

Den, der »alles gesehen« hat, nannte Theophile Gautier einen Seher, und er beschreibt Balzacs Augen:

»Was seine Augen anbelangt, so hat es etwas Ähnliches nie gegeben; sie hatten Leben, Licht, etwas unglaublich Magnetisches. Das Weiß der Augäpfel war rein, klar, mit einem leichten Stich ins Bläuliche wie bei einem Kind oder einer Jungfrau, zwei schwarze Diamanten umschließend, in denen plötzlich goldene Reflexe blitzten – Augen, vor denen ein Adler die Lider gesenkt hätte, Augen, die durch Wände und in Herzen sehen konnten und es fertiggebracht hätten, eine wütende Bestie vor Schreck erstarren zu lassen – die Augen eines Herrschers, eines Sehers, eines siegreichen Feldherrn. Der gewöhnliche Gesichtsausdruck war machtvolle Heiterkeit, Rabelais'sche und königliche Freude.

So seltsam es im neunzehnten Jahrhundert klingen mag – aber Balzac war ein Seher. Seine gewaltige Beobachtungsgabe, sein Urteilsvermögen als Physiologe, sein schriftstellerisches Genie sind keine hinreichende Erklärung für die unendliche Vielfalt der zwei- oder dreitausend Typen, die in seiner menschlichen Komödie eine mehr oder weniger wichtige Rolle spielen. Er hat sie nicht kopiert; er hat sie ideal gelebt. Er trug ihre Kleider, übernahm ihre Gewohnheiten, bewegte sich in ihren Umgebungen – *war sie*, solange er sie sein mußte ...« Dann nimmt Gautiers Schilderung eine überraschende Wendung: »Riesiger Verstand, scharfsinniger Physiologe, profunder Beobachter und intuitiver Geist, der Balzac war – das Talent der Literatur hat er nicht besessen. Zwischen Gedanke und Form klaffte bei ihm ein Abgrund.«[94]

Das ist etwas sehr Seltsames. Wie kommt es, daß diese Erleuchteten, die doch den Geist der Menschheit prägen, sich, zumindest nach dem Urteil ihrer Zeitgenossen, oft nur sehr unzulänglich in ihrer eigenen Sprache ausdrücken? Renan zufolge, und niemand scheint ihm widersprechen zu wollen, war Paulus' Stil miserabel (»sans charme; la forme en est âpre et presque toujours dénuée de grâce«). Von Mohammed kann man kaum sagen, daß er geschrieben hat, freilich gab es zu seiner Zeit und in seinem Land auch keine literarischen Erzeugnisse von anerkanntem Wert, mit denen man seine Sprache hätte vergleichen können. Als Wortkünstler galt der Schöpfer der »Shakespeare«-Dramen lange Zeit weniger als der billigste Pamphletist. Heute (1901) können wir dasselbe Phänomen bei Walt Whitman beobachten: Kaum jemand hat sich bereitgefunden, ihn vom literarischen Standpunkt zu verteidigen, während ihn Hunderte von Kritikern in der Luft zerfetzt haben.

Aber die Schriften des Paulus beherrschen ganze Kontinente. Vor Mohammeds Äußerungen neigen zweihundert Millionen Menschen das Haupt. Der Autor des »Hamlet« ist – und ganz mit Recht – »The Lord of Civilization« genannt worden. Und es ist durchaus möglich, daß man in Walt Whitman einmal die mächtigste Stimme des neunzehnten Jahrhunderts erkennen wird.

Was sehr seltsam schien, ist vielleicht gar nicht so schwer zu erklären. In jeder Generation gibt es eine bestimmte, obwohl

[94] In: *A Memoir of Honoré de Balzac*, op. cit., S. 204–208.

immer sehr beschränkte Anzahl von Menschen, die den literarischen Instinkt besitzen, und es gibt außerdem einige wenige Menschen, die mit dem kosmischen Bewußtsein begabt sind. Indes gibt es nicht den geringsten Grund für einen notwendigen Zusammenfall dieser zwei Gaben. Treten sie dennoch vereint auf, so ist das ein Zufall. Der Mann mit dem literarischen Instinkt schreibt, um zu schreiben. Er spürt, daß er »das Zeug« hat, wählt einen Gegenstand und beginnt, an diesem Gegenstand sein Talent zu praktizieren. Der mit dem kosmischen Bewußtsein begabte Mensch besitzt mit an Sicherheit grenzender Wahrscheinlichkeit kein literarisches Talent, doch hat er gewisse Dinge gesehen, von denen er weiß, daß er sie mitteilen muß. Er setzt sich einfach hin und schreibt, so gut er eben kann. Die Wichtigkeit seiner Botschaft bewirkt, daß er gelesen wird. In dem Maße, da seine Persönlichkeit immer weitere Anerkennung findet, wird auch alles bewundert, das in irgendeiner Weise mit ihm zusammenhängt, und so kommt es, daß er am Ende gar als vorbildlicher Stilist gepriesen werden kann.

Louis Lambert, die Erzählung, die Balzac selbst für sein Meisterwerk hielt, wurde von der Kritik zerrissen. Madame de Berny, der das Buch gewidmet war, las es mit Angst und schrieb: »Ich glaube, du hast eine unmögliche Arbeit unternommen ... Kein Lesepublikum wird sich je von einem Autor einreden lassen, er allein habe das Universum verstanden ...« Aber: »Das Samenkorn ging auf und keimte«, schrieb Balzac selbst. »Philosophen mögen das Blattwerk schmähen, über das, noch ehe es knospen konnte, der Frost herfiel, aber eines Tages werden sie die vollkommene Blume sehen, wenn sie in Bereichen weit höher als die höchsten Gipfel der Erde erblüht.«

Balzac war religiös wie alle Erwählten – religiös, doch nicht orthodox; diese Menschen gehören kaum je einer bestimmten Kirche an. Ein »Seher« mag eine Religion gründen, doch er wird sich einer solchen selten verpflichtet fühlen. So bekennt Balzac über sein Sprachrohr Louis Lambert:

> »Obgleich von Natur fromm, billigte er doch all die kleinlichen Andachtsübungen der römisch-katholischen Kirche nicht. Seine Anschauungen stimmten vor allem mit denen der heiligen Therese und denen Fenelons überein, sowie mit den Überzeugungen verschiedener Kirchenväter und Heiligen, die man in unsern Tagen als Ketzer und Atheisten behandeln würde. Während des Gottesdienstes war er teilnahmslos. Sein Gebet war

ein Sich-Emporschwingen, ein Sich-Erheben der Seele und war an keine bestimmte Form gebunden. Er gab ganz seiner Natur nach und wollte zu keiner bestimmten Stunde beten oder denken. ... Jesus Christus war für ihn der schönste Typus seines Systems. Das »Et verbum caro factum est!« (Ev. Joh. 1, 14: »Und das Wort ward Fleisch«) schien ihm ein göttliches Wort, das dazu bestimmt war, die hergebrachte Formel für den sichtbar gewordenen Willen, das sichtbar gewordene Wort, die sichtbar gewordene Tat auszudrücken.«[95]

»Der Endpunkt, zu dem die meisten Gehirne schließlich hingelangen, war für das seine der Ausgangspunkt auf der Suche nach neuen geistigen Welten. Damit hatte er sich, ohne es noch zu wissen, das anspruchsvollste und unersättlichste Leben geschaffen ...«[96]

Louis Lambert ist 1832 entstanden, *Seraphita* 1833. Kurz zuvor, um 1831/32, muß Balzac im Alter von zweiunddreißig oder dreiunddreißig Jahren den Durchbruch zum kosmischen Bewußtsein erlebt haben. In der gleichen Zeit begann er seine großen Werke zu schreiben. Noch nie ist der neue Sinn so umfassend geschildert worden wie in den zwei genannten Erzählungen. Gewiß müssen beide Werke ganz gelesen werden, um voll verstanden und gewürdigt werden zu können, doch genügen die im folgenden wiedergegebenen Zitate aus den letzten Seiten des *Louis Lambert,* um deutlich zu machen, daß es dem Autor hier um jene Erfahrung ging, die wir als das »kosmische Bewußtsein« bezeichnen:

»Die Welt der Ideen teilt sich in drei Sphären: in die des Instinkts, in die der abstrakten Begriffe und in die des Schauens.«[97]

Wir unterscheiden im Intellekt drei Stufen – einfaches Bewußtsein, Ichbewußtsein und kosmisches Bewußtsein.

»Der größte Teil der sichtbaren Menschheit, und zugleich ihr schwächster Teil, bewohnt die Sphäre des Instinkts. Die

[95] In: *Buch der Mystik,* op. cit., S. 313.
[96] Ibid., S. 318–319.
[97] Ibid., S. 384.

Instinkte entstehen, arbeiten und vergehen, ohne sich zu dem zweiten Grad der menschlichen Intelligenz, den abstrakten Begriffen, zu erheben.«[98]

Es ist sicher nicht richtig, daß der größte Teil der Menschheit noch nicht einmal die Stufe des Ichbewußtseins erreicht hat. Doch kann man sicherlich mit Balzac sagen, daß das einfache Bewußtsein im Leben der meisten Menschen eine wichtigere Rolle spielt als das Ichbewußtsein.

»Bei den abstrakten Begriffen beginnt die Gesellschaft. Wenn die abstrakten Begriffe mit dem Instinkt verglichen eine fast göttliche Kraft sind, so sind sie, wenn man sie mit dem Schauen vergleicht, das allein Gott erklären kann, nur eine gewaltige Schwäche! Die abstrakten Begriffe umfassen eine ganze Natur viel virtueller im Keim als das Samenkorn das System einer Pflanze und deren Frucht. Aus den abstrakten Begriffen entstehen die sozialen Gesetze, Interessen, Ideen und Künste. Sie sind der Ruhm und das Verderben der Welt: der Ruhm, weil sie die Gesellschaft geschaffen haben, das Verderben, weil sie den Menschen daran hindern, zum Schauen zu gelangen, welches einer der Wege zum Unendlichen ist. Der Mensch beurteilt alles nach seinen abstrakten Begriffen: das Gute, das Böse, die Tugend, das Laster. Seine Formeln des Rechts sind seine Waage, seine Gerechtigkeit ist blind; die Gerechtigkeit Gottes aber ist sehend, darin liegt alles. Es gibt notwendigerweise Zwischenwesen, die das Reich des Instinktmenschen vom Reich des abstrakten Menschen trennen und bei denen sich das »Instinktive« mit dem »Abstrakten« vieler Abarten vermischt. Bei den einen ist mehr Instinktives als Abstraktes vorhanden, bei den anderen ist es umgekehrt. Dann gibt es Wesen, bei denen sich beides neutralisiert, indem es durch gleichartige Kräfte wirkt.«[99]

Bei der Abstraktion, d. h. mit dem Ichbewußtsein, beginnt die Menschheit und damit auch die Gesellschaft. Das Schauen kann nur Gott erklären! In diesem Zusammenhang ist anzumerken, daß alle Religionen, die diesen Namen verdienen – Buddhismus, Islam,

[98] Loc. cit., S. 384.
[99] Ibid., S. 385.

Christentum und möglicherweise andere –, dem ›Schauen‹ entsprungen sind, d. h. dem kosmischen Bewußtsein. »Ich [Christus, der kosmische Sinn] bin der Weg, die Wahrheit und das Leben. Niemand kommt zum Vater denn durch mich!« Weniger klar ist, wieso das Ichbewußtsein den Weg zum kosmischen Bewußtsein verstellen soll. Es scheint im Gegenteil der notwendige und einzig mögliche Weg zu diesem Ziel. Indes sind viele Erleuchtete derselben Meinung wie Balzac, und sie müssen es schließlich wissen!

»Die Gabe des Schauens besteht darin, die Dinge der materiellen Welt ebenso gut wie diejenigen der geistigen Welt in ihren ursprünglichen und ihren in der Folge abgewandelten Arten zu sehen. Die schönsten menschlichen Genien sind diejenigen, die von den Dunkelheiten des Abstrakten ausgegangen sind, um zum Licht des Schauens zu gelangen (species, schauen, nachsinnen, alles sehen und auf einmal; speculum, Spiegel oder Mittel, eine Sache zu begreifen, indem man sie ganz sieht). Jesus war ein Seher, er sah das Gesehene in seinen Wurzeln und in seinen Früchten, in der Vergangenheit, die es hervorgebracht, in der Gegenwart, in der es sich darstellt, in der Zukunft, in der es sich entfaltet. Sein Schauen durchdrang die Einsicht des Anderen. Die Vollkommenheit des inneren Schauens erzeugt die Sehergabe. Das ›Sehen‹ bringt die Intuition mit sich. Die Intuition ist eine der Gaben des ›inneren Menschen‹, dessen Attribut die Seherkraft ist.«[100]

»Die Sehergabe ist naturgemäß der vollkommenste Ausdruck des Menschen, der Ring, der die sichtbare Welt mit der höheren verbindet: der schauende Mensch handelt, sieht und fühlt durch sein Inneres. Der abstrakte Mensch denkt, der Instinktive handelt.«[101]

Es ist sicherlich richtig, daß das kosmische Bewußtsein die höchste geistige Stufe ist, die wir uns heute vorstellen können. Das muß aber nicht heißen, daß es keine noch höheren Stufen gibt, die irgendwann auch einmal erreichbar sein werden.

»Daher gibt es drei Stufen für den Menschen: der instinktive steht unter dem Maß, der abstrakte steht in gleicher Höhe

[100] Loc. cit., S. 385.
[101] Ibid., S. 386.

desselben, der Schauende über demselben. Die Sehergabe öffnet dem Menschen seinen wirklichen Lebensweg, das Unendliche beginnt in ihm aufzugehen, er ahnt sein Schicksal.« (S. 386) »Es gibt drei Welten: die natürliche, die geistige, die göttliche. Die Menschheit geht durch die natürliche Welt hindurch, die weder in ihrem inneren Wesen noch in ihren äußeren Fähigkeiten feststeht. Die geistige Welt ist feststehend im Wesen und beweglich in ihren Fähigkeiten. Die göttliche Welt ist feststehend sowohl in ihren Fähigkeiten als auch in ihrem Wesen. Es gibt daher einen materiellen, einen geistigen, einen göttlichen Kult; drei Formen, die sich durch das Handeln, das Wort, das Gebet auswirken, oder anders ausgedrückt: durch die Tatsachen, den Verstand und die Liebe. Der Instinktive will Tatsachen, der Abstrakte beschäftigt sich mit den Ideen, der Seher sieht das Ende, strebt Gott zu, den er vorempfindet oder betrachtet.«[102]

Anders ausgedrückt: Die Menschen, die noch in einem dämmerhaften Bewußtsein befangen sind, schwimmen dahin auf dem Strome der Zeit gleich den Tieren, lassen sich von den Jahreszeiten, dem Kampf ums Dasein usw. usf. treiben wie ein Blatt im Winde, weder durch eigene Bewegung, noch durch eigenes Gleichgewicht, sondern ähnlich der Kreatur und der Pflanze von den Naturkräften und anderen äußeren Einflüssen getrieben. Der Mensch mit vollentwickeltem Ichbewußtsein hingegen hat sozusagen sein Zentrum in sich selbst gefunden. Er fühlt sich selbst als einen festen Punkt. Er beurteilt alle Dinge von diesem einen Punkt aus. Indes kann er außen nichts Festes finden. Er setzt sein Vertrauen auf das, was er Gott nennt, und vertraut ihm in Wirklichkeit doch nicht – er ist Deist, Atheist, Christ und Buddhist. Er glaubt an die Wissenschaft, aber die Wissenschaft ist ständigem Wandel unterworfen und wird ihm selten die Auskünfte geben, die er wirklich braucht. So ist er auf einen Punkt, auf sein Ich, angewiesen und bewegt sich darin. Der Mensch mit dem kosmischen Sinn schließlich ist sich seiner selbst und des Kosmos bewußt, seines Sinnes, seines Zieles, er ist feststehend im Innern und im Äußeren, in »seinen Fähigkeiten und in seinem Wesen«. Das Geschöpf mit dämmerhaftem Bewußtsein ist einem Strohhalm vergleichbar, der im Strom dahertreibt und von jedem äußeren Einfluß bewegt wird. Der ichbewußte Mensch ist einer

[102] Ibid., S. 387.

Nadel gleich, die ihren Angelpunkt in einem Zentrum gefunden hat, um das sie sich frei dreht und bewegt. Der Mensch mit dem kosmischen Bewußtsein gleicht einer Magnetnadel. Noch ist er an sein Zentrum, seinen Angelpunkt gebunden, doch weist er beständig in eine bestimmte Richtung, nach Norden. Er hat etwas Wahres und Ewiges gefunden, das sein kleines Ich übersteigt und auf das er ständig bezogen bleiben muß, damit die Richtung stimmt.

»Vielleicht wird eines Tages der umgekehrte Sinn von »Et Verbum caro factum est« der Inbegriff eines neuen Evangeliums sein, das sagt: Und das Fleisch wird Wort werden; es wird das Wort Gottes sein.«[103]

»Die Auferstehung vollzieht sich durch den Wind des Himmels, der die Welt reinfegt. Der Engel, der vom Wind getragen ist, sagt nicht: ›Tote, steht auf!‹, er sagt vielmehr: ›Die Lebenden sollen auferstehen!‹«[104]

Nicht die sogenannten Toten werden die Auferstehung erleben, sondern die Lebenden, die in dem Sinne tot sind, daß sie das wahre Leben in sich selbst noch nicht verwirklicht haben.

Wir wissen bei Balzac von keiner bestimmten Stunde und keinem bestimmten Tag, an dem er einen Durchbruch zum kosmischen Bewußtsein erlebt hätte.

Wir wissen in seinem Falle nichts von einem inneren Licht.

Wir wissen, daß er mit seiner Religiosität, seiner Ernsthaftigkeit und seiner Leidenschaft zum Spirituellen jenen Nährboden bot, auf dem das kosmische Bewußtsein gedeiht.

Wir wissen, daß er in dem für kosmische Durchbrüche typischen Alter überraschend plötzlich in den vollen Besitz seiner geistigen Gaben gelangte.

Der beste Beweis für unsere Vermutung, daß Balzac das kosmische Bewußtsein besaß, ist indes die Tatsache, daß er das innere Geschehen dieser Erfahrung mit einer Genauigkeit und Ausführlichkeit beschrieben hat, die auf diesem Feld nur dem zu Gebote stehen kann, der die Erfahrung selbst gemacht hat.

---

[103] Loc. cit., S. 387.
[104] Loc. cit., S. 387.

Henry David Thoreau
(1817–1862)

Es gibt mehrere Gründe für die Vermutung, daß Thoreau den Durchbruch zum kosmischen Bewußtsein erlebt hat. So etwa sein Hang zur Einsamkeit, seine Liebe zu Mystik und Mystikern, die fast übernatürliche Wahrnehmungsschärfe seiner Sinne, seine Zuneigung zu und Freundschaft mit Tieren, sein hellwacher Intellekt und sein reiches Gemütsleben. Indes hat der Herausgeber der vorliegenden Untersuchung vergebens nach Daten gesucht, die aus der Vermutung so etwas wie eine Gewißheit machen könnten, und Thoreau ist uns andererseits so nah, daß der Beweis für eine Erleuchtung, so sie stattgefunden hat, unmittelbar und schlagend zu sein hätte. Aber was bedeuten die unten wiedergegebenen acht Zeilen, wenn nicht, daß ihr Autor eine Erfahrung der Art durchgemacht hat, die den Gegenstand dieser Untersuchung bildet?

Hören lerne ich, der ich nur Ohren hatte,
Und sehen, der ich zuvor nur Augen besaß,
Augenblicke leb' ich, der ich nur Jahre lebte
Und wo ich nur Gelerntes lernte, zeigt sich Wahrheit.

Außer Hörweite hör' ich
Außer Sichtweite seh' ich
Ringsum neue Erden, Himmel und Meere
Und der Sonne Glanz trübt sich, da mein Tag anbricht.

Mit diesen Zeilen vergleiche man: »Hast du denn auch der Unterweisung nachgefragt, durch welche das Ungehörte ein Gehörtes, das Unverstandene ein Verstandenes, das Unerkannte ein Erkanntes wird?« *(Upanishaden des Veda)*. Oder auch: »Hören werdet ihr und nicht verstehen, und sehen werdet ihr und nichts erkennen« (Matth. 13, 14). Und schließlich: »Das Augenlicht hat ein anderes Augenlicht und das Hören ein anderes Hören und die Stimme eine andere Stimme« (Whitman, *Grashalme)*.

Hat Thoreau die Erleuchtung im üblichen Alter erfahren, so muß sich in dem zwischen 1845 und 1854 entstandenen *Walden* ein Niederschlag dieser Erfahrung finden. Tatsächlich gibt es in diesem Werk Absätze, die darauf hindeuten, daß der bei der Niederschrift 28–37jährige Thoreau, wenn er nicht direkt zum kosmischen Bewußtsein durchgestoßen ist, so doch unmittelbar auf dem Weg dorthin war. Zum Beispiel:

»Wir sind verdorben durch den Umgang mit den Heiligen. In unseren Gesangbüchern tönen melodische Schmähungen, daß Gott existiert und daß wir ihn ewig erdulden müssen. Es sieht gerade so aus, als hätten selbst die Propheten und Heilsbringer eher die Ängste des Menschen beschwichtigt als seine Hoffnungen gestärkt. Eine schlichte und unbesiegbare Freude über das Geschenk des Lebens, ein erwähnenswerter Lobpreis Gottes ist nirgends verzeichnet.«[105]

»Die Millionen sind wach genug für körperliche Arbeit; aber nur einer von Millionen ist wach genug für eine nennenswerte Geistestätigkeit, nur einer von Hundertmillionen für ein poetisches oder göttliches Leben.«[106]

Hierzu vergleiche man Whitman: »Ich kann nicht wach sein, denn ich sehe nichts so, wie ich es zuvor gesehen habe, oder aber ich bin überhaupt zum erstenmal wach, und alles Bisherige war nichts als gemeiner Schlaf.«

»Vergleiche ich mich mit anderen Menschen, so habe ich manchmal das Gefühl, von den Göttern jenseits aller mir bewußten Wüsten mehr Huld zu erfahren als sie; als hätte ich an ihren Händen eine Gewähr und Sicherheit, die meine Gefährten nicht haben, und als wäre ich ganz besonders wohl geleitet und behütet. Ich schleichle mir nicht selbst, doch wäre das möglich, so würden sie mir schmeicheln. Ich habe mich nie verlassen oder von einem Gefühl der Einsamkeit niedergedrückt gefühlt, außer einmal, und das war wenige Wochen, nachdem ich in die Wälder gezogen war, als mich für die Dauer einer Stunde Zweifel befielen, ob die Nähe von Menschen nicht wesentlich sei für ein

[105] Thoreau, Henry D.: *Walden*, Houghton, Osgood & Co., Boston 1880, S. 93.
[106] Ibid., S. 97.

heiteres und gesundes Leben. Allein zu sein war etwas Unerfreuliches. Doch registrierte ich in mir gleichzeitig eine leichte, stimmungsbedingte Verrücktheit und schien meine Genesung vorauszusehen. In derlei Gedanken versunken, spürte ich inmitten des milden Regens plötzlich eine so süße und wohltätige Gesellschaft in der Natur, im Klopfen der Tropfen und in jedem Geräusch und Anblick rund um mein Haus, eine unendliche und zugleich unerklärliche Freundschaft, die mich einer Atmosphäre gleich trug und nährte, daß die vermeintlichen Vorteile menschlicher Gesellschaft unbedeutend wurden und ich seither nie mehr an sie gedacht habe. Jede kleine Tannennadel wuchs mir teilnahmsvoll entgegen, um mich zum Freund zu gewinnen. Die Anwesenheit von etwas mir Verwandtem wurde mir selbst inmitten dieser gemeinhin als wild und schroff empfundenen Umgebung so deutlich ins Bewußtsein gerückt und auch die Tatsache, daß das Menschlichste und meinem Blut Nächste nicht eine Person war noch ein Dorfbewohner, daß ich dachte, kein Ort könne mir je wieder fremd sein.

Menschen sagen oft zu mir: ›Ich könnte mir denken, daß du dich dort unten einsam fühlst und daß du dir oft wünschtest, näher bei den Menschen zu sein, an Regentagen oder wenn's schneit und in den Nächten vor allem.‹ Darauf bin ich versucht zu antworten: Dieser ganze Erdball, den wir bewohnen, ist nur ein Punkt im Weltall. Was meinst du, welche Entfernungen die Bewohner jenes fernen Sterns trennen, dessen Dimensionen unsere Instrumente nicht zu erfassen vermögen? Warum sollte ich mich einsam fühlen? Liegt unser Planet nicht auf der Milchstraße? Deine Frage scheint mir nicht die wichtigste. Wie ist die Entfernung beschaffen, die einen Menschen von seinen Mitmenschen trennt und ihn einsam macht? Ich habe festgestellt, daß keine Anstrengung der Beine es vermag, zwei getrennte Geister einander wesentlich näherzubringen. Wem oder was vor allem wollen wir nah sein? Gewiß nicht den vielen Menschen, dem Bahnhof, dem Postamt, der Bar, dem Rathaus, der Schule oder dem Gemüseladen, wo die meisten Menschen sich treffen, sondern dem unvergänglichen Quell unseres Lebens, dem alle unsere Erfahrung entspringt, wie die Weide neben dem Wasser steht und ihre Wurzeln in diese Richtung treibt. Es kommt auf die Natur des Betreffenden an, doch ist dies der Ort, an dem ein kluger Mensch seinen Keller graben wird ... Eines Abends überholte ich am Walden Pond einen Bekannten aus der Stadt, einen Mann, der einen stattlichen Besitz angehäuft hatte, obwohl man davon wenig sah. Er war eben mit zwei Stück Rind unterwegs zum Markt und fragte mich, wie ich auf die Idee gekommen sei, auf so viele Annehmlichkeiten des Lebens zu verzichten. Ich entgegnete, daß ich sehr sicher sei, mich dabei ziemlich wohl zu fühlen; es war kein Scherz. Und so ging ich heim in mein Bett und überließ es ihm, sich durch die Finsternis und den Dreck bis Brighton – oder Brighttown – durchzuschlagen, welches Ziel er irgendwann gegen Morgen erreichen würde.

Jedwede Aussicht, zu erwachen oder lebendig zu werden, läßt einem Toten alle Zeiten und Orte gleichgültig werden. Der Ort, wo dies geschehen könnte, ist immer der gleiche und allen unseren Sinnen unsagbar angenehm. Die meiste Zeit erlauben wir nur entlegenen und vorübergehenden Umständen, für uns Ereignis zu werden. Tatsächlich sind sie die Ursache unserer Zerstreuung. Allen Dingen am nächsten ist jene Kraft, die ihr Sein gestaltet. In unserer nächsten Nähe erfüllen sich unentwegt die erhabensten Gesetze. Uns am nächsten ist nicht die in unseren Diensten tätige Arbeitskraft, mit der wir so gern plaudern, sondern die Arbeitskraft, deren Werk wir sind.«[107]

»Ich kenne mich nur als eine menschliche Ganzheit; oder, wie man es auch ausdrücken könnte, als den Handlungsort der Gedanken und Gefühle. Und ich bin mir einer gewissen Doppelnatur bewußt, durch die ich mir selbst so fern sein kann wie einem anderen Menschen. So stark meine Erfahrung auch sein mag, bin ich doch immer der Gegenwart und Kritik eines Teils meiner selbst gewahr, der sozusagen nicht Teil meiner selbst ist, sondern Zuschauer, da er die Erfahrung nicht teilt, sondern zur Kenntnis nimmt; und das ist nicht mehr ich als es du ist.«[108] [109]

[107] Ibid., S. 143–144.

[108] Ibid., S. 146.

[109] Hierzu vergleiche man Whitman: »Neben all diesem Ziehen und Heben steht, was ich bin, steht belustigt, selbstgefällig, mitfühlend, müßig, blickt hinab, ist aufrecht oder beugt einen Arm über einer kaum beachteten Ablage, beobachtet mit leicht geneigtem Kopf, neugierig, was als Nächstes kommt, sowohl Teil des Ganzen als auch abseits und es beobachtend und darüber staunend.« *(Grashalme)*

Ramakrishna
(1834–1886)

Das wenige, das wir vom Leben Ramakrishna Paramahansas wissen, verdanken wir ausschließlich den Berichten Max Muellers und Protap Chunder Mozoomdars. Die Beweiskraft dieser Berichte ist aber vielleicht gerade deshalb um so wertvoller, als Max Mueller, der in diesem Fall unsere Hauptquelle ist, das kosmische Bewußtsein als solches nicht anerkennt, obwohl er ihm im Verlauf seiner Studien der indischen Literatur in mehr oder weniger reiner Ausprägung immer wieder begegnet sein dürfte.

Wir müssen uns darauf beschränken, hier kurz wiederzugeben, was wir in Max Muellers *The Science of Thought* über diesen großen Mann erfahren: Ramakrishna Paramahansa wurde 1835 in einem Dorfe bei Kamarpukur geboren. Die längste Zeit seines Lebens hat er wohl in der Nähe eines der Göttin Kali geweihten Tempels an den Ufern des Ganges bei Kalkutta verbracht. Er soll einen starken Einfluß auf eine große Anzahl intelligenter und hochgebildeter Menschen ausgeübt haben, zu denen auch Protap Chunder Mozoomdar und Keshub Chunder Sen gehörten. Eine Anzahl junger Männer, die sich ihm als Jünger angeschlossen hatten, haben der Welt nach seinem Tode völlig entsagt. Sie befolgten seine Lehre, indem sie sich weitab von den Versuchungen des Fleisches zu einer Schule zusammentaten und sich immer wieder zu einer Einzelretraite in totaler Weltabgeschiedenheit zurückzogen. Auch soll es viele Paramahansa-Anhänger geben, die zusammen mit ihren Familien ein Leben gemäß den Lehren des Meisters führen.

Ramakrishna hat nie in irgendeiner Gesellschaft verkehrt. Er scheint sich von frühester Jugend an in strenger Askese geübt zu haben. Er gehörte durch Geburt der Priesterkaste an, war also Brahmane. Obwohl in körperlicher Hinsicht von der Natur ursprünglich verwöhnt, hatten seine fortgesetzten asketischen Übungen seine Gesundheit untergraben. Er schien schwach, blaß und mager, so daß sein Aussehen stets Mitleid erregte. Indes hatte sein Antlitz trotz der Abzehrung seines Körpers von seiner Strahlkraft nichts eingebüßt: Aus ihm leuchtete ein Ausdruck kindlicher Sanftmut, tiefer Demut und unbeschreiblicher Anmut hervor, und von seinem Lächeln meinte Mozoomdar, daß er etwas Ähnliches nie gesehen habe.

Indische Heilige verwenden gewöhnlich besondere Sorgfalt auf ihr Äußeres. Sie tragen das Garuagewand, halten sich in Fragen der Nahrung streng an die Vorschriften ihrer Religion, lehnen jeden gesellschaftlichen Verkehr ab, beobachten auf das strengste die Regeln ihrer Kaste, sind stets stolz und im Besitz geheimer Weisheiten. Sie sind allgemein anerkannte Ratgeber und Hüter von Zaubermitteln.

All das lag Ramakrishna fern. Sein Gewand und seine Nahrung unterschieden sich nicht von denen anderer Menschen, höchstens darin, daß er beides vernachlässigte, und was die Vorschriften seiner Kaste betraf, so übertrat er sie offenkundig und täglich. Er lehnte es ab, als Lehrer betrachtet zu werden, äußerte sein Mißfallen, wenn Menschen ihm außergewöhnliche Ehrenbezeugungen darbringen wollten, und stellte stets nachdrücklich in Abrede, im Besitz irgendwelcher geheimer Weisheiten zu sein. Er betete keine besondere indische Gottheit an, weder Shiva noch Vishnu oder Shakti, stimmte aber allen Lehren zu, allen Gebräuchen und Andachtsübungen und sonstigen Riten jedweden religiösen Kults. Seine Religion bestand in Ekstase, sein Gottesdienst in übersinnlichem Schauen, sein ganzes Wesen brannte Tag und Nacht in einem beständigen Feuer und Fieber eines eigenartigen Glaubens und Fühlens. Seine Rede war ein unaufhörliches Hervorbrechen dieses inneren Feuers und konnte oft viele Stunden anhalten. Er verfiel oft in ekstatische Verzückung, vor allem, wenn er von seinen großen spirituellen Erfahrungen sprach und spürte, wie sein Funke im Gegenüber zündete. Er sah in Krishna die leibhaftige Liebe und Hingabe, und er soll ihn gern zum Gegenstand seiner Meditation gemacht haben. Bei einer solchen Meditation soll er, dessen Herz erfüllt war von brennender Liebe, plötzlich steif und bewegungslos geworden sein, seine Augen verloren den Blick, und über sein blasses, erstarrtes, jedoch lächelndes Gesicht ergossen sich Ströme von Tränen. In derartigen Zuständen brachen bisweilen Gebete, Gesänge und Reden aus ihm hervor, deren Kraft und Pathos die härtesten Herzen erweichen und die ungläubigsten Augen zu Tränen rühren konnten.

Das vielleicht Erstaunlichste an ihm ist, daß seine Religiosität sich nicht auf die Anbetung indischer Gottheiten beschränkte. Über eine lange Zeit hinweg unterwarf er sich verschiedenen Übungen mit dem Ziel, die mohammedanische Vorstellung des allmächtigen Allah zu verwirklichen. Er ließ sich einen Bart wachsen, hielt sich in seinem Speiseplan an die Vorschriften des Islam und wiederholte unentwegt bestimmte Sätze aus dem Koran. Für Christus empfand er tiefe und aufrichtige Verehrung. Er neigte das Haupt, wo der Name Jesu erwähnt wurde, ehrte dessen Lehren und Gottessohnschaft und nahm verschiedentlich an christlichen Gottesdiensten teil. Er bewies, daß es möglich ist, alle Religionen der Welt zu einen, indem er von einer jeden nur das Beste anerkannte und aufrichtige Verehrung allen denen bezeugte, die um der Wahrheit, ihres Glaubens und ihrer Menschenliebe willen gelitten hatten.

Ramakrishna hat nie den Wunsch gehabt, eine Sekte zu gründen. Auch hat er nichts Schriftliches hinterlassen. Doch haben seine Freunde einige seiner Aussprüche niedergeschrieben. Hiervon abschließend einige Beispiele:

»Wie kann man sich vom niederen Selbst befreien? Wächst die Frucht, so fällt die Blüte von selbst ab. So wird von euch das Niedere abfallen, wenn das Göttliche zu wachsen beginnt.

Solange Sturmwinde des Verlangens den himmlischen Herzensraum trüben und stören, besteht wenig Aussicht, daß wir im Innern den leuchtenden Gott schauen. Die beseligende Schau des Göttlichen kann sich nur in dem Herzen begeben, das still geworden und erfüllt ist von der göttlichen Vereinigung.

Der besudelte Spiegel kann das Sonnenlicht niemals zurückstrahlen. So kann auch das unlautere Herz, das Maya, der Illusion, untertan ist, niemals die Herrlichkeit Bhagavans, des heiligen Einen, schauen. Aber der im Herzen Lautere schaut den Herrn, wie der klare Spiegel die Sonne widerstrahlt. So seid heilig.

Ein frisch verheiratetes Weib ist ganz hingegeben an die Erfüllung der häuslichen Pflichten – bis daß es ein Kind geboren hat. Hat es das Kind, so beginnt es die kleinen Geschäfte des Haushalts zu vernachlässigen; es hat keinen Gefallen mehr daran. Statt dessen liebkost und küßt es das Neugeborene den lieben langen Tag. So ist ein Mensch im Zustande der inneren Blindheit immerfort mit allerhand weltlichen Dingen beschäftigt, aber sobald die Liebe Gottes in seinem Herzen zu erblühen beginnt, findet er keine Freude mehr an etwas anderem. Gott zu dienen und sein Werk zu tun – das ist fortan sein einziges Glück. Er findet an anderen Geschäften keinen Gefallen mehr und vermag sich dem Entzücken der heiligen Kommunion nicht zu versagen.

Wie man das Dach eines Hauses mittels einer Leiter besteigen oder aber auch ein Bambusrohr, eine Treppe oder einen Strick benutzen kann, so gibt es auch zahlreiche Mittel und Wege, sich Gott zu nähern. Jede Religion ist nichts anderes als ein solches Mittel oder ein solcher Weg.

Warum vermögen wir die göttliche Mutter nicht zu sehen? Sie ist einer vornehmen Dame gleich, die alle ihre Taten hinter einer Schranke, einer Verhüllung wirkt. Sie sieht alles, wird aber von niemand gesehen. Nur ihre ergebenen Söhne können sie sehen, indem sie den Schleier der Maya durchbrechen.

Des Nachts erblickst du viele Sterne, die du aber nicht mehr findest, sobald die Sonne aufgegangen ist. Kannst du deshalb behaupten, es gäbe am Tageshimmel keine Sterne? Darum, o Mensch, sage auch nicht, es gäbe keinen Gott, weil du den Allmächtigen in den Tagen deiner Unwissenheit nicht schauen kannst.

Die Auster, die die kostbare Perle enthält, hat aus sich selbst wenig Wert. Doch für das Werden der Perle ist sie unerläßlich. Die Auster ist ohne Nutzen für denjenigen, der die Perle hat. So sind Riten und Kulthandlungen überflüssig für den, der die höchste Wahrheit erlangt hat: Gott.

Setzt ein kleiner Knabe einen Löwenkopf auf, so sieht er in der Tat schrecklich aus. Er tritt zu seiner kleinen, spielenden Schwester und brüllt fürchterlich, worauf sie sogleich erschreckt und aus Angst, von dem drohenden Tier gepackt zu werden, einen gellenden Schrei ausstößt. Legt der kleine Unhold aber seine Maske ab, so wird sie – »O, es ist mein lieber Bruder!« – ihm gleich entgegenfliegen. Genau das gleiche ereignet sich mit allen Menschen der Welt, die durch die namenlose Macht von Maya oder Nichtwissen, die die Maske Brahmans ist, getäuscht, erschreckt und zu allerhand Dingen verführt werden. Fällt der Schleier der Maya aber von Brahman ab, so werden die Menschen in ihm nicht mehr den schrecklichen und unerbittlichen Meister sehen, sondern ihr eigenes, geliebtes, ihr anderes Selbst.«

Walt Whitman
(1819–1892)

Wie hier bei Whitman, so wäre es auch bei all den anderen, in diesem Buch als Beispiel für die Erfahrung des kosmischen Bewußtseins angeführten »Fällen« wünschenswert gewesen, einen umfassenden Überblick sowohl über die äußeren Lebensumstände als auch über die Schriften des jeweiligen Erfahrungsträgers bringen zu können, da das eine das andere zweifellos bedingt und beeinflußt. Indes mußten wir auf eine solche Ausführlichkeit in dem Maße verzichten, da uns daran gelegen war, die vorliegende Untersuchung in überschaubaren Grenzen zu halten. Sie soll weniger Weg sein als Wegweiser. Ihr größter Wert soll darin bestehen, daß sie den Leser zu einer ernsthaften Auseinandersetzung mit den Vorläufern des kosmischen Bewußtseins anregt.

Das folgende, dem Buch *Life of Whitman* entnommene Portrait des Künstlers stammt aus dem Sommer 1880, in dem der Verfasser einige Tage bei Whitman zu Gast war. Whitman war zu der Zeit einundsechzig Jahre;

»Er sieht auf den ersten Blick viel älter aus, so daß er oft für siebzig oder sogar achtzig gehalten wird. Er ist gut sechs Fuß groß, steht ziemlich aufrecht und wiegt an die zweihundert Pfund. Leib und Gliedmaßen sind gut ausgebildet und wohlproportioniert. Seine Augen sind von einem hellen Blau, nicht groß – im Gegenteil, sie scheinen im Verhältnis zu Schädel und Gesicht sogar eher klein; sie sind eintönig und schwer, nicht ausdrucksvoll – was sie an Ausdruck besitzen, ist Freundlichkeit, Haltung, Milde. Die Augenlider sind dick und sacken oft über den halben Augapfel. Die Nase ist breit, kräftig und ziemlich gerade, der Mund einigermaßen groß mit vollen Lippen. Die Seiten und der untere Teil des Gesichts sind mit einem feinen, weißen Bart bedeckt, der bis zur Bust hinab reicht.

Whitman besitzt eine unbeschreibliche, physische Anziehungskraft. Ich spreche nicht von der Zuneigung von Freunden und Leuten, die oft mit ihm zusammen sind, sondern von der magnetischen Wirkung, die er auf Menschen ausübt, die ihn nur ein paar Minuten sehen oder denen er auf der Straße begegnet. Ein enger Freund des Verfassers schrieb, nachdem er Whitman erst ein paar Tage kannte: ›Was mich anbelangt, so ist mir, als hätte ich ihn seit je gekannt und geliebt.‹«[110]

In Gesprächen stritt Whitman immer ab, mit seiner eigenen Person oder seiner Dichtung irgendwelche hehren Ziele zu verfolgen. Akzeptierte man seine Erklärungen, so waren sie schlicht und naheliegend. Dachte man aber noch einmal über sie nach, um ihnen auf den Grund zu gehen, so stellte man fest, daß das Schlichte und Naheliegende bei ihm das Ideelle und Spirituelle mit umfaßte. So kann man sagen, daß er selbst und seine Schriften nicht etwa dem Realen entwachsenes Ideal waren, sondern das zum Idealen emporgehobene Reale selbst. Die eigene Leiblichkeit, die äußeren Umstände, das innere geistige Leben, die Poesie – das alles war bei Walt Whitman eins; das eine entsprach dem anderen in jeder Hinsicht, und war eines gegeben, so konnte das andere daraus immer abgeleitet werden. »Ich habe mir ein Leben vorgestellt, das das Leben des Durchschnittsmenschen in ganz alltäglichen Umständen und trotzdem groß und heroisch sein würde«, hat er einmal zu mir gesagt (ich weiß nicht mehr, in welchem Zusammenhang). Es besteht kein Zweifel, daß er ein solches Ideal ständig vor Augen hatte und daß alles, was er tat, sagte, schrieb, dachte und fühlte, gewesen war und lebte, von diesem Ziel geprägt war.

Seine Art war seltsam ruhig und beherrscht. Selten, daß er sich in einem Gespräch erregte oder daß er sich überhaupt von irgendetwas aus der Fassung bringen ließ; er hob selten die Stimme und war in der Gestik sparsam. Ich habe ihn nie wütend gesehen. Er schien sich mit den Menschen, die um ihn waren, immer wohl zu fühlen.

Whitman konnte manchmal eine ganze Woche lang kein einziges Buch anrühren, doch las er gewöhnlich täglich ein bis zwei Stunden. Zu seiner Lektüre gehörten Historisches, Essays, metaphysische, religiöse und wissenschaftliche Abhandlungen, Romane und Dichtung – obwohl letzteres besonders selten.

Am liebsten ging er spazieren. Wenn er die Wiesen sah, die Bäume, die Blumen, die Licht- und Schattenspiele, die sich ständig verändernden Wolkenlandschaften, wenn er den Vögeln lauschen konnte und den Heimchen, den Fröschen, dem Wind in den

---

[110] Bucke, R. M.: *Walt Whitman*, David McKay, Philadelphia 1883.

Bäumen und all den übrigen Klängen und Geräuschen der Natur, so bestand kein Zweifel daran, daß er hier ein Glück fand, das die Freuden, die gewöhnliche Menschen ihm bringen konnten, weit überstieg.

Dem Geschäft des Schreibens scheint er nie viel Zeit gewidmet zu haben. Privatbriefe von ihm blieben eine Seltenheit. War er bei uns zu Besuch, so war es nichts Ungewöhnliches, wenn er in einem Brief etwa an eine kanadische Zeitung Auskunft über seine Reisen, sein Befinden, seine letzten Taten und Gedanken gab, den Brief fünfzigfach abzog und die Kopien als Privatbriefersatz an Freunde und Verwandte, vor allem aber an die jungen Herren und Damen verschickte. Fast alles Schriftliche wurde bei ihm zunächst mit Bleistift auf ein paar notdürftig mit einer Büroklammer zusammengehefteten Blättern festgehalten, die er stets in der Brusttasche mit sich herumtrug. Er sagte, er hätte es mit allen möglichen Notizbüchern versucht, doch sei diese Lösung die beste.

Whitman hat nicht viel geredet. Obwohl er immer heiter und ›gut zu haben‹ war, kam es vor, daß er den ganzen Tag kaum ein Wort sagte. Fand er sich aber im Gespräch, so war seine Rede immer locker und zwanglos.

Als wir einmal über eine schöne Landschaft sprachen und über unsere Sehnsucht, hinzufahren und in ihr zu leben, meinte er: »Die große Lektion, wenn man's recht bedenkt, ist doch die, daß weder Alpen, noch Niagara, Yosemite, noch irgendwelche anderen besonderen Sehenswürdigkeiten der Natur prächtiger oder großartiger sind als der gewöhnliche Sonnenauf- und -untergang, der Himmel und die Erde, die gewöhnlichen Bäume und Wiesen.« Und genau das scheint mir der Kern aller seiner Aussagen: daß das Alltägliche das Allergroßartigste ist; daß das Außergewöhnliche in allen seinen Ausprägungen in keiner Weise besser, schöner oder kostbarer ist als das Übliche und daß das, was wir wirklich brauchen, nicht irgendein ferner Besitz ist, der uns gegenwärtig fehlt, sondern offene Augen und Herzen, um zu sehen und zu fühlen, was da ist.

Er sprach nie abschätzig von irgendeiner Nationalität oder Klasse von Menschen, noch von bestimmten Epochen oder Herrschaftsformen oder Berufen oder sonstigen Tätigkeiten. Selbst was Tiere, Insekten, Pflanzen, leblose Dinge, Naturgesetze oder die Ergebnisse dieser Gesetze wie Krankheit, Verkrüpplung oder Tod anbelangt, so habe ich darüber nie ein abschätziges Wort von ihm gehört. Er hat über Wetter, Schmerzen, Krankheit oder anderen Ärger nie geklagt oder gejammert. Er hat nie geklatscht. Er hat selten über Privatpersonen gesprochen, nicht einmal in anerkennender Weise, es sei denn als Antwort auf eine Frage oder Bemerkung, und auch dann nur, um die in Frage stehende Person aufzuwerten.

Whitman schildert uns ganz unmittelbar (wiewohl nicht so ausführlich, wie es wünschenswert gewesen wäre) den Augenblick, in dem er zum kosmischen Bewußtsein durchbrach und dann gegen Ende seines Lebens das allmähliche Dahinschwinden dieses neuen Bewußtseins. Es ist nicht so, daß er ständig in diesem neuen Sinn gelebt hätte, doch sind die erleuchteten Phasen mit zunehmendem Alter immer seltener und kürzer geworden. Auch haben sie an Lebendigkeit und Intensität verloren.

Die authentische Schilderung der Erleuchtung wie auch die Tatsache, daß wir über Whitmans Jugend ziemlich genau Bescheid wissen, versetzt uns in die glückliche Lage, in diesem besonderen Fall die durch das Erwachen zum kosmischen Sinn gesetzte Grenze genau nachzeichnen und den frühen, noch ganz von seinem Ich beherrschten Whitman mit dem durch kosmische Erfahrung gewandelten Dichter vergleichen zu können.

Es gibt immer einen Unterschied zwischen dem Früh- und dem Spätwerk eines Künstlers. Welch ein Wandel etwa von Shelleys Romanzen zu seiner ›Cenci‹; oder von Macaulays frühesten Essays zu seiner *History*. Doch geht es hier um noch etwas anderes. Von »Zastrozzi« zum »Epipsychidion«, von Macaulays »Milton« zu seinem »Massacre of Glencoe« können wir eine allmähliche Steigerung in Ausdrucksvermögen und Kraft nachzeichnen. Bei Whitman aber, wie auch bei Balzac, stehen wir vor dem seltsamen Phänomen, daß praktisch wertlose Schriften unmittelbar gefolgt werden von Seiten, über die von oben bis unten in großen Lettern etwas wie ein himmlisches Feuer die Worte EWIGES LEBEN geschrieben hat; Seiten, die nicht nur mit einem Meisterwerk beschrieben sind, sondern mit Sätzen von einer Lebensnotwendigkeit und zugleich -fülle, wie sie in der Geschichte der Literatur noch keine zehn Mal zum Ausdruck gekommen sein dürften. Diese augenblickliche Geburt des Titanen aus dem Menschen, dieses tiefe Mysterium des Eintretens in die Macht und den Glanz des Himmelreichs ist das geheimnisvolle Dunkel, in das die vorliegende Untersuchung ein Licht werfen will.

Interessanterweise hat Whitman ebensowenig wie Gautama, Paulus oder Mohammed eine Ahnung gehabt, was es war, das ihn so plötzlich mit all dem Licht und all dem Leben ausstattete und mit jener anhaltenden Freude, die gleichfalls zu jenem Zustand gehört, der ihn immer wieder in grenzenloses Staunen versetzen sollte. »Staunend wandere ich in meiner eigenen Leichtigkeit und Freude«, schrieb er.

Whitman muß seine erste Erleuchtung im Juni 1853 oder 1854 im Alter von vierunddreißig oder fünfunddreißig Jahren erlebt haben. Die erste Erwähnung der Erfahrung findet sich in dem folgenden Gedicht, das in der 1855 entstandenen »Gesang von mir selbst«-Reihe an fünfter Stelle steht:

»Ich glaube an dich, meine Seele, mein andres Teil soll
 sich nicht erniedern vor dir,
Noch du dich vor ihm.

Schlendre mit mir durch das Gras, löse den Stöpsel aus
 deiner Kehle.
Nicht Worte, Musik oder Reim verlang ich, nicht weisen
 Spruch, und wäre es der beste,
Einzig das Lullen lieb ich, das Summen deiner gedeckten
 Stimme.

Ich denke, wie einst wir lagen an solch einem durch-
 sichtigen Sommermorgen,
Wie du dein Haupt quer über meine Lenden legtest und
 dich leise über mich kehrtest
Und das Hemd streiftest von meinem Brustbein und tauchtest
 deine Zunge in mein entblößtes Herz
Und hinaufreichtest, bis du meinen Bart fühltest und
 hinabreichtest, bis du meine Füße hieltest.

Alsbald erhob und breitete sich um mich der Friede und das
 Wissen, das höher ist als alle Beweisgründe der Erde,
Und ich weiß, daß der Geist Gottes der Bruder meines
 eignen Geistes ist,
Und daß alle Männer, die je geboren, auch meine Brüder
 sind, und die Frauen meine Schwestern und Liebsten,

Und daß der Richtkiel der Schöpfung Liebe ist ...«[111]

---

[111] Die hier zitierten Whitman-Gedichte wurden von Hans Reisiger ins Deutsche übertragen. *Walt Whitmans Werk*, Rowohlt Verlag, Hamburg 1956, S. 104.

Aufschlußreich sind auch die folgenden Zeilen, die zwar aus einer anderen Zeit stammen, aber zweifellos auf eine ähnliche Erfahrung Bezug nehmen:

»Und wie in einem Taumel blendet mich für die Dauer
eines Augenblicks
Eine andere Sonne, unsäglich voll
Und alle Himmelskörper die ich je gekannt habe, und
leuchtender, neue Himmelskörper
Ein Augenblick vom Land der Zukunft, Himmelsland . . .«

Man vergleiche hierzu Dantes »Und plötzlich schien, als wäre Tag zu Tag / gefügt, als hätte er, der alles kann, / geschmückt mit einer zweiten Sonn' den Himmel . . .« (Paradiso 1. Gesang 61–63). Noch einmal Whitman:

»Hast du nie eine Stunde erlebt,
Einen jähen, göttlichen Strahl, unter dem all diese
Seifenblasen, Moden, Wohlstand
Diese emsig verfolgten Ziele – Bücher, Politik, Kunst
Liebschaften
Zu einem schieren Nichts zerbarsten?«

Auch in den folgenden Auszügen aus Whitmans Prosaschriften geht es immer wieder um das kosmische Bewußtsein:

»In unseren besten Stunden steigt ein Bewußtsein, ein Gedanke in uns auf, unabhängig, hoch über allem anderen, gelassen wie die Sterne, in ewigem Glanz. Das ist der Gedanke der Identität – der deinigen für dich, wer du auch seist, wie der meinigen für mich. Wunder der Wunder, über allen Ausdruck erhaben, geistigster und duftigster aller Erdenträume, und doch die festeste Grundtatsache und der einzige Zugang zu allem Geschehen. In solchen andächtigen Stunden, inmitten der bedeutsamen Wunder von Himmel und Erde (bedeutsam nur wegen meines Ich im Mittelpunkt), fallen alle Glaubensbekenntnisse und Konventionen ab und werden belanglos vor dieser einfachen Idee. In der Erleuchtung wirklichen Schauens nimmt sie allein Besitz von uns und hat allein Wert für uns. Wie der schattenhafte Zwerg im Märchen dehnt sie sich, einmal entfesselt und erkannt, über die ganze Erde aus und reicht bis an das Dach des Himmels.«[112]

[112] Ibid., S. 389.

»Ich möchte in der Tat behaupten, daß einzig in der vollkommenen, unbefleckten Einsamkeit der Individualität die eigentliche Geistigkeit der Religion wirklich in Erscheinung zu treten vermag. Nur in ihr ist tiefe Betrachtung, andächtige Ekstase und Aufschwung der Seele möglich; nur in ihr eine wahre Kommunion mit den Mysterien, den ewigen Rätseln des Woher und Wohin. Aus einsamer, andächtiger Versenkung in das Gefühl der Identität schwingt sich die Seele empor, und alle Satzungen, Kirchen, Predigten verwehen wie Dunst. In einsamen, schweigenden Gedanken der Ehrfurcht und Sehnsucht läßt das innere Bewußtsein seine wunderbaren Linien, gleichwie eine bisher unsichtbare Schrift in magischer Tinte, aufleuchten für den Geist. Bibeln mögen Überlieferung bringen, und Priester mögen sie auslegen, aber einzig und allein dem lautlosen Wirken des einsamen Ich ist es vergönnt, in den reinen Äther der Anbetung einzugehen, die Höhe Gottes zu erreichen und mit dem Unaussprechlichen Zwiesprache zu pflegen.«[113]

Der nächste Absatz scheint prophetisch für die Menschheit der Zukunft:

»Eine gesund geborene und auferzogene Rasse, aufwachsend im Haus und im Freien unter den rechten harmonischen Bedingungen für Tätigkeit und Entwicklung würde wahrscheinlich, infolge dieser Bedingungen, Genüge darin finden, *zu leben*, – und würde in ihren Beziehungen zu Himmel, Luft, Wasser, Bäumen usw. und zu all dem Zahllosen, was es an jedem Tag zu sehen gibt, und in der Tatsache des Lebens selber Glückseligkeit entdecken und genießen, – und dies ihr *Sein* wäre Tag und Nacht durchflutet von gesunder Entzückung, weit über allen Freuden, die Reichtum, Vergnügungen oder selbst befriedigter Intellekt, Bildung oder Sinn für Kunst zu gewähren vermögen.«[114]

Und schließlich der schönste Passus:

»Sieh auf die Natur (dieses einzige vollkommene, wirkliche Gedicht), die so gelassen inmitten des göttlichen Planes ruht,

---

[113] Ibid., S. 394.
[114] Ibid., S. 411.

allumfassend, zufrieden, unbekümmert um alle Eintagskritik und alle die endlosen, wortreichen Schwätzer. Und höre auf das Bewußtsein der Seele, die ewige Identität, den Gedanken, das Etwas, vor dem selbst die Bedeutung von Demokratie, Kunst, Literatur usw. zusammenschrumpft und partiell und meßbar wird, – das Etwas, das vollkommen befriedigt (was jene nicht tun). Dieses Etwas ist das All und das Bewußtsein des Alls, zugleich mit dem Bewußtsein der Ewigkeit und dem Bewußtsein der Seele von sich selbst, die, immerdar, fröhlich obenauf durch den Raum segelt zu allen Bereichen hin wie ein Schiff auf See. Und nochmals: höre auf den Herzschlag in aller Materie und allem Geist, wie er unablässig klopft, – die ewigen Pulsschläge, die ewige Systole und Diastole des Lebens in den Dingen, – daran ich fühle und erkenne, daß Tod nicht, wie man glaubte, das Ende ist, sondern der wahre Anfang, – und daß nichts je verlorengegangen ist oder verlorengehen kann, weder Seele noch Stoff . . .«[115]

Stark und deutlich tritt in diesem Abschnitt die Bewußtheit des Kosmos und seines ewigen Lebens hervor, dem die ebenso großartige und ewige Seele des einzelnen zur Seite gestellt wird. Whitman findet in diesen wenigen Zeilen einen plastischen Ausdruck für das, was wir in dieser Untersuchung als ›das kosmische Bewußtsein‹ bezeichnen.

Wo das kosmische Bewußtsein in Erscheinung getreten ist, hat es bisher in fast allen Fällen über den Menschen triumphiert. Die meisten Erleuchteten haben es als etwas Übermenschliches gesehen, eine mehr oder weniger übernatürliche Fähigkeit, der sie sich zu beugen hatten und die sie von der übrigen Menschheit trennte. Da das Hereinbrechen des neuen Lebens stets mit einer Läuterung und Schärfung des sittlichen Empfindens einhergeht, waren sie durchweg bemüht, den Mitmenschen auf diese oder jene Weise zu helfen. Doch haben sie weder die Notwendigkeit noch eine Möglichkeit gesehen, sich ihrer ungewöhnlichen Kraft und Einsicht in einer irgendwie zielgerichteten und systematischen Weise zu bedienen. In anderen Worten: Der Mensch, statt sich die neue Fähigkeit anzueignen und dienstbar zu machen, hat sich von ihr bisher weitgehend in Besitz nehmen und benutzen lassen. Ganz eindeutig war dies etwa bei Paulus der Fall, der sich von der Macht

---

[115] Ibid., S. 416.

und Herrlichkeit des neuen Sinns dazu verleiten ließ, die in Wahrheit gleichrangige Göttlichkeit seiner früheren Fähigkeiten unterzubewerten. Das gleiche gilt für Gautama. Das ganze Elend und Unheil, dem die Menschheit bis auf den heutigen Tag allein deshalb ausgesetzt ist, weil diese beiden Männer einen Teil ihrer eigenen Erfahrung falsch verstanden und gelehrt haben, daß ein Teil des Menschen gut und förderungswürdig sei, während es einen anderen – das Fleisch«, den »natürlichen Menschen« – gebe, der böse sei und vernichtet oder zumindest verdeckt und versteckt werden müsse, dieses aus einem Mißverständnis erwachsene Urteil ist gar nicht mehr überschaubar in all seinen traurigen Auswirkungen und kann uns manchmal dazu verleiten, die im Vergleich noch erheblich größeren Verdienste dieser Männer zu vergessen. Dabei darf man gleichfalls nicht vergessen, daß der Zug zu Weltentsagung und asketischem Mönchtum bereits voll im Schwange war, als Paulus oder Gautama zu lehren begannen, und daß sie für die Körperfeindlichkeit ihrer Anhänger folglich nicht allein verantwortlich gemacht werden können.

In seiner *Social Evolution* beschreibt Benjamin Kidd[116] in eindringlichen und überzeugenden Worten den gewaltigen Zug zur Selbstverleugnung, durch den sich die frühchristliche Welt auszeichnete. Er legt dar, daß der fragliche Impuls, so irrational auch immer, eine Bedeutung hat, die tiefer als die Vernunft ist; daß Strebungen dieser Art, will die Menschheit sich fortentwickeln, eine Notwendigkeit sind (obwohl es weder notwendig noch wünschenswert ist, daß sie eine Macht gewinnen wie in den ersten christlichen Jahrhunderten); und daß sie in der Gesamtentwicklung ebensoviel Sinn und Berechtigung haben wie ihr Pendant, die sozialen Instinkte. Was Kidd *nicht* sieht, ist, wie und woher die führenden Repräsentanten dieser Haltung jene tieferen Einsichten und jene Gewißheit gewannen, die sie selbst und, durch sie, die Welt so mächtig und nachhaltig bewegt haben.

Der Antagonismus zwischen dem höheren und dem niederen Leben, zwischen dem Leben für sich selbst und dem Leben für andere, zwischen Leib und Geist, zwischen Individuum und Gesellschaft, zwischen Ichbewußtsein und kosmischem Bewußtsein ist vielleicht die Grundtatsache der modernen Welt, die Grundspannung, aus der sie sowohl ihre Bewegung als auch ihre Stabilität gewinnt, ebenso wie die entgegengesetzten Zentrifugal-

---

[116] Macmillan & Co., London 1894.

und Zentripetalkräfte im astralen Bereich für Bewegung und Stabilität sorgen. Von da aus gesehen kann man Ernest Renan nur recht geben, wenn er sagt: »Le sort des grands hommes est de passer tour à tour pour des fous et pour des sages. La gloire est d'être un de ceux que choisit successivement l'humanité pour les aimer et les haïr.«[117]

Möglicherweise ist Walt Whitman der erste Mensch, der bei voll entwickeltem kosmischen Bewußtsein entschlossen war, sich von dem neuen Sinn nicht beherrschen zu lassen, sondern ihn im Gegenteil ins Joch zu nehmen, um ihn zusammen mit dem einfachen Bewußtsein, dem Ichbewußtsein und den übrigen Fähigkeiten und Funktionen dem geeinten *Selbst* dienstbar zu machen. Er sah, was weder Gautama noch Paulus sahen, was Jesus gesehen hat, obwohl nicht so klar wie er, daß diese neue Funktion, obwohl wahrlich gottähnlich, trotzdem in keiner Weise übernatürlicher oder übermenschlicher ist als unsere Fähigkeit, zu sehen, zu hören, zu schmecken, zu fühlen. Folglich weigerte er sich, dem neuen Sinn unbegrenzt freien Lauf zu lassen und ihm über die übrigen Funktionen eine absolute Herrschaft einzuräumen. Er glaubt an das neue Bewußtsein, sagt aber, daß das andere Ich, das alte Ich, sich vor ihm nicht erniedern darf; noch soll das neue sich vom alten mißbrauchen oder begrenzen lassen; er will dafür sorgen, daß die beiden friedlich koexistieren werden. Am Rande sei hier ruhig noch vermerkt, daß niemand behaupten kann, die *Grashalme* zu verstehen, wenn er diesen letzten Punkt nicht ganz klar erkannt hat.

1874/5, als der arme, kranke, unbeachtete Entdecker in der Welt des Geistes sich in einer ähnlich deprimierenden Lage befand wie Kolumbus, als er 1503 vor den Antillen Schiffbruch erlitt, schrieb Whitman sein »Gebet des Kolumbus«. Wie so häufig, nahm Whitman auch hier wieder die Ähnlichkeit der Umstände zum Vorwand, einen anderen Menschen als sein Sprachrohr zu benutzen. Das ändert nichts daran, daß es der Dichter selbst ist, der das Gebet und in dem Gebet von seinem eigenen Leben, Tun und Geschick spricht. Ganz klar und deutlich nimmt das Gedicht Bezug auf das kosmische Bewußtsein:

---

[117] »Los der Großen ist es, mal als Narren, mal als Weise zu gelten. Die höchste Ehre ist es, einer von jenen zu sein, die die Welt sich ausersieht, um sie wechselweise zu lieben und zu hassen.«

». . .
Du kennst all meine Jahre, mein Leben
. . .
Du kennst meines Mannesalters feierliches und visionäres
Denken
. . .
O ich bin sicher, sie kommen in Wahrheit von dir,
Der Drang, der Eifer, der unbeirrbare Wille,
Der starke, tief im Innern gefühlte Ruf, stärker als Worte,
Ein Auftrag vom Himmel flüsternd zu mir sogar im Schlaf,
Sie trieben mich an.
. . .
Noch einmal erhebe ich mich zu dir – mein Altar dieser
kahle Sand;
Daß du, o Gott, mein Leben erleuchtet hast
Mit stetigem Strahl unnennbaren Lichts aus deiner Gnade,
Unsagbar herrlichem Licht, Licht alles Lichts,
Hoch über allen Zeichen, Namen, Sprachen,
Dafür, o Gott, mit meinem letzten Wort, hier auf den Knien,
Alt, arm, gelähmt, sag ich dir Dank.
. . .
Meine Hände und Glieder sind kraftlos,
Mein Hirn ist zerstört und verwirrt,
Laß das alte Gerüst versinken, ich will nicht versinken,
Ich will mich fest an dich klammern, o Gott, wenn auch
die Wellen mich schlagen,
Denn dich, dich kenne ich.«[118]

Dieser Lobpreis der göttlichen Güte, der er mit jenem ›stetigen Strahl unnennbaren Lichts‹ das kosmische Bewußtsein verdankt, erinnert zwangsläufig an Bacon, der seinem Schöpfer eben in jenem Sommer 1621, als es ihm äußerlich wie innerlich ebenso miserabel ging wie Whitman, als er sein »Gebet des Kolumbus« schrieb, für alle »Gaben und Gnaden« dankte.

Die nächste direkte Anspielung auf das kosmische Bewußtsein findet sich in einem Gedicht mit dem Titel »Nun Lebwohl, ihr vorausgegangenen Lieder«, das im Juni 1888 zu einer Zeit entstand, da Whitman seine Tage erneut gezählt wähnte. Das Gedicht war als ein hastiger Abschied von den *Grashalmen*

---

[118] *Walt Whitmans Werke,* op. cit., S. 313–314.

konzipiert. In den letzten Zeilen meint er zu den Liedern und ihrem Ursprung:

»O Himmel! Welch ein Blitz, der diese endlose Folge
auslösen konnte! Und im Vergleich dazu, fürwahr!
Welch kümmerliche Fetzen selbst die besten!«

Wenn Whitman hier ganz klar sagt, daß selbst seine besten Gedichte nur ›kümmerliche Fetzen‹ sind im Vergleich zu dem Blitz, der sie ausgelöst hat, so muß dazu gesagt werden, daß er von seinen *Grashalmen* durchaus keine schlechte Meinung hatte. So sagte er verschiedentlich, obwohl halb im Scherz, doch deshalb nicht weniger überzeugt, daß sie von keinem seiner eifrigsten Anhänger, nicht einmal von O'Conner, Burroughs oder Bucke so hochgeschätzt würden wie von ihm selbst.

Whitman erholte sich wieder von dieser vorübergehenden Schwäche im Jahre 1888. Von Zeit zu Zeit scheint auch das Licht wieder geleuchtet und die Stimme wieder geraunt zu haben, doch weiß man, daß Whitmans seherische Kraft und die Einflüsterungen seiner »Stimme« im Laufe der Zeit und mit zunehmender Altersschwäche nachgelassen haben. Endlich erlosch der »Glanz Brahmas« im Jahre 1891, als Whitman zweiundsiebzig Jahre zählte, und der Dichter sagt ihm Lebwohl in jenen mystischen Zeilen »An die Sonnenuntergangs-Brise«, die ihm von Harpers mit dem Vermerk »eine bloße Improvisation« zurückgeschickt wurden:

»Du hast, o Natur! Elemente! Über alles erhaben
meinem Herzen das Höchste – denen auch dies hier
zugehört ...
Du bist geistig, göttlich, meinen Sinnen vertrauter
als alles,
Kündest mir hier und jetzt, was Sprache nie kundgetan
hat noch kundtun kann,
Bist du nicht universell, Destillat des Konkreten?«

Menschen mit kosmischem Bewußtsein sind, kühn ausgedrückt, »Optimisten«. Schließlich *sehen* sie die Ordnung des Kosmos und haben erkannt, »daß denen, die Gott lieben, alle Dinge zum Besten dienen«, wie Paulus in Römer 8,28 sagt. Whitman bildet hier keine Ausnahme. Er sagt es immer wieder in immer neuen Wendungen: »Meine Kehle weitend, singe ich dich, erhabener Alltag. / Dich Erde und Leben, solange der letzte Strahl noch glüht.«[119] »Und ich sage, es gibt in Wahrheit kein Übel.«[120] »Klar und süß ist meine Seele und klar und süß ist alles, das nicht meine Seele ist.«[121] »Ist es ein Glück, geboren zu sein?« fragt er, und antwortet: »Es ist ein ebensolches Glück, zu sterben.«

»Ich lobsinge mit elektrischer Stimme,
Denn ich sehe nicht *eine* Unvollkommenheit im Weltall,
Und ich sehe nicht *eine* Ursache oder Wirkung im Weltall, die zu beklagen wäre.
O sinkende Sonne! Obwohl meine Stunde erfüllt ist,
Schmettre ich doch unter dir, wenn keiner es tut, unbändige Gebete.«[122]

[119] Ibid., S. 343.
[120] Ibid., S. 106.
[121] Ibid., S. 102.
[122] Ibid., S. 345.

Edward Carpenter
(1844–1929)

Edward Carpenter ist in Brighton geboren, besuchte dort auch das College und kam als Zwanzigjähriger mit einem Stipendium nach Cambridge, wo er nach Abschluß seines Studiums zum Priester geweiht wurde. Hierauf wirkte er als Unterpfarrer an der St.-Edwards-Kirche.

An die historische Richtigkeit der Bibel hat Carpenter nie recht glauben können. Sein Vater hatte der liberalen Richtung der englischen Staatskirche angehört und ihn zu selbständigem Denken erzogen. Er hatte schon in sehr jungen Jahren den Entschluß gefaßt, Geistlicher zu werden, und an dieser Idee vor allem deshalb festgehalten, weil er überzeugt war, daß die Kirche sich von innen heraus erweitern und erneuern lassen würde. Doch kaum war er in das Innere des Apparats aufgenommen, da stellte er fest, daß die erstrebte Erweiterung eine ungemein lange Zeit in Anspruch nehmen würde. Schließlich wurde sein Unbehagen so groß, daß ein radikaler Bruch unausweichlich wurde. So gab er sein geistliches Amt nach fünfjähriger Tätigkeit im Jahre 1874 auf.

In den Jahren zwischen 1874 und 1880 begann Carpenter, sich mit Erfolg ein neues Aktionsfeld zu erschließen. Als Leiter von Volkshochschulkursen war er in dieser Zeit vor allem in den Gegenden um York, Nottingham und Sheffield bekannt und geschätzt. Gleichzeitig begann er, sich mit sozialen Fragen auseinanderzusetzen, und kam zu dem Schluß, daß die Gesellschaft auf den falschen Grundlagen aufgebaut war und sich in die falsche Richtung entwickelte.

Nach eigenen Angaben erlebte Carpenter 1881 als Siebenunddreißigjähriger den Durchbruch zum kosmischen Bewußtsein. Als unmittelbare Folge dieser Erfahrung sagte er seiner bisherigen gesellschaftlichen Stellung Lebewohl, um statt dessen Arbeiter zu werden. Er erwarb ein Stück Land, baute ein kleines Haus und lebte dort zusammen mit der Familie eines Arbeiterkollegen. Er trug fortan die auf dem englischen Lande üblichen Cordhosen und nährte sich genau wie die übrigen »Kumpels« von seiner Hände Arbeit. Sitten und Gebräuche, Herz und Seele der Reichen schienen ihm weniger nobel als die der Armen, und so zog er es vor, selbst arm zu sein und unter Armen zu leben. Er folgte in dieser Hinsicht einem ähnlichen Instinkt, wie es vor ihm Gautama, Jesus, Paulus und Whitman getan hatten. Immerhin behielt er seinen Flügel, um sich nach der harten Tagesarbeit etwa mit einer Beethovensonate zu entspannen, denn er war ein fähiger und origineller Musiker. Daß er ein erklärter und radikaler Sozialist, vielleicht sogar Anarchist war, braucht nicht eigens hervorgehoben zu werden. Er ist *eins* mit dem Volk, dem »Mann auf der Straße« (von dem es – wie Lincoln sagte – so viele gibt, weil Gott ihn liebt und weil er ihn deshalb in großer Zahl sehen möchte). Der so oft geäußerte Verdacht, daß Männer dieses Schlags als Arme unter Armen leben, um auf diese Einfluß nehmen zu können und um es gleichzeitig »den Reichen zu zeigen«, ist absurd. Sie fühlen sich vielmehr von diesem anderen Milieu angezogen, weil es ihnen echter und lebensnäher scheint als die erstarrten Formen der Reichen. Hin und wieder kehrte Carpenter in die sogenannte »Gesellschaft« zurück, weil er dort gute und teure Freunde hatte, doch waren dies immer nur Stippvisiten von kurzer Dauer. Wichtiger als alles andere war ihm in ihm selbst wie auch in anderen Aufrichtigkeit, Spontaneität und Lauterkeit, und diese Qualitäten – so sagt er – findet man eher im »gemeinen Volk« als bei jenen privilegierten Herrschaften, die die Gesellschaft bilden.

1873 veröffentlichte Carpenter den Gedichtband *Narzissus*. 1875 erschien sein *Moses: A Drama*. 1869 fiel ihm Whitmans *Grashalme* in die Hände und die darin enthaltenen Gedichte beschäftigten ihn in den darauffolgenden zehn Jahren immer und immer wieder. Obwohl sich auf diesem Feld nichts beweisen läßt, darf man doch annehmen, daß diese kontinuierliche Auseinandersetzung mit Whitmans Werk Carpenters eigene Entwicklung zum kosmischen Erleben erheblich gefördert hat. Unmittelbar nach seiner Erleuchtung begann er *Towards Democracy* zu schreiben – das Buch, in dem er die Lehren des kosmischen Sinns zu gestalten versuchte. Die erste Auflage des zunächst noch kleinen und dünnen Bändchens erschien 1883; das Bändchen war erheblich erweitert worden, als 1885 die zweite Auflage erschien. Mit der dritten Auflage kam 1892 ein voll ausgewachsenes Buch auf den Markt, und schon im Jahre 1896 gab es eine vierte Auflage. Wer eine Vorstellung vom kosmischen Bewußtsein gewinnen und wissen will, in welcher Weise es sich vom gewöhnlichen Ichbewußtsein unterscheidet, könnte keine bessere Lektüre wählen. Neben *Towards Democracy* veröffentlichte Carpenter 1887 *England's Ideal,* 1889 *Civilization, its Cause and Cure* und 1893 *From Adam's Peak to Elephanta* – ausnahmslos außerordentlich lesenswerte Werke.

In einem Brief an den Verfasser, der um einige den kosmischen Sinn betreffende Detailangaben gebeten hatte, schrieb Carpenter:

»Ich sehe mich wirklich nicht in der Lage, Ihnen Näheres mitzuteilen, ohne die Sache selbst zu verfälschen oder zu verdunkeln. Ich habe mein Bestes getan, das alles in *Towards Democracy* niederzulegen. Ein direktes physisches Licht habe ich selbst nicht erfahren. Die Erfahrung scheint die zu sein, daß alle Sinne zu einem einzigen Sinn verschmelzen. In welchem Du selbst zum Objekt wirst. Aber das ist unverständlich vom intellektuellen Standpunkt. Ich glaube nicht, daß wir die Sache jetzt schon definieren können; aber darüber zu schreiben, wird ihr sicherlich nicht schaden ...«

In *Die Civilisation, ihre Ursachen und ihre Heilung* finden sich die folgenden, sehr präzisen Ausführungen zum selben Thema:

»Und trotz der Herrschaft des anderen Systems, und obgleich die Heiden unserer Zeit toll sind in ihrem Glauben an dieses System, wollen wir die Anschauung aussprechen und vertreten, daß im Menschen ebenso tief das Bewußtsein des Göttlichen liegt, wie das Bewußtsein seiner Füße. Und so wie der Geschmacksinn von einer bloß lokalen Empfindung an der Zungenspitze zu einem alles durchdringenden Gefühl werden kann, das zuletzt mit der Gesundheit des ganzen Leibes gleichbedeutend wird, oder so wie das Blau des Himmels für den einen Menschen nichts weiter sein mag, als eine bloße oberflächliche Farbempfindung und für einen anderen die Inspiration zu einem Gedicht, und für einen Dritten, wie z. B. für den »gottberauschten« Araber der Wüste, eine göttliche Gegenwart, gleich dem Dyaus oder Zeus der Alten, so mag sich vielleicht wohl auch das ganze Bewußtsein des Menschen von einem bloß lokalen und zeitweiligen zu einem göttlichen und universellen erheben. Daß in jedem Menschen ein lokales Bewußtsein, das mit seiner äußerlichen körperlichen Erscheinung verbunden ist, existiert, das wissen wir. Aber finden sich nicht auch in jedem Menschen die Bedingungen und Elemente eines kosmischen Bewußtseins? Daß es Bewußtseinsphasen in uns gibt, die die Schranken der körperlichen Sinne überschreiten, das ist eine Sache täglicher Erfahrung; daß wir Dinge wahrnehmen und wissen, die wir nicht mit unseren körperlichen Augen sahen, noch mit unseren körperlichen Ohren hörten, ist sicher; daß manchmal Wogen eines Bewußtseins in uns anschwellen, das uns Eins fühlen läßt mit denen, die um uns sind, mit dem Volk, mit der Rasse, zu der wir gehören, ist gleichfalls gewiß. Sollte es nicht in uns die Bedingungen einer Wahrnehmung und eines Wissens geben, die nicht nur an diesen Körper, der hier und jetzt existiert, gebunden sind, sondern die für alle Zeit und alle Orte gelten? Gibt es nicht in Wahrheit, wie wir bereits angedeutet haben, eine innere Erleuchtung, von der das, was wir das Licht in der Außenwelt nennen, nur eine Teiloffenbarung und nur ein spezieller Ausdruck ist – eine Erleuchtung, durch die wir die Dinge zuletzt erkennen, *wie sie wirklich sind,* und die ganze Schöpfung, die Tiere, die Engel, die Pflanzen, die Gestalten unserer Freunde und alle Reiche und Rassen der Menschheit in ihrem wahren Wesen und in ihrer wahren Ordnung erkennen, und das nicht durch irgend eine lokale Wahrnehmung, einen Nervenakt, sondern durch eine kosmische Intuition und eine Mitgegenwart, dadurch, daß wir uns mit dem, was wir schauen, identisch empfinden? Gibt es nicht einen vollkommeneren Gehörsinn, der den Gesang der Morgensterne vernehmen könnte, ein Verstehen der Worte, die durch das ganze Weltall gesprochen sind, des verborgenen Sinnes aller Dinge, des Wortes, das die Schöpfung selbst ist? Ein tiefes und alles durchdringendes Hören, für das unser gewöhnliches Hören nur das Noviziat und die erste Einweihung bedeutet? Werden wir nicht eines inneren Gesundheits- und Heiligkeitsgefühls gewahr – das eine Übertragung und höchste Entwicklung des äußeren Geschmacksinnes ist, das die Kraft hat, für uns ohne Gründe und unwiderstehlich zu bestimmen, was für uns in jedem einzelnen Falle des Lebens zu tun oder zu leiden gut und recht ist?

Und so weiter. Ich brauche nicht mehr zu sagen. Wenn es solche Kräfte im Menschen gibt, dann ist auch eine wirkliche Wissenschaft möglich. Gibt es sie nicht, dann ist auch nur eine zeitweilig gültige und nur das Phantom einer Wissenschaft möglich. ›Was wir direkt durch unser Bewußtsein selbst wissen‹, sagt Stuart Mill in seinem *System der Logik,* ›das wissen wir so, daß daran zu zweifeln uns überhaupt nicht möglich ist.‹ Was wir durch unser lokales und zeitweiliges Bewußtsein wissen, das wissen wir für den Augenblick, so daß wir nicht daran zweifeln können; was uns durch unser dauerndes und das All umfassende Bewußtsein vermittelt wird, das wissen wir für immer, ohne daran zweifeln zu können.«[123]

In seinem späteren Werk *From Adam's Peak to Elephanta* und speziell in dem darin enthaltenen Kapitel »Consciousness Without Thought« bemüht Carpenter sich erneut, dem Uneingeweihten eine Vorstellung von Erfahrung und Sinn des kosmischen Bewußtseins zu vermitteln. Hier der nahezu vollständige Text des besagten Kapitels:

»Die Frage ist: Worin besteht die Erfahrung? oder vielmehr – da eine Erfahrung nur demjenigen vertraut sein kann, der sie selbst gemacht hat: Was ist die Natur dieser Erfahrung? Aber schon bei dem Versuch einer Beantwortung dieser Frage fühle ich mich einigermaßen zerrissen aus demselben, schon erwähnten Grunde – weil es so schwierig, wenn nicht unmöglich ist, einen wahrheitsgemäßen Bericht von einer Erfahrung zu geben, die ein anderer gemacht hat. Könnte ich die Worte des Lehrers exakt wiedergeben ohne Beimischungen, sei es von mir selbst, sei es vom interpretierenden Freund, so wäre das etwas anderes; aber das vermag ich nicht, und könnte ich es, so stände zu befürchten, daß die wissenschaftliche Form, in die seine Gedanken gefaßt sind, dem Bemühen um Verständnis eher hinderlich als dienlich wäre. Das Beispiel der Heiligen Schriften, in denen wir eine ganze Menge verbürgter Informationen finden, ist Warnung genug: Obwohl westliche Kommentatoren im allgemeinen darin übereinstimmen, daß den in diesen Schriften vermittelten Lehren reale Erfahrungen zugrunde liegen, gehen ihre Meinungen über die Natur dieser Erfahrungen doch weit auseinander.

Aus diesem Grunde will ich hier nicht versuchen, die Lehren der indischen Gurus präzis und ohne eigene Beimischungen wiederzugeben, sondern – soweit mir das in meinen eigenen Worten und mit meinen modernen Geistesgaben möglich ist – nur die Richtung weisen, in welcher wir jene uralte Weisheit zu suchen haben, die auf den Osten einen so verblüffend starken

[123] Carpenter, Edward: *Die Civilisation, ihre Ursachen und ihre Heilung*, Hermann Seemann Nachf. Verlag, Leipzig 1903, S. 190–193.

Einfluß ausgeübt hat und vor der sich östliches und westliches Denken nach wie vor scheiden.

Als erstes möchte ich mich gegen ein mögliches Mißverständnis absichern. Aus der bloßen Tatsache, daß ein bestimmter Mensch mit einer ungewöhnlichen Fähigkeit begabt ist, wird häufig und häufig leichthin geschlossen, daß dieser Mensch allein durch den Besitz dieser Fähigkeit aus unseren gewohnten Lebenssphären in irgendwelche übernatürlichen Regionen enthoben ist und über alle in diesen Regionen anzutreffenden Geistesgaben verfügt. So wird von einem Hellseher etwa häufig erwartet, daß er alles sieht oder sehen müßte; hat ein Mensch sich zu einer gegebenen Zeit oder in einem gegebenen Fall im Besitz einer außergewöhnlichen Kraft gezeigt, so nimmt man ihm oft übel, wenn er diese wunderbare Kraft zu anderen Zeiten oder in anderen Fällen vermissen läßt. Vor derlei voreiligen Verallgemeinerungen müssen wir uns hüten. Ist der Mensch tatsächlich fähig, eine dem heutigen Durchschnittsbewußtsein überlegene Bewußtseinsform zu entwickeln, so ist es wahrscheinlich – nein, gewiß –, daß diese neue Form sich nur langsam und unter mancherlei Fehltritten und zögernden Unterbrechungen durchsetzen wird. In der dunklen Vergangenheit von Mensch und Tier haben sich eins nach dem anderen Empfindungs- und Ichbewußtsein herausgebildet, wobei jede dieser mächtigen Entwicklungen zahlreiche Verzweigungen und Verästelungen hervorbrachte. Wir dürfen mit Sicherheit annehmen, daß jede neue Bewußtseinsform zu jedem Zeitpunkt dieses gewaltigen Geschehens wie ein Wunder anmutete. Läßt sich etwas Wunderbareres denken als die erste Offenbarung der Sehkraft, etwas Unvorstellbareres für alle diejenigen, die diese Erfahrung des Sehens noch nie gemacht hatten? Dabei ist es zugleich doch auch absolut sicher, daß die ersten Erfahrungen dieser neuen Fähigkeit mit Irrtum und Versagen einhergingen. Dennoch mag es noch ein weiteres Schauen geben, das das gewöhnliche Sehvermögen ebenso weit übersteigt wie dieses den Tastsinn übertrifft. Es ist mehr als wahrscheinlich, daß in den verborgenen Geburten der Zeit ein Bewußtsein harrt, das weder Empfindungs- noch Ichbewußtsein ist, aber beide in sich vereint und übersteigt – ein Bewußtsein, das den Gegensatz zwsichen Innen- und Außenwelt, zwischen Subjekt und Objekt aufhebt. Der Teil der Welt, zu welchem ein derartiges Bewußtsein uns Zugang verschafft, dürfte mindestens ebenso ausgedehnt und komplex sein wie der uns heute bekannte Teil, und der Fortschritt in jenem neuen Bereich wird vermutlich ebenso langsam, zögernd, mühevoll, diskontinuierlich und unsicher vonstatten gehen, wie wir es von unserm gewohnten Lebensbereich gewöhnt sind. Es gibt keinen plötzlichen Sprung aus dem Wohnzimmer auf den Olymp; und die Wege vom einen zum anderen erweisen sich, wenn gefunden, als bestürzend lang und vielfältig.

Von denjenigen, die in einen Teil dieser neuen geistigen Region eintreten, sollten wir nun nicht automatisch annehmen, daß sie damit gleich unfehlbar oder zu Halbgöttern geworden seien. Die Erfahrung erweist sich im Gegenteil häufig als so fremd und neu, daß sie gespensterhafte Erscheinungen auslösen und zu allerhand fehlgeschalteten Spekulationen Anlaß geben kann. Obwohl man davon ausgehen kann und es im allgemeinen auch zutrifft, daß es vor allem die höher entwickelten Repräsentanten der derzeitigen Menschheit sind, die in den Besitz der jeweils ›abrufbereiten‹ neuen Fähigkeiten oder Funktionen gelangen, gibt es doch auch genügend wohlverbürgte Fälle, in denen Menschen von entschieden zweifelhaftem Charakter und Geiste Kräfte entwickelten, die ganz eindeutig einer höheren Entwicklungsstufe eigen sind und in ungeeigneten Händen entsprechend gefährlich werden können.

Auch auf diese Gefahren wird von den indischen Meistern immer wieder aufmerksam gemacht. Sie betonen – und das spricht doch für die Realität ihrer Erfahrung –, daß an der ganzen Angelegenheit nichts Abnormes oder Mirakulöses sei; daß die erworbenen Fähigkeiten im Ganzen das Ergebnis einer langen Entwicklung und Disziplin sind und daß sie ihre ganz eigene Gesetzmäßigkeit und Ordnung haben. Sie bestätigen, daß es magisch-dämonisch veranlagte Menschen gibt, die ohne eine entsprechende moralische Festigung gewisse magische Kräfte erworben haben, die ganz eindeutig einer höheren Bewußtseinsstufe zugehören, und auch sie räumen ein, daß die höchsten Bewußtseinsformen nur außerordentlich selten erreicht werden und daß in unserer heutigen Zeit nur sehr wenige Menschen das nötige Rüstzeug mitbringen. Nach diesen kleine Vorbehalten können wir nun fortfahren und sagen, daß das, was der Gnani sucht und verwirklicht, nichts anderes ist als eine neue Bewußtseinsstufe, die wir im Unterschied zu unserem gewohnten und vertrauten individuellen oder physischen Bewußtsein und in Ermangelung eines besseren Begriffs als das ›universelle‹ oder das ›kosmische Bewußtsein‹bezeichnen wollen.

Im Westen sucht man das individuelle Bewußtsein – mit sinnreichem Verstand, wachen Wahrnehmungen und Erinnerungen, individuellen Hoffnungen und Ängsten, Ambitionen, Zuneigungen, Eroberungen: kurz, das eigene Ich, das lokale Ich in allen seinen Phasen und Ausprägungen – und hegt starke Zweifel daran, ob es so etwas wie ein universelles Bewußtsein überhaupt gibt. Im Osten hingegen ist alles eben auf dieses universelle oder kosmische Bewußtsein ausgerichtet. Ist es erreicht, so schwinden individuelles Ich und Leben dahin, bis sie nurmehr ein Schatten der im Jenseits offenbarten Herrlichkeit scheinen.
Das individuelle Bewußtsein lebt und äußert sich im Denken, das flüssig und beweglich ist wie Quecksilber, in einem Zustand fortwährenden Wechsels und Wandels, voller Unruhe und beschwert von Mühsal und Leid. Jenes andere Bewußtsein hingegen gestaltet sich keineswegs als Denken. Es berührt, hört, sieht und ist die Dinge, die es wahrnimmt – ohne Bewegung, ohne Wandel, ohne Mühsal, ohne Unterscheidung von Subjekt und Objekt, aber mit einer allumfassenden und unbeschreiblichen Freude.
Das individuelle Bewußtsein ist an die Physis gebunden. Die Organe des Körpers sind bis zu einem gewissen Grade seine eigenen Organe. Im kosmischen Bewußtsein hingegen scheint der gesamte Körper zu einem einzigen Organ gebündelt. Um dieses Bewußtsein zu erzielen, muß der Mensch lernen, sich selbst als etwas von seiner Physis Getrenntes zu verstehen – d. h. er muß fähig sein, in einen Zustand der Ekstase zu treten. Ohne Ekstase läßt sich kein kosmisches Bewußtsein erfahren.

Die Einweihung vollzieht sich gewöhnlich in vier Phasen: 1) in der Begegnung mit einem Guru; 2) in der Erfahrung und Erkenntnis der Gnade, die auch als das Innewerden eines (selbst physiologischen) Wandels gedeutet werden kann; 3) in der Vision Gottes; 4) in der Erfahrung des Weltalls nicht außen, sondern im eigenen Innern. Von den Weisen sagt man, daß sie, wenn ihre Gedanken zur Ruhe gekommen sind, das absolute Bewußtsein wahrnehmen, das Sarva Sakshi, das Zeugnis aller Dinge ist.

Heftig und zahlreich waren die Auseinandersetzungen der Gelehrten über die Bedeutung des Begriffs Nirwana – genauer: ob er einen Zustand der relativen Unbewußtheit meint oder im Gegenteil den eines beträchtlich gesteigerten und erweiterten Bewußtseins. Möglicherweise haben beide Interpretationen ihre

Berechtigung. Die Sache, um die es geht, entzieht sich den Ausdrucksmöglichkeiten der gewöhnlichen Sprache. Wichtig bei all dem ist nur zu erkennen, daß diesem und anderen, für uns ähnlich undurchsichtigen Begriffen eine ganz reale und scharf umrissene Tatsache (oder ein Bewußtseinszustand) zugrunde liegt, die immer und immer wieder erlebt worden ist und die denjenigen, die sie in wenn auch noch so geringem Grade erfahren haben, zum Gegenstand eines lebenslänglichen und hingebungsvollen Strebens wurde. Nichts ist leichter, als den Begriff mit der Sache selbst zu verwechseln und ihn als bloßes Wort, als reine Theorie, als eine Spekulation des verträumten Hindu abzutun. Aber es ist nicht Art der Menschen, ihr Leben für leere Worte hinzugeben, noch haben philosophische Abstraktionen die Macht, die Geschicke ganzer Kontinente zu bestimmen. Nein, das Wort spricht eine Wirklichkeit aus, etwas Fundamentales und in der menschlichen Natur ganz Unumgängliches. Es geht nicht darum, die Tatsache zu definieren, denn das können wir nicht. Es geht vielmehr darum, ihr näherzukommen und sie zu erfahren.

Die Idee eines anderen, dem gewohnten in mancherlei Hinsicht überlegenen Bewußtseins, das über seine ganz eigenen Wege der Wahrnehmung verfügt, ist allmählich in die Gedankenwelt des Westens durchgesickert.

Durch Experimente mit der Hypnose etwa hat man auch im Westen eine dem indischen Fakir längst bekannte Tatsache gelernt: nämlich, daß der Mensch unter bestimmten Bedingungen und Umständen Bewußtsein von den Vorgängen in seinem eigenen Körper erlangen kann oder auch, daß ein Mensch ohne Zuhilfenahme der üblichen Kommunikationsmittel Kenntnis von Ereignissen haben kann, die sich in beliebig weiter Entfernung abspielen.

Es gibt noch eine weitere Idee, die uns in jüngerer Zeit von der westlichen Wissenschaft nahegebracht wurde und die in die gleiche Richtung weist – die vierte Dimension. Die Erkenntnis, daß unsere tatsächliche Welt statt drei räumlicher Dimensionen ihrer viere hat, läßt Dinge vorstellbar werden, die zuvor gänzlich unmöglich schienen. Sie läßt vorstellbar werden, daß scheinbar getrennte Objekte wie etwa verschiedene Individuen in Wirklichkeit physisch vereint sind; daß einzelne Dinge, zwischen denen gewaltige räumliche Entfernungen zu liegen scheinen, sich in Wirklichkeit in ziemlicher Nähe befinden; daß ein Mensch oder ein Objekt geschlossene Räume betreten oder verlassen kann ohne an Türen, Fenstern oder Wänden zu rühren. Würde diese vierte Dimension sich für uns zu einer Bewußtseinstatsache entwickeln, so läge auf der Hand, daß wir uns damit Wege der Erkenntnis erschließen könnten, die dem gewöhnlichen Verstand schlichtweg mirakulös erscheinen würden. Vieles scheint darauf hinzudeuten, daß das von den indischen Gnanis und den hypnotischen Medien je auf ihre Weise erzielte Bewußtsein jener vierdimensionalen Kategorie angehört.

Das kosmische Bewußtsein scheint sich zum gewöhnlichen Bewußtsein etwa so zu verhalten, wie sich ein fester Gegenstand zu seinen eigenen Oberflächen verhält. Die Erscheinungsformen des individuellen Bewußtseins sind nichts als verschiedene Fazetten des anderen Bewußtseins; und Erfahrungen, die im individuellen Bewußtsein weit voneinander entfernt scheinen, liegen im universellen Bewußtsein vielleicht ganz dicht beieinander. Es ist denkbar, daß der Raum selbst, so wie wir ihn heute kennen, praktisch ausgelöscht wird im Bewußtsein eines größeren Raums, dem er lediglich als Flächenbegrenzung diente. Und daß ein in London lebender Mensch eines Tages feststellt, daß seine Hoftür schlicht und selbstverständlich in die Stadt Bombay führt.

›Die wahre Natur der Seele‹, sagte der Guru einmal, ›ist Raum, in dem sie zur Ruhe gefunden hat, überall. Doch dieser Raum im Innern der Seele ist dem gewöhnlichen materiellen Raum weit überlegen. Das Ganze dieses Letzteren einschließlich den Sonnen und Gestirnen erscheint dir dann als ein bloßes Atom des ersteren‹[124] . . . und er hob an dieser Stelle die Hand, als zerriebe er ein Staubkorn zwischen den Fingern.

›Ruhe überall‹, ›Gleichmut‹, ›Gleichheit‹ – das war einer der wichtigsten Teile in der Lehre des Guru. Obwohl er sich selbst (auch aus familiären Gründen) strikt an viele Regeln seiner Kaste hielt, und obwohl er immer wieder betonte, daß Kastenregeln für die breite Masse eine Notwendigkeit seien, wies er doch ebenso oft darauf hin, daß ein Mensch in dem Augenblick, da er reif sei, sich zu ›emanzipieren‹, alle diese Regeln abwerfen müsse wie ein Nichts – alle Kasten- und

---

[124] Vergl. Whitman: »Blendend und gewaltig, wie rasch würde der Sonnenaufgang mich töten, könnte ich nicht jetzt und immerzu Sonnenaufgang aus mir selbst heraus zeugen. Auch wir steigen blendend und gewaltig wie die Sonne.«

Klassenunterschiede, alle Selbstgerechtigkeit, alle Überlegenheitsgefühle, sogar alles, was er zuvor über Gut und Böse zu wissen glaubte –, um sich statt dessen in Sein und Tun der absoluten Gleichheit aller Menschen zu öffnen. Gewiß staunte ich nicht wenig, dieses Grundprinzip der westlichen Demokratie tief unter den zahllosen Schichten der östlichen Sitten und Gebräuche so aktiv und so wirksam wiederzufinden. Aber so ist es; und nichts zeigt besser als diese Tatsache die Beziehung zwischen Ost und West.

Der Sinn für Gleichheit, für Freiheit von Bestimmungen und Eingrenzungen, für Eingeschlossenheit und für das Leben, das ›überall ruht‹, ist natürlich eher Teil des kosmischen als des persönlichen Bewußtseins. Für das letztere wird er immer eine Beleidigung und ein Stein des Anstoßes sein. Wie leicht läßt sich nachweisen, daß die Menschen nicht gleich sind, daß sie nicht frei sein können, wie leicht läßt sich die Absurdität eines Lebens anprangern, das gleichmütig und überall Ruhe ist. Nichtsdestoweniger sind dies für ein weiterreichendes Bewußtsein die Grundtatsachen, auf die das Leben der Menschheit aufbaut und von denen auch der zehrt, der sie leugnet.«[125]

Der hier wiedergegebene Auszug aus *From Adam's Peak to Elephanta* enthält Ausführungen des ichbewußten Verstands zur Natur des kosmischen Bewußtseins. In *Towards Democracy* ist es der kosmische Sinn selbst, der spricht – über sich, über die Natur, über Menschen, aber immer vom kosmischen Standpunkt aus. Wir bringen zum Abschluß aus diesem Werk zwei Beispiele:

»Nur da ist Frieden, wo Ich bin – spricht der Herr – So du Gesundheit besitzest – oder das, was als Gesundheit gilt –, so ist es dennoch ohne mich nichts als eine schöne Verhüllung von Krankheit;

Und wenn du Liebe genießest, es sei denn, daß Ich zwischen den Geliebten weile – so ist diese Liebe nur Qual und Unrast;

Und wenn du Reichtum, Freunde und ein Heim besitzest – so werden alle kommen und gehen, es gibt nichts Bleibendes und Sicheres, das nicht von einem genommen würde.

Ich allein aber, Ich bleibe, Ich wandle mich nicht.

---

[125] Carpenter, Edward: From Adam's Peak to Elephanta, Swan Sonnenschein & Co., London 1892.

Wie der Raum sich überallhin ausbreitet und alle Dinge sich im Raum bewegen und wandeln, der Raum aber unbeweglich und unwandelbar ist,

So bin Ich der Raum in der Seele, von dem der äußere Raum nur Sinnbild und Gleichnis ist;

Kannst du meiner innewerden, so besitzest du Zugang zu allem Leben – der Tod wird dich fortan nicht mehr scheiden von dem, den du liebst.

Ich bin die Sonne, die von innenher alle Wesen bescheint – schauest du mich an, so wirst du mit ewiger Freude erfüllt werden.

Laß dich nicht verwirren! Bald wird diese äußere Welt hinsterben – du wirst sie abwerfen wie eine Schlangenhaut, wie ein Mensch seinen sterblichen Leib ablegt.

Lerne schon jetzt, deine Flügel zum Fluge in jene andere Welt auszubreiten – die Welt der Einheit –, in meinem Meere der Liebe zu schwimmen, mein Kind.

(Ah, habe ich dich alle diese Dinge durch die Gleichnisse dieser äußeren Welt, durch Tod und Leiden nicht schon gelehrt? und alles nur aus dem einen Grunde –

Um der Freude willen – o unaussprechliche Freude!).«

»Siehe! was sterbliches Auge nicht gesehen noch das Ohr gehört --

Alles Leid beendet – der tiefe tiefe Ozean der Freude sich im Innern eröffnend – die Oberfläche funkelnd –

Das Myriadengestaltete enthüllt, jedes einzelne und alles, alle Dinge die sind, verklärt –

Erfüllt mit Freude, kaum den Boden berührend, in Kreuzesform mit ausgebreiteten Armen zu den Sternen reichend, entlang den Bergen und den Wäldern,

Heimstätten unzähl'ger Geschöpfe, Freude ohne Ende singend –

Wie die Sonne an einem trüben Morgen durch die Wolken brechend – so von der Sonne hervor eine andere Sonne, aus dem Körper ein anderer Körper – diese zerschellt abfallend --

Siehe! jetzt endlich, oder noch eine Weile, zur rechten Zeit das zu erblicken, was ihr so lange gesucht --

O Augen, ihr leuchtet – kein Wunder!«[126]

---

[126] Carpenter, Edward: *Freiheit,* ins Deutsche übertragen von Lilly Nadler-Nuelleus und Erwin Batthyany, Hermann Seemann Nachf. Verlag, Berlin 1934.

Nachwort

Im Verlauf dieser Untersuchung haben wir gesehen, daß die Geschichte der Menschheit, wie überhaupt der organischen Welt, im Grunde nichts anderes ist als die Geschichte der Entwicklung neuer Funktionen, wobei jede dieser Funktionen ihren späteren Trägern als ein Hirngespinst, eine Absurdität, erschienen wäre, hätte man ihnen vor ihrer Entwicklung von diesen Gaben der Zukunft erzählt. So ist es durchaus denkbar, daß es sich bei Spiritismus und Telepathie mit ihren sehr unterschiedlichen Erscheinungsformen nicht etwa, wie häufig angenommen wird, um unkontrollierte Einwirkungen irgendwelcher über-, unter- oder außermenschlicher Geister oder Kräfte handelt, sondern um den Keim oder die Keime neuer Funktionen, über die man heute noch so wenig weiß, wie man vor tausend Jahren über das kosmische Bewußtsein wußte. Neue Funktionen dieser Art müssen nicht zwangsläufig immer weitere Verbreitung finden, bis sie am Ende zum Allgemeingut geworden sind (denn »viele sind gerufen, doch wenige erwählt«), doch besteht kaum ein Zweifel, daß sie in jüngerer Zeit in immer breiteren Bevölkerungsgruppen immer häufiger auftreten.

Ebenso denkbar ist es, daß der ichbewußte Mensch, wie wir ihn heute kennen, den psychischen Keim nicht nur einer, sondern gleich mehrerer höherer Menschenarten in sich trägt. Ebenso wie in den galaktischen Nebeln eines Sonnensystems potentiell nicht nur eine Sphäre oder eine Art von Sphäre enthalten ist, sondern eine Sonne, Planeten, Monde, Kometen und viele geringere Himmelskörper, wie der erste Einzeller die Keimzelle nicht nur einer einzigen, sondern zahlreicher Gattungen vielzelliger Nachkömmlinge war und wie Adam der Stammvater nicht nur einer Rasse, sondern zahlreicher Rassen ichbewußter Menschen unterschiedlichster Naturen und Mentalitäten werden sollte, so ist es durchaus möglich, daß der heute höchstentwickelte Menschenschlag den Keim nicht nur einer, sondern gleich mehrerer höherer menschlicher Spezies enthält. So etwa eine kosmisch-bewußte Spezies; eine weitere

Spezies, die mit der scheinbar mirakulösen Fähigkeit begabt ist, auf die sogenannte objektive Natur einzuwirken; eine dritte Spezies aus lauter Hellsehern; eine Spezies von »Wunderdoktoren« usw. usf.

Daß die sogenannten Wunderkräfte dem, was wir hier als »kosmisches Bewußtsein« bezeichnen, sehr nahestehen, daß sie häufig in Verbindung mit diesem letzteren auftreten, daß sie in keiner Weise übernatürlicher sind als jenes und daß Kräfte dieser Art einen weiteren Wirkungskreis haben – all dies wird von den Männern, die sich in dieser Frage am besten auskennen, klar erkannt und sogar gelehrt. Gautamas Aussagen zum Thema sind in dem ihm gewidmeten Kapitel nachzulesen. Paulus ist nicht minder explizit; darüber hinaus aber stellt er schlicht fest, daß es »mancherlei Gaben« sind, »aber es ist *ein* Geist« (1. Kor. 12,4). Und: »Einem wird gegeben durch den Geist, zu reden von der Weisheit; dem anderen wird gegeben, zu reden von der Erkenntnis nach demselben Geist; einem andern der Glaube in demselben Geist; einem anderen die Gabe, gesund zu machen in demselben Geist; einem anderen, Wunder zu tun; einem andern Weissagung; einem andern, Geister zu unterscheiden; einem andern mancherlei Sprachen; einem andern, die Sprachen auszulegen« (1. Kor. 12, 8–10).

In der vorliegenden Untersuchung ging es um Männer, die auf dieser Welt gelebt haben und die nicht etwa infolge einer außergewöhnlichen Entwicklung bestimmter, geistiger Funktionen, sondern vielmehr kraft des Besitzes einer neuen, nur ihnen selbst eigenen und in gewöhnlichen Menschen nicht vorhandenen oder zumindest nicht verfügbaren Funktion psychische Phänomene erfahren und geistige Fakten sehen, wissen und fühlen, die für die übrige Welt noch verborgen und dennoch von höchster Bedeutung sind. Es war dem Verfasser wichtig, das Phänomen »Erleuchtung« oder »kosmischer Sinn« bei möglichst vielen Repräsentanten dieser Erfahrung möglichst breit aufzufächern, denn: Setzt man sich – wie es nicht nur unter Christen, sondern ebenso unter Buddhisten und Mohammedanern üblich war – unter Ausschluß aller anderen Erwählten mit nur einem oder zweien dieser Männer auseinander, so kann das Ergebnis nur unzureichend und unbefriedigend sein aus dem einfachen Grund, weil keiner von ihnen das Gesehene, Erfahrene und Gefühlte klar und deutlich wiederzugeben vermocht hat, und weil bei einer Beschränkung auf die Aussagen oder Schriften nur eines oder zweier Erleuchteter die Gefahr, das ganze Phänomen überhaupt mißzuverstehen, entsprechend größer ist.

Hat man hingegen genügend Vergleichsmöglichkeiten, so wird man feststellen, daß die Aussagen des einen die Darlegungen eines anderen sehr oft erhellen, ergänzen oder bekräftigen können. Es geht also um die Sache. Aber es geht auch um den Nutzen, den der interessierte Leser aus ihr ziehen kann. Es wurde schon an früherer Stelle darauf hingewiesen, daß auf dem Weg zum kosmischen Bewußtsein nichts so stärkend wirkt wie die Beschäftigung mit den Schriften derer, die den »Durchbruch« schon erlebt haben.

Diese Erleuchteten haben häufig, wenn nicht immer, eine geistige Spannweite und Durchschlagskraft – man denke insbesondere an Dante oder »Shakespeare« –, die sie über nahezu alle bloß ichbewußten Menschen deutlich erhebt. Unbestreitbar ist auch, daß sie ihren Mitmenschen in moralischer Hinsicht meistens weit überlegen sind. Hier wären vor allem Gautama, Jesus und Whitman zu erwähnen. Das bei weitem Wichtigste aber ist, daß sie Eigenschaften besitzen, für die es zur Zeit noch keine Bezeichnungen oder Begriffe gibt. Jesus spielte auf eine dieser Eigenschaften an, als er sagte: »Wer aber von dem Wasser trinken wird, das ich ihm gebe, den wird ewiglich nicht dürsten; sondern das Wasser, das ich ihm geben werde, das wird in ihm ein Brunnen des Wassers werden, das in das ewige Leben quillt« (Joh. 4, 14). Und Whitman weist in die gleiche Richtung, wenn er erklärt, daß sein Buch weder anderen Büchern noch dem Intellekt verpflichtet ist, »sondern mit namenlosen Latenzen (in Autor wie Leser) zu tun hat«, oder wenn er meint, daß er weder Vorträge hält noch Barmherzigkeit verteilt, sondern daß er, wenn er gibt, sich selbst gibt.

Abschließend ein letztes Wort. Der Verfasser dieser Untersuchung hat einige Jahre lang mit Fleiß nach Beispielen von kosmischem Bewußtsein geforscht, und seine Ausbeute beträgt soweit und einschließlich einiger unvollständiger oder zweifelhafter Erleuchtungen insgesamt an die fünfzig Fälle.[127] Einige dieser Fälle sind schwächere Beispiele der Art, wie sie in den vergangenen Jahrhunderten in beträchtlicher Anzahl aufgetreten sein mögen, ohne jedoch irgendwelche Spuren hinterlassen zu haben. Indes hat der Verfasser dreizehn Fälle gefunden, die ausnahmslos so mächtig waren, daß sie unauslöschlich bleiben mußten. Fünf dieser Männer

[127] Wie schon an früherer Stelle erwähnt, wurden einige dieser Beispiele wegen ihres Wiederholungscharakters bzw. ihres nur ort- und zeitgebundenen Interesses in die deutsche Ausgabe nicht aufgenommen. (Anmerkung des Übersetzers.)

haben in den achtzehn Jahrhunderten gelebt, die zwischen Gautamas Geburt und der Dantes verstrichen sind, und die übrigen acht in den sechshundert Jahren zwischen der Geburt Dantes und heute. Das würde bedeuten, daß Fälle von kosmischem Bewußtsein heute etwa fünfmal so häufig auftreten wie vor tausend Jahren. Gewiß soll hier nicht behauptet werden, daß ihre Frequenz sich in genau diesem Maße steigern wird. In den vergangenen 2500 Jahren hat es ganz ohne Zweifel zahlreiche Fälle gegeben, die nie bekannt geworden sind. Niemand würde zu sagen vermögen, wieviele Erleuchtete eine bestimmte Epoche wirklich hervorgebracht hat. Trotzdem deutet vieles darauf hin, daß Durchbrüche zum kosmischen Bewußtsein sich in der neueren Zeit häufiger ereignen als in den Zeiten davor, und diese Tatsache, sieht man sie noch dazu im Rahmen der allgemeinen Theorie der psychischen Evolution, erlaubt doch den Schluß, daß auch das kosmische Bewußtsein – nachdem es, ähnlich wie es beim einfachen Ichbewußtsein der Fall war, zunächst nur sporadisch bei den jeweils höchstentwickelten Vertretern der menschlichen Spezies aufgetreten ist – immer weitere Verbreitung finden wird, bis sich am Ende die gesamte Menschheit im Besitz dieser neuen Funktion findet. Die gleiche Menschheit und doch nicht die gleiche; denn eine kosmisch bewußte Spezies wird nicht wie die Spezies sein, die wir heute kennen, ebensowenig wie die heutige Menschheit identisch ist mit der Menschheit, die vor der Entwicklung des Ichbewußtseins gelebt hat. Tatsache ist ganz einfach, daß sich vor Tausenden von Jahren mitten unter den gewöhnlichen Menschen die ersten Ansätze von etwas zu regen begannen, das wir seit Gautama Buddha als den »neuen Menschen« bezeichnen können. Während dieser neue Mensch unsere Welt teilt und die gleiche Luft atmet wie wir, lebt er zugleich doch auch in einer anderen Welt und atmet eine andere Luft, von der wir nichts oder wenig wissen, die aber nichtsdestoweniger unser geistiges Leben ist, da ihr Fortfall unsern geistigen Tod bedeuten würde. Noch heute vollzieht sich mitten unter uns die Geburt dieses neuen Menschen. Und die Zukunft gehört *ihm.*

Zu dieser Ausgabe

insel taschenbuch 1498
Richard Maurice Bucke
Kosmisches Bewußtsein

Der Text folgt der Ausgabe: Richard Maurice Bucke, *Die Erfahrung des kosmischen Bewußtseins. Eine Studie zur Evolution des menschlichen Geistes,* Aurum Verlag Braunschweig, 2. Auflage 1988. Die amerikanische Originalausgabe erschien 1901 in New York bei Innes & Sons, die 27. Auflage unter dem Titel *Cosmic Consciousness. A Study in the Evolution of the Human Mind* 1973 ebenda bei E. P. Dutton and Company, Inc. Die deutsche Ausgabe wurde erstmals 1975 im Aurum Verlag Braunschweig veröffentlicht, im Rahmen der Publikationen der »Forschungsgesellschaft für östliche Weisheit und westliche Wissenschaft e. V.« Die deutsche Übersetzung besorgte Karin Reese.

Jacob Needleman   Vom Sinn des Kosmos
Moderne Wissenschaften und alte Wahrheiten
Gebunden

Auch die moderne Wissenschaft bedarf der Rückbesinnung auf alte Weisheitslehren. Needleman plädiert, bei aller nötigen Differenzierung, für eine umfassende Reintegration und damit auch für eine Humanisierung der Wissenschaften.

Michio Kaku / Jennifer Trainer   Jenseits von Einstein
Die Suche nach der Theorie des Universums
Gebunden

Die Suche nach einer einheitlichen Theorie zur Erklärung des Universums ist die zentrale Aufgabe der Astrophysik und der Quantentheorie. Das Buch gibt eine Zusammenfassung der kosmologischen Grundgedanken der letzten Jahre und Einblick in neueste Erklärungsversuche.

Werner Künzel / Peter Bexte   Allwissen und Absturz
Der Ursprung des Computers
Gebunden

Auch der Computer und seine Theorie haben ihre Geschichte. Sie reicht zurück bis zu kosmologischen, religiösen und sprachphilosophischen Konzepten in Mittelalter und Barock. Die alten Texte und die neuen Maschinen demonstrieren auf ihre besondere Weise die Logik des Universums.

Friedrich Cramer   Chaos und Ordnung
Die komplexe Struktur des Lebendigen. Mit zahlreichen Abb.
insel taschenbuch 1496

Natur ist keineswegs nur Ordnung, die Vorstellung des durch und durch geregelten Kosmos ist erschüttert. Alles Lebendige bewegt sich auf dem schmalen Grat zwischen Chaos und Ordnung. Diese Polarität gehört heute zu den wichtigsten Fragen der Wissenschaft. Cramers Buch beschreibt das neue Paradigma in der Anwendung auf zahlreiche Disziplinen.

Fred Alan Wolf Körper, Geist und neue Physik
Eine Synthese der neuesten Erkenntnisse von Medizin und moderner Naturwissenschaft
insel taschenbuch 1497

Die klassische Physik eines Galilei und Newton hat auch die Mechanik des menschlichen Körpers verständlich gemacht. Doch erst die Quantenphysik versetzt uns in die Lage, den letzten Geheimnissen des Lebens ein Stück näher zu kommen. Der amerikanische Physiker F. A. Wolf vermittelt neue Einsichten in den Zusammenhang von Geist und Materie, Seele und Körper.

Der Geist im Atom
Eine Diskussion der Geheimnisse der Quantenphysik
Herausgegeben von P. C. Davies und J. R. Brown
insel taschenbuch 1499

Anlaß dieses Buches waren die Experimente von Alain Aspect in Frankreich, die neues Licht auf die Debatte zwischen Niels Bohr und Albert Einstein warfen. Julian R. Brown und Paul C. W. Davies interviewten führende Physiker, die einen besonderen Anteil an der Entwicklung der Quantentheorie haben. Eine klare und knappe Einführung erläutert die Grundlagen der Quantentheorie, ihre Rätsel und Paradoxa sowie ihre unterschiedlichen philosophischen Deutungen.

Anthony Zee Magische Symmetrie
Die Ästhetik in der modernen Physik
insel taschenbuch 1501

Die theoretische Physik der Gegenwart richtet ihren Blick in immer stärkerem Maße auf den Entwurf eines einfachen und umfassenden Konstruktionsplans unserer Welt. Bei der Suche nach diesen elementaren Strukturen hat die moderne Physik erkannt: Die Natur gehorcht prinzipiell denselben Gesetzen wie die Ästhetik; besonders Formen der Symmetrie finden sich in den Bausteinen der Natur ebenso wie in der Kunst.